"云文化"适合教育探索实践丛书

张进兵　师致汕　主编

"云"上智慧

——首都师范大学附属云岗中学智慧教育建设探索

张进兵◎主编

·北京·

图书在版编目（CIP）数据

"云"上智慧：首都师范大学附属云岗中学智慧教育建设探索 / 张进兵主编 . -- 北京：科学技术文献出版社，2024.10. -- （"云文化"适合教育探索实践丛书 / 张进兵，师致汕主编）. -- ISBN 978-7-5235-1881-6

Ⅰ . G633.672

中国国家版本馆 CIP 数据核字第 2024MD1069 号

"云"上智慧
——首都师范大学附属云岗中学智慧教育建设探索

| 策划编辑：张　丹　　责任编辑：宋雪梅　　责任校对：张永霞　　责任出版：张志平 |

出 版 者	科学技术文献出版社
地　　址	北京市复兴路15号　邮编　100038
编 务 部	（010）58882938，58882087（传真）
发 行 部	（010）58882868，58882870（传真）
邮 购 部	（010）58882873
官方网址	www.stdp.com.cn
发 行 者	科学技术文献出版社发行　全国各地新华书店经销
印 刷 者	北京厚诚则铭印刷科技有限公司
版　　次	2024 年 10 月第 1 版　2024 年 10 月第 1 次印刷
开　　本	787×1092　1/16
字　　数	356千
印　　张	16.5
书　　号	ISBN 978-7-5235-1881-6
定　　价	68.00元

版权所有　违法必究

购买本社图书，凡字迹不清、缺页、倒页、脱页者，本社发行部负责调换

《"云"上智慧
——首都师范大学附属云岗中学智慧教育建设探索》
编 委 会

主　编　张进兵

副主编　王秀菊　杨琳玲

编　委　师致汕　张冬梅　吕　慧　龚大伟　杨　流
　　　　　宋海玲　于书颖　胡京蕊　于培培　张　倪
　　　　　李永松　高丹丹　张　拓

序

智慧教育场域下的学校育人实践探索

曾几何时，"智慧教育""智慧学校""智慧校园""智慧课堂"已经成为大家熟知的话语，而让师生在校生活充满智慧体验和共同成长，还是要回到学校教育鲜活的场域中，品味一校一策的校本化探索历程。首都师范大学附属云岗中学以"云文化"的全方位建设为牵引，围绕"适合教育"展开校本化育人实践，逐渐形成了自己的办学特色，也不断彰显着与时俱进的持续探索。《"云"上智慧——首都师范大学附属云岗中学智慧教育建设探索》，正是这种坚持、努力的一个具体诠释。

一支研究-行动型干部团队是学校深化智慧教育改革创新的核心推动力。很多教育工作者都很熟悉苏霍姆林斯基的这句名言，即"如果你想让教师的劳动能够给教师带来乐趣，使天天上课不至于变成一种单调乏味的义务，那你就应当引导每一位教师走上从事研究的幸福道路上来"。但是研究与教师、研究与课堂、研究与学校的关系究竟如何，是离不开真实的研究和自觉行动的。人工智能时代的到来，教育样态愈加多元，也对学校办学的领导力提出很多新的课题，学校的高质量发展，更加有赖于强有力的校长和干部队伍的高位引领和务实行动。《中共中央 国务院关于弘扬教育家精神加强新时代高素质专业化教师队伍建设的意见》中强调"鼓励支持教师和校长创新教育思想、教育模式、教育方法，形成教学特色和办学风格"。《中国教育现代化2035》提出"建设智能化校园，统筹建设一体化智能化教学、管理与服务平台。利用现代技术加快推动人才培养模式改革，实现规模化教育与个性化培养的有机结合"。在云岗附中，校长带领干部团队基于"适合教育"的长期实践，以"基于学校云文化的智慧教育建设与实施"——这一旨在带动校内外各方

"云"上智慧
——首都师范大学附属云岗中学智慧教育建设探索

力量全面开启信息技术助推学校高质量发展的课题研究为切入点，推动学校云课程、云资源、云课堂及云管理的全面升级，挖掘智慧教育技术在教育教学中的价值，以深化智慧教育的软硬件升级改造建设过程，彰显出新时代落实立德树人根本任务的学校智慧，致力于为学生提供适合终身发展的教育，促进师生幸福成长。可以说，以研究促学校改进，以行动促优质发展，是云岗附中干部团队努力"办好人民满意的教育"、努力办好老百姓家门口的学校的一大办学行动特色。这种坚持、这份努力令人敬佩，是新时代学校干部引领事业发展、办好人民满意的教育的核心推动力。

一支实践-反思型教师队伍是学校优化智慧课程教学探索的重要行动力。教师是立教之本、兴教之源，强国必先强教，强教必先强师。学校教师作为学校教育的第一资源，也是课程和教学改革创新的关键力量。陶行知先生曾说"第一流的教育家"要"敢探未发明的真理"，教师要敢于"通过自己的实验、发明创造新学理"。随着时代变化，教师不仅要有广博的知识，追求新知，还需要不断超越经验，主动开展课程与教学的改革创新。《义务教育课程方案（2022年版）》也指出，"当今世界科技进步日新月异，网络新媒体迅速普及，人们生活、学习、工作方式不断改变，儿童青少年成长环境深刻变化，人才培养面临新挑战"。因此，教师围绕课程的开发与实施，需要回到学校课程、课堂教学的育人价值的原点做深度思考，在多样化、数智化的教学实践体验中，努力"做学生锤炼品格的引路人，做学生学习知识的引路人，做学生创新思维的引路人，做学生奉献祖国的引路人"。可喜的是，在云岗附中，老师们遵循国家课程校本化实施的基本思路，注重开发周边社区的多样化资源，从课程教学内容、教与学的方式、学业评价、质量监控、个性化学习指导等多方面展开探索，借助多样化的技术手段，形成了多样化的实践成果。记得2022年11月底，有幸受邀参加了蔡红竹老师"活动型学科课程在思想政治课教学实践中的应用与研究"、董萧楠老师"人工智能支持初中英语听说混合式教学实践研究"的课题中期研究论证会。这次活动让我近距离发现了两位老师主动反思研究，积极改进优化，借助技术支持教学、学生参与教学，立足学科课程的教学创新，因为勇于实践，他们让"以学生为中心"不再是抽象的概念，让课程和课堂交汇出教师用心用情设计组织教学、学生有心有情积极投入学习、师生互动共生一同成长的生动场域。正是教学一线老师们的不懈努力，为云岗附中的学生们搭建起多样化的学习舞台，学校的"云课程"实践载体因"智慧化"更充满教育智慧。这种坚持、这份努力令人敬佩，是大力弘扬教育家精神、以数字赋能教师担当教书育人使命的内生动力。

一种开放－多维的协同机制是学校固化育人体系智慧落实的重要保障力。习近平总书记指出，"基础教育是提高民族素质的奠基工程，要遵循青少年成长特点和规律，扎实做好基础的文章"。"基础教育是全社会的事业，需要学校、家庭、社会密切配合。学校要担负主体责任，对学生负责，对学生家庭负责"。办好人民满意的教育，需要厚植立德树人的沃土。学校教育从来就不是一个封闭的"孤岛"，必须与家庭、社会密切配合，建立起相互支持、信任的育人共同体，引领每一个孩子都对自己充满信心、对未来充满希望。在云岗附中，"云文化"着力在"云和"课程上加大建设力度。10年来，从加强社会参与、和谐发展的多样化实践课程，到建立起新技术、新媒体、新通道协同支持体系，校－班协同、校－家－社协同、校－企协同，更多元借助数字化技术路径，促进了校内外多主体协同育人机制的重构和固化，服务学生全面而有个性发展的技术支持，成为提升育人成效的有力保障。这种坚持、这份努力令人敬佩，是学校营造良好教育氛围，落实三全育人合作机制的重要支持保障力。

感谢学校领导和老师信任，让我成为优先拜读书稿、学习云岗附中"智慧教育"实践的读者之一。同为首都的教育工作者，除了敬佩，我更多是要继续向云岗附中的干部教师们学习，也期待有更多机会一起开展教育的研究探索。

感谢学校干部教师不懈探索，以自己的坚持和努力展现出首都基础教育工作者的专业风采。祝愿学校干部教师不断探索，以研究、行动、反思、实践和协同育人的智慧教育升级创新，培育更多新时代全面发展的社会主义建设者和接班人，收获更多的育人成果，在加快建设教育强国的时代命题中，奋力书写云岗附中的教育新篇章！

王海燕
写于2024年中秋节

目 录

第一部分 构建智慧教育体系 ... 1
基于学校云文化的智慧教育建设与实施 ...... 张进兵 杨琳玲 2
大数据和人工智能背景下的个性化学习研究 ...... 杨琳玲 郭君红 12
虚拟现实技术提升中学生实验探究与创新意识 ...... 师致汕 杨琳玲 23
专家点评：智慧教育助力云岗中学"云文化"走深走实 ...... 韩 冰 30

第二部分 探索多元智慧课堂 ... 33

第一单元 基于移动学习的互动教学
借助智慧屏提高地理试卷讲评有效性的课例研究——以"丰台区初中地理一模试卷讲评"为例 ...... 王秀菊 34
基于UMU互动学习平台的地理教学设计与实践反思 ...... 孔德婧 40
牛顿第三定律 ...... 任竟陵 48
肺与外界的气体交换——揭秘航天服制作原理 ...... 路蒙蒙 刘洋 52
信息技术的应用成为体育教师的得力助手 ...... 陈小庆 57
太空探险 定向越野 ...... 陈小庆 62

第二单元 基于学情数据的精准教学
基于大数据和语料库资源的英语写作教学研究 ...... 于书颖 68
巧用"问卷星"助力线上线下融合教学 ...... 李知红 76
基于互动反馈教学的高中生写作能力的形成性评价实践研究 ...... 田丽珍 程燕 邹霞 何眸 80
改造我们的学习——论证的力量 ...... 田丽珍 92
网络环境下初三学生居家自主锻炼的实践研究 ...... 黄莉 96

第二单元 基于学科应用的混合教学
开展线上项目学习 突出数学核心素养——基于数字工具支持的数学建模研学案例 ...... 胡慧慧 104
在数字实验系统下，优化高中物理演示实验效果的实践研究 ...... 任竟陵 111
穿新鞋走新路——探索"互联网+"背景下道德与法治教学的增效策略 ...... 蔡红艳 117
合理利用信息技术，创建高效的智慧课堂——以语文综合性学习《有朋自远方来——交友之道》为例 ...... 张冬梅 122

二元一次方程（组）的图象 ...... 齐　芳　127
基因决定生物性状 ...... 朱会娟　132
宋元时期的科技与中外交通 ...... 李知红　137
冬奥之约 ...... 程　赫　143
信息环境下道德与法治学科培育家国情怀的实践——以《构筑中国价值》
　　为例 ...... 贾　婧　149

第四单元　基于人工智能的多元教学

混合人工智能辅助的英语阅读教学实践探索
　　——以外研社八下 Module 4 Unit 2 为例 ...... 马慧楠　155
人工智能助力英语听说教学——以 Journey to space 单元教学为例 ...... 胡京蕊　160
基于跨学科视角下英语线上线下混合听说教学设计与实施——以外研版八年级下
　　Module 3 为例 ...... 王　颖　165
技术支持的英语听说教学的组织实施——以"北师大必修二 Unit 4 Information
　　Technology 听说课"为例 ...... 于书颖　170
AR 增强现实技术在物理教学中的组织实施——以"直流电动机"
　　一课为例 ...... 王晓琳　175
在虚拟现实中辨别方向 ...... 张晓旋　180
专家点评：一线实践中的教育数字化转型示范与引领 ...... 马　涛　185

第三部分　创设人工智能课程 187

基于移动学习的普通初中人工智能教学的设计与实施　初中人工智能校本系列
　　课程 ...... 杨琳玲　张　拓　高丹丹　李永松　188
逐梦航天——四轴飞行器编队飞行表演项目式学习设计 ...... 杨琳玲　218
探秘机器学习 ...... 杨琳玲　224
专家点评：动态打造人工智能课程，培育智能时代需要人才 ...... 郑立新　229

第四部分　建立协同支持渠道 231

"双S"管理模式在人工智能支持中学英语听说教学管理中的探索与实践——以首都
　　师范大学附属云岗中学运用科大讯飞听说系统为例 ...... 胡京蕊　高丹丹　232
"班级优化大师"优化班级评价 ...... 程　赫　237
让新媒体技术成为家校沟通之新桥 ...... 郭　钰　241
校园新闻多元报道　微信平台精彩纷呈 ...... 李知红　244
专家点评：智慧教育背景下学校如何构建协同支持体系以提升教育
　　效能 ...... 郭君红　250

后　记 252

第一部分 构建智慧教育体系

基于学校云文化的智慧教育建设与实施

张进兵　杨琳玲

一、课题研究的背景

习近平总书记在国际人工智能与教育大会中强调，中国高度重视人工智能对教育的深刻影响，积极推动人工智能和教育深度融合，促进教育变革创新。党的二十大报告对办好人民满意的教育做出重要部署，强调要"推进教育数字化"。习近平总书记在主持中共中央政治局第五次集体学习时指出，教育数字化是我国开辟教育发展新赛道和塑造教育发展新优势的重要突破口。随着教育数字化的深入推进，智慧教育已成为教育领域的重要发展方向。中共中央、国务院印发《中国教育现代化2035》，提出"建设智能化校园，统筹建设一体化智能化教学、管理与生活平台。利用现代技术加快推动人才培养模式改革，实现规模化教育与个性化培养的有机结合。"

中共中央、国务院印发《加快推进教育现代化实施方案（2018—2022年）》中提出，着力构建基于信息技术的新型教育教学模式、教育生活供给方式及教育治理新模式。创新信息时代教育治理新模式，开展大数据支撑下的教育治理能力优化行动，推动以互联网等信息化手段生活教育教学全过程。北京市教育委员会印发《关于推进"互联网+基础教育"的工作方案》中提出，构建基于算法推荐技术和智能神经网络技术，融汇学生思维、情感、方法、行为等基础知识库的智学平台，包括学生学习系统、学生自测系统和成果诊断系统，对海量数据进行深度分析、完成信息内容与学生学习过程的精准匹配，自动推送学生德、智、体、美、劳全面发展所需学习资源。用人工智能引导学生独立思考、深度学习，培养学生创新思维能力并负责平台技术的迭代升级。这不仅表明智慧教育的重要价值，还为智慧教育的建设提供了坚实的政策支持。

信息技术与学科深度融合，最大限度地为适合学生的教育提供了资源和环境的学习延伸。学校在2009年被评为北京市教育信息化先进学校，2013年成为北京市数字校园建设第三批试点学校。资金和先进理念的引进无疑为学校"适合教育"提供了强有力的支持，平板电脑互动课堂、数据支撑下的精准课堂、基于学科应用的翻转课堂、虚拟现实辅助探究学习及人工智能深度学习等方式在国家课程常规课堂中实施，学生可以随时随地和老师、同学进行互动，同时通过网络反馈手段对自身学习进行评价，学习不再是枯燥的知识而是成为一系列有趣的探究活动。"十三五"期间，学校先后被评为教育部网络学习空间应用优秀学校、北京市教育信息化融合创新"双百"示范行动虚拟现实技术教学应用示范基地、北京市信息技术应用、北京市中小学教师信息技术应用能力提升工程2.0试点校整校推进优秀案例。

"十四五"期间,学校云文化坚持"适合教育"办学思想,深化云文化内涵,不断整合区校优质资源,在不断丰富的教育云平台的引领下,通过课题的研究和实施,与科大讯飞相关子公司合作,将数字校园经过几年的运行逐步向智慧校园发展,探索教育大数据和人工智能等技术手段在改进教学、优化管理、提升绩效方面的创新应用,建立以学校全方位数据为基础、以智能技术为支撑、以数据驱动管理决策和个性化服务为主要目标的大数据学校治理新模式。利用先进的信息化教育方式方法,推进云课程、云资源、云课堂及云管理,挖掘智慧教育技术在教育教学中的价值,提高工作效率和办学效益,提升教育管理水平,发挥学校现有优势,创设和谐的智慧校园,彰显学校办学特色,为学生提供适合终身发展的教育,促进师生幸福成长。

二、文献综述(国内外相关发展及研究现状)

(一)本课题核心概念界定

本课题综述的核心概念为"智慧教育""云文化",学校借助中国知网作为查阅工具,以"智慧教育""智慧校园""校园文化""云文化"为检索关键词,选择"教育理论与教育管理""初等教育""中等教育"三类文献分类目录,比较全面地搜集了1979—2021年公开发表的论文,并对其进行分类整理和归纳。通过模糊检索,排除重复收录的文献,"智慧教育"共搜索包括期刊、报纸、国内会议、硕士论文及学术辑刊在内的材料1642篇,总体上看文献数量比较多,其中2016年以后1300篇。从文献数量变化可以看出,自2015年5月习近平总书记在致联合国教科文组织首届国际教育信息化大会的贺信中着重强调智慧教育的重要性后,相关文献数量开始大幅上升。关键词主要集中在教育信息化、大数据、智慧课堂、智慧校园、人工智能等(图1、图2)。

云文化未搜索出相关文献,但将学校文化、校园文化和智慧教育进行交叉搜索共5篇。内容为单个学校的实践探索或校本课程的开发方面,关键词以课程、教师发展、文化构建相对较多,但并不聚焦。其中,北京师范大学黄荣怀教授、华东师范大学祝智庭所带领团队撰写的相关论文,对课题组全面认识智慧教育有很大的帮助,得出以下核心概念。

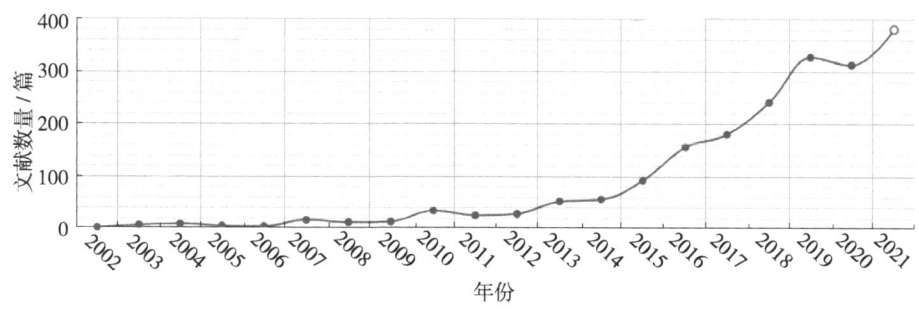

图1 以"教育信息化、大数据、智慧课堂、智慧校园、人工智能"等
关键词检索得到文献数量

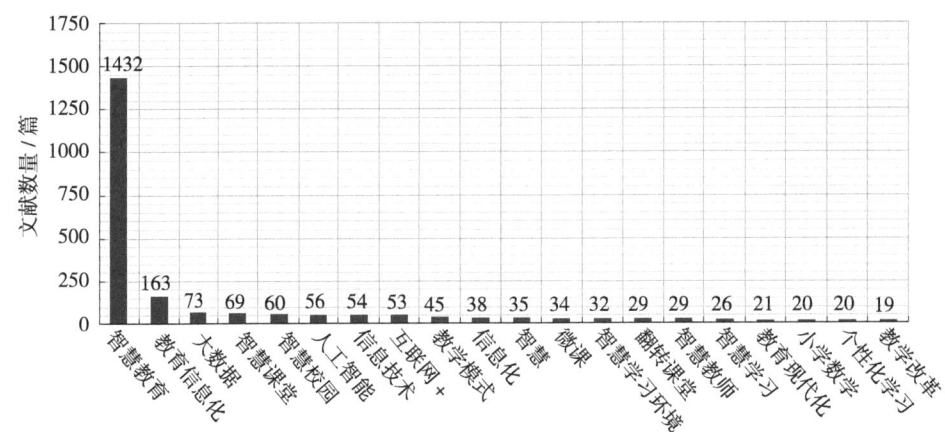

图2 关键词分布

云文化：云文化是首都师范大学附属云岗中学在长期发展过程中孕育出的学校文化，是以"适合教育"为办学思想，结合"云"的历史和社会内涵，为践行"以人为本、快乐成长、和谐发展、幸福人生"的办学理念，通过"志、和、知、创"行动载体所形成的价值追求、培养目标、行为准则、课程体系、育人策略及特色发展的文化体系。"云"的教育内涵包括自然界中"云"的形态、功能，校名中"云"的历史渊源，以及信息时代"云"含义等。

智慧教育：智慧教育是依托人工智能、物联网、大数据、无线通信等新一代信息技术所打造的物联化、智能化、感知化、泛在化的新型教育形态和教育模式，是在教育管理、教育教学和教育科研等领域全面深入地运用现代信息技术来促进教育改革与发展的过程。在本课题中包含智慧校园建设、智慧教育活动、智慧课堂教学、智慧学习及智慧学校管理等方面。

（二）国内外研究现状述评

1. 国外研究现状

智慧教育在国外的系统性研究在进入21世纪之后就开始了，韩国、新加坡、美国、英国对此分外重视，如美国IBM公司为实现智慧教育设计了一系列的解决方案，并取得良好效果；新加坡启动的"12015"计划，依托智慧教育体系，使本国公民能够进行高质量的个性化学习，通过终身学习保持个人乃至整个国家的竞争力，将智慧教育上升到事关国家竞争的高度。在英文文献中，学者们站在不同的角度对智慧教育的概念界定有所不同，主要有Smart Education和Intelligent Education两种表达方式，概念内涵也未达成一致，侧重点虽然有些不同，但核心意义是共通的，"在不同的定义中，智慧教育的内涵总是涉及技术，通过智能化技术使学习变得有趣和容易，使教育更适应时代发展"。国外智慧教育以应用为导向，实践特征非常明显，主要集中在教育资源整合、教学环境营造、软件平台的搭建及教育教学的实施等方面。

2. 国内研究现状

当前，我国已有部分企业和学校进行智慧教育的实践，但在实践过程中重硬轻软、重建设轻应用的现象仍比较突出。智慧教育是以应用为驱动、以服务为重心的教育。智慧教育的目标不是硬件的环境，而是通过技术支持和促进教育系统的变革，实施智能化、个性化、多元化的教育。学者祝智庭、贺斌认为智慧教育是在信息化教育的基础上发展而来，代表着信息化教育发展的下一个阶段，"信息时代智慧教育的基本内涵是通过构建智慧学习环境，运用智慧教学法，促进学习者进行智慧学习"；学者陈琳、陈耀华认为从信息化走向智慧教育是历史的必然趋势，是信息时代的教育新形态，是中国引领世界教育的世纪机缘。目前，全国各地的中小学都在不同层面开展智能教育的探索，但是智能教育如何在中小学中落地还是值得大家思考的问题。

2020年12月15日，学校在市区项目组的帮助下以"人工智能与教学深度融合"为主题举行了信息技术应用能力提升工程2.0校本研修展示活动，本次活动推出了8节课，其中6节是对各教研组而言的智慧教育新内容，希望大家通过活动挖掘学科教学未来的智慧教育方向。活动由中国研修网进行现场直播，来自全国各地的专家、教师通过网络平台观看了本次活动，点播次数5000余次。活动中展示的课例不同程度地使用了智慧教育相关技术，这些技术在各个环节的应用与学科教学中已不再是主次关系，而是互为补充、密不可分的，是实现教、学、评一体化的有力保障。这次活动成为学校向"十四五"智慧教育跨进的重要里程碑。

三、研究设计

（一）研究目标和研究假设

1. 研究目标

通过3年的行动研究，深化云文化内涵，不断整合区校优质资源，在不断丰富的教育云平台的引领下，通过实施"首都师范大学附属云岗中学教育信息化2.0行动计划"，利用先进的信息化教育方式方法，推进云课程、云资源、云课堂及云管理，挖掘互联网环境下混合式教学在教育教学中的价值，提高工作效率和办学效益，提升教育管理水平，发挥学校现有优势，创设和谐的智慧校园、彰显学校办学特色，为学生提供适合终身发展的教育，促进师生幸福成长。

（1）通过该课题研究，形成学校基于"云文化体系"建设的智慧教育范式，提供技术支持路径，创新教与学的方式。

（2）在完善智慧校园软硬件平台的基础上，建成学校智慧教育资源体系，拓展智慧校园硬件覆盖程度，完善网络学习空间应用。

（3）通过建立教师信息化培训考核方案，探索教师智慧教育培训考核机制，逐步提升教师信息素养。

（4）通过尝试开展智慧课堂教学，挖掘人工智能技术与教育教学深度融合实施策略，形成智慧课堂教学案例集。

（5）尝试开设人工智能等技术校本课程，完善云知云创能力提升课程体系，形成校本特色课程案例集。

（6）通过建设学校云管理制度规范，形成学校云管理制度，建立基于大数据的学校治理体系。

2. 研究假设

结合学校发展实际，以课题研究为依托，以"办适合终身发展的教育"为导向，注重云文化内涵发展，结合大数据、人工智能等先进技术进行学校智慧校园研究工作，反思智慧教育应用场景和效果，进一步挖掘"适合教育"的教学策略，形成学校特色的专项科研成果，为兄弟学校提供相关主题研训的成果借鉴。

（二）研究内容

基于"云文化体系"建设的智慧教育范式，提供技术支持路径，创新教与学的方式。

1. 完善智慧校园软硬件平台

在国家级及市级课题的引领下，与科大讯飞相关子公司合作，将数字校园经过几年的运行逐步向智慧校园发展，增加人工智能在教育教学中的应用，探索现有的虚拟现实技术设备在学生动手能力和拓展视野方面的作用。提升一卡通系统的综合使用效能，提升校园软硬件设施的智能化。

2. 建立基于大数据的学校治理体系

探索教育大数据和人工智能等技术手段在改进教学、优化管理、提升绩效方面的创新应用，建立以学校全方位数据为基础、以智能技术为支撑、以数据驱动管理决策和个性化服务为主要目标的大数据学校治理新模式。

3. 推动信息技术与教育教学深度融合

探索信息技术与教育教学融合新途径，完善适合师生的混合式学习模式，在开展教育信息化创新课题研究的基础上，突出打造北京市教育信息化融合虚拟现实教学应用示范基地，培养和引领一批融合创新应用师生，推动学校教育高质量发展。

4. 提升师生信息素养与创新能力

挖掘信息技术应用提升工程2.0试点工作经验，完善教师信息化应用考核机制，推动教师主动适应信息化时代变革，有效运用信息技术开展教育教学，开展适合的信息技术培训，提升学校教师信息素养，全面建设高素质专业化创新型教师队伍；坚持"五育并举"，鼓励教师开设人工智能、虚拟现实等新技术校本课程，完善云知云创能力提升课程体系，营造提升学生创新精神的氛围与环境，提升学生信息素养，培养学生信息技术应用意识和能力，努力将云中学子培养为"乐学·和美"可持续发展的中学生。

（三）研究方法

1. 研究思路

以学校校长为课题负责人，组建教育、教学和科研为核心的研究团队，在充分进行文献综述的基础上，总结与反思前续课题研究中的经验与问题，开展专项需求调研，形成可行性分析和比较研究报告，结合课题研究内容开展基于学校云文化的智慧教育建设与实施，梳理理论与实践相结合的研究成果，并在市区一级的范围内开展展示交流，最终将研究成果物化成册。

2. 研究方法

采取行动研究法、调查法（测试、问卷、访问、座谈）、文献法、比较法等，其中以行动研究法为重点。

在研究方法上，以行动研究法为核心，结合课题研究的方向性原则、科学性原则、组织性原则,通过课题组文献研究、课堂实践、活动开展及交流研讨构建基于"云文化体系"建设的智慧教育范式，提供技术支持路径，创新教与学的方式。

四、研究的重点和难点

（一）研究重点

建立教师智慧教育培训考核机制，建立创新型教师队伍。
开展智慧课堂教学，挖掘人工智能技术与教育教学深度融合实施策略。

（二）研究难点

健全学校云管理制度规范，建立基于大数据的学校治理体系。

五、研究阶段性成果

（一）开展顶层规划设计，优化智慧教育效能

"十四五"期间，学校云文化坚持"适合教育"办学思想，深化云文化内涵，结合"全局规划、科学整合、重点突破、分块推进"的智慧教育建设思路，不断整合国家、市区校优质资源，在不断丰富的教育云平台的引领下，通过课题的研究和实施，将数字校园经过几年的运行逐步向智慧校园发展，探索出教育大数据和人工智能等技术手段在改进教学、优化管理、提升绩效方面的创新应用，建立以学校全方位数据为基础、以智能技术为支撑、以数据驱动管理决策和个性化服务为主要目标的大数据学校治理新模式。利用先进的数字化教育方式方法，推进云课程、云资源、云课堂及云管理，挖掘互联网环境下混合式教学在教育教学中的价值，提高工作效率和办学效益，提升教育管理水平，

发挥学校现有优势，创设和谐的智慧校园，彰显学校办学特色，为学生提供适合终身发展的教育，促进师生幸福成长（图3）。

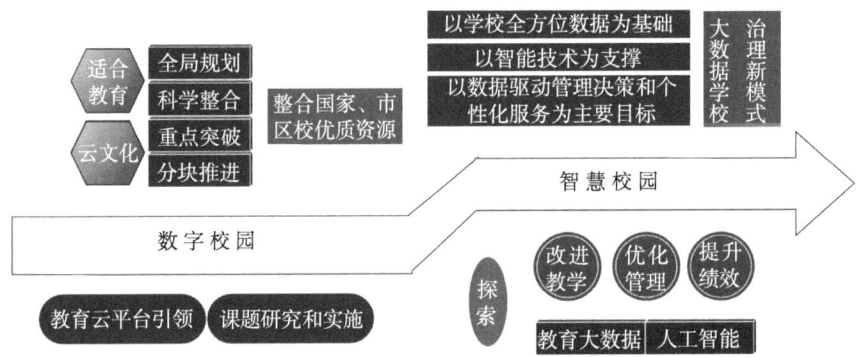

图3 首都师范大学附属云岗中学智慧教育建设思路

（二）共享区级数据机制，构建智慧校园系统

在区级教育云平台身份认证机制及数据互操作平台不断优化升级的基础上，学校不断优化智慧教育平台应用模块，包含校园门户、课程综合平台、教师合作发展平台、学生快乐成长平台及协作化办公平台。特别是协作化办公平台和课程综合平台成为师生校园生活必不可少的部分，极大地提高了工作效率和办学效益，也为师生提供了便利的校园服务。同时，学校还引进智慧课堂平台、大数据精准教学、智慧作业、智慧体育、智慧心育、畅言智AI、智慧网阅、虚拟现实平台等应用，全面用于学校日常教学工作（图4）。

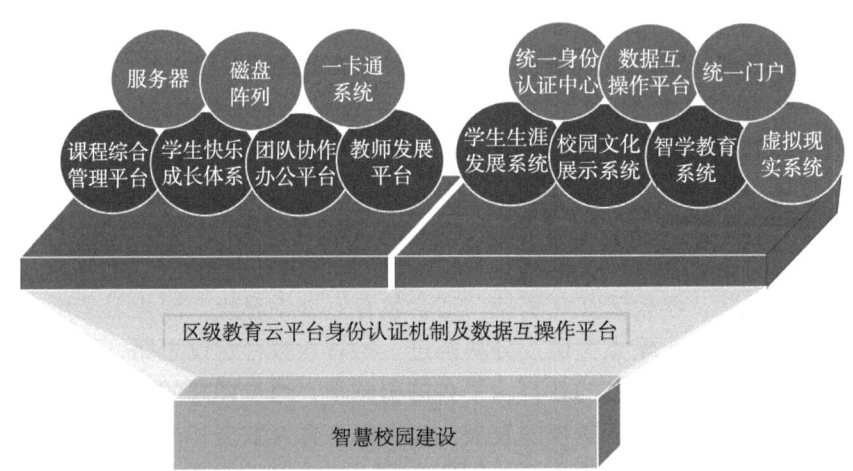

图4 首都师范大学附属云岗中学智慧教育建设系统

（三）开发智慧资源体系，实现数字应用常态

学校一直注重资源建设，学校建成了以"国家+市+区+社会"为核心的教师个性化数字资源体系，教师可以将微课、课堂资源、测验与学生课上课下分享，翻转课堂成为教学常态；建成以教研协同备课系统为中心的教师协同备课资源分享平台，按照教学进度对教师个人教学资源进行汇总，同时能够提供教师之间的协同备课，提供线上活动的常态化，为此，学校为每位任课教师配备了平板电脑。

（四）探索多元智慧课堂，提升师生数字素养

依托国家级重点课题的研究，通过对学生的学习风格和需求进行分析，在专家的引领下，开展了一系列信息技术与学科深度融合的国家课程校本化实施，学校课堂的师生互动形式更加多元，学生参与课堂的积极性得到大幅提升（图5）。

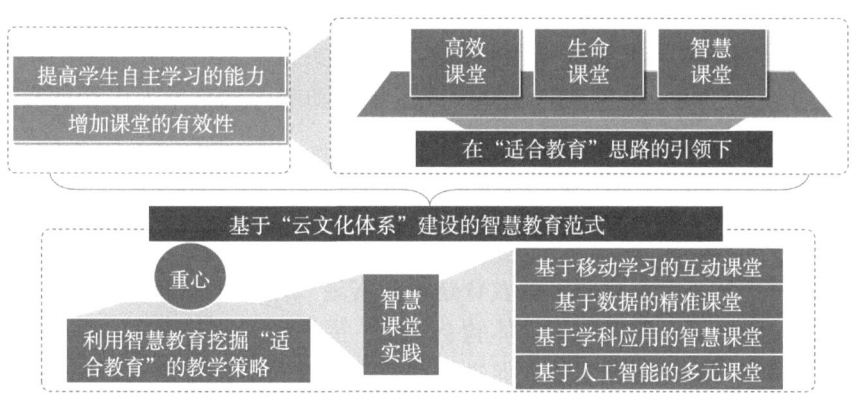

图5　首都师范大学附属云岗中学基于"云文化体系"建设的智慧教育范式

1. 基于移动学习的互动教学，提高生命课堂质量

尝试基于移动学习的互动课堂，"希沃白板＋移动设备"的常态互动课堂、"平板电脑＋云平台"的互动云课堂等方式进入我校国家课程课堂中，利用移动设备搭建课堂中师生、生生沟通和交流的桥梁，灵活地融合学科资源，将课堂学习变得丰富和生动。

2. 基于大数据的精准教学，促进高效课堂生成

现在的学生学习数据的采集和分析变得非常简单，并且能够实时呈现，对学生个性化学习提供了很大帮助。教师利用网阅、互动反馈等对学生的学业水平数据进行采集和分析，挖掘学生存在的共性或个性问题，进行了精准课堂教学尝试。

3. 基于学科应用的混合教学，加强绿色课堂效能

学校设置学科应用准入机制，对平台进行逐一排查，对其教学应用进入课堂的方式深入分析，利用学科应用开展线上线下结合的混合式课堂学习并进行了全校范围的教学推广，学生的学习效果和能力明显提升。

4. 基于人工智能的多元教学，提升智慧课堂活力

近几年，人工智能以多元的形态迅速进入教育的方方面面，体验成为学习最重要的方式，为学生明确自己的需求和选择学习内容提供了精准的帮助。学校将虚拟现实技术、语音识别技术及人工智能通识呈现在课堂中，极大地激发了学生的学习兴趣，为学生学习提供了多元的选择。

（五）开设特色校本课程，培养学生智慧素养

学校人工智能课程是我校"云创"科技教育特色中的重要组成部分，随着国家和市区对人工智能的重视，学校最先在初中信息技术课中尝试进行了移动学习下的人工智能通识教育、智能语音技术及四轴飞行器的教学，学生学习兴趣浓厚。学校基于移动学习的人工智能课程成果体系包含以基于应用实际的信息技术学科内容、基于问题学习校本必修课程、基于项目学习的校本选修课和基于案例学习的社团课外活动课程的课程成果，主要有调查问卷、课程方案、教学设计、教学设备、教学资源及教学评价等。通过对信息技术课程的二次开发和人工智能校本课程的实施，总结出在普通中学开设人工智能教学的内容选择和开设模式，设计研究基于移动学习的初中人工智能教学的实施途径。

（六）梳理智慧教育经验，形成校本特色成果

学校以"基于学校云文化的智慧教育建设与实施"作为学校信息化工作的抓手，以课题引领学校工作开展，借助培训、体验、观摩、展示及评比等手段，提升师生智慧教育水平，提升学校信息化研究实效，促进教育教学质量和学校管理水平现代化发展，形成了具有学校云文化特色的智慧教育体系。"十三五"以来，学校先后被评为北京市教育信息化融合创新"双百"示范行动基地优秀项目，连续两年被评为教育信息化应用优秀组织单位，智慧教育成果被评为北京市优秀成果，人工智能课程荣获北京市基础教育课程成果二等奖并在丰台区进行展示。

六、未来研究设想

虽然我们的智慧教育建设取得了一些成果，但也存在一些问题。例如，如何关注课堂的数据收集尤其是过程性数据和评价数据的利用；如何以学生核心素养培养为主线，开展面向问题的跨学科资源开发，以及与其他学校共同探讨共建共享的方法；如何解决智慧教育手段的使用和青少年视觉疲劳和视力保护的问题；如何完善学校主导、教师课程设计、公司协同开发、学生学习反馈的机制；明确真实学习环境与智慧教育辅助教学环境之间的关系和辅助意义等。下一步，学校将继续加强以下5个方面的研究：

（1）形成学校基于"云文化体系"建设的智慧教育范式，提供技术支持路径，创新教与学的方式。

（2）在完善智慧校园软硬件平台的基础上，建成学校智慧教育资源体系，拓展智慧校园硬件覆盖程度，完善网络学习空间应用。

（3）探索教师智慧教育培训考核机制，逐步提升教师信息素养。

（4）挖掘人工智能技术与教育教学深度融合实施策略，形成智慧课堂教学案例集。

（5）通过建设学校云管理制度规范，形成学校云管理制度，建立基于大数据的学校治理体系。

未来，学校坚持实现适合教育、创建科技特色品牌和培养创新人才进行"三位一体"统筹安排、一体部署，敢于担当、积极作为，求真务实、苦干实干，积极推进学校智慧教育建设，进一步实现优质内涵发展，稳扎稳打、稳中求进，在新时代新征程上创造新的发展，在培养有理想、有本领、有担当"乐学·和美"可持续发展中学生的教育之路上赢得更大荣光。

大数据和人工智能背景下的个性化学习研究

杨琳玲　郭君红

从信息化时代进入智能化时代，大数据和人工智能无疑是为这个时代的到来起到了决定性的作用。信息不再只是孤岛而是各种带着千丝万缕联系的整体，个性化不再只是一种定制服务而更多的是成为一种生活常态，新闻推送的个性化，商品采购的个性化，教育场景的个性化……在教育领域这种生态也愈加明显，也更加富有代表性。新中国成立70周年庆祝活动中，立德树人方阵花车采用了知识树上数据链组成的树干上耸立的教育云，教育云上以各种教育场景作为代表图案，这说明了大数据支持下的个性化学习在新时代中的重要性。

每一个学生学情都不尽相同，知识掌握程度、学习习惯和风格各有差异，在传统教学环境中，大多数教学场景关注的都是老师经验下的大部分同学，这种以面向全体的教育在某种意义上容易忽视学生的差异性，让教育的成效并不那么明显。如何利用强大的大数据和人工智能技术改善学生学习现状，非常值得研究。

一、问题分析

学校结合"全局规划、科学整合、重点突破、分块推进"的智慧教育建设思路，逐步打造高速、稳定、安全的网络环境，内容丰富、方便查询的资源环境，经济实用的硬件环境，以提高学校工作效率和办学效益，提升教育管理水平。

2019年以来，学校深化"云文化"内涵，不断整合区校优质资源，在不断丰富的教育云平台的引领下，通过实施"首都师范大学附属云岗中学教育信息化2.0行动计划"，利用先进的信息化教育方式方法，推进云课程、云资源、云课堂及云管理，挖掘互联网环境下混合式教学在教育教学中的价值，提高工作效率和办学效益，提升教育管理水平，发挥学校现有优势，创设和谐的智慧教育，彰显办学特色，为学生提供适合终身发展的教育，促进师生幸福成长。

新中高考改革既带来考试和招生的变革，也倒逼学校传统教育教学和管理模式的变革。在此背景下，教育管理者和广大师生如何适应课程设置、教学方式、评测评价等方面的新变化，是迎接教育新挑战、创新教育发展模式的关键任务。同时，后疫情时代的到来，给学校提出了更大的挑战，需要教师、家长及学生多方配合，在这片广阔的网络空间中，开展丰富的混合式教学活动。如何破解这些新变化所带来的一系列挑战，教育信息化是一个有效的抓手！"十四五"初期，学校经过数据分析，明确在教育信息化建设方面亟待解决的困难如下：

（1）如何关注课堂的数据收集，尤其是过程性数据和评价数据的利用。

（2）如何以学生核心素养培养为主线，开展面向问题的跨学科资源开发，以及与其他学校共同探讨共建共享的方法。

（3）完善学校主导、教师课程设计、公司协同开发、学生学习反馈的机制。

（4）明确真实学习环境与信息技术辅助教学环境之间的关系和辅助意义。

3年来，学校利用智学网和星立方的数据，开展基于大数据和人工智能背景下的教学活动的跟踪和分析，力求通过平台介绍和数据分析给大多数普通中学进行精准教学和个性化学习提供借鉴。

二、目标与内容

（一）研究目标

（1）依托大数据和人工智能技术，基于在线平台数据的采集与动态评价分析，实现因材施教，帮助管理者全面督导和辅助决策。

（2）基于大数据和人工智能深入挖掘大数据价值，帮助教师实施教学模式创新。

（3）基于人工智能规划学生的个性化学习路径和学习推荐。

（二）研究内容

学校以本校学生在校级考试、日常练习及大数据精准学习中使用的科大讯飞大数据精准教学系统和区级联考使用的星立方教育大数据分析平台中的功能分析，再现和学习数据分析以求达到以下研究内容。

（1）对于教学过程进行数据采集，针对多角色、多层次、多指标进行学情数据分析。对于主管部门、教师、学生和家长，分别出具包含不同指标的分析报告。

（2）通过对学情数据进行知识点引导的教与学深入分析，提供教学诊断和改进。对比传统教学模式，对课堂效率进行量化分析。

（3）基于知识图谱诊断分析规划个性化学习路径，对于薄弱知识点进行精准推送和学习推荐。

（三）工具选择

本项目工具主体为科大讯飞的大数据精准教学系统及智慧空中课堂和星立方教育大数据分析平台，作为首批四大国家级人工智能开放创新平台之一的科大讯飞，语音识别、语音合成、机器翻译、图像识别、阅读理解等核心技术在国际上保持领先地位，在教育领域开发的大数据精准教学系统，整合大数据采集、基础数据分析、精准教学、智能练习、教学监管模块，依托"人工智能+大数据技术"、知识图谱技术及大量优质教学资源，基于对学校日常考试、测练、练习作业等全场景学业数据的采集和精准分析，为教师讲评、备课、教研，为学生个性化学习，为管理者科学管理等提供有力数据支持。

智慧空中课堂通过网络平台，合理利用学生课余时间，模拟真实的传统课堂，将传统课堂搬到家中、线上，利用讯飞智慧云，实现AI提效、精准备课、个性化空课等一系列功能。

星立方教育大数据分析平台是一款以经典测量理论为指导，以各科目《课程标准》为参照，客观诊断学生学习成果、全面评价学校/区域教学水平的教学评价系统。平台从设置试卷试题属性信息、各类分析参数等教学评价的关键环节着手，快速帮助教师完成科学的教学评价流程，分析学生的学习过程和达到的学业水平，诊断教学中存在的问题，从而促进教师、学生的发展。系统力图对学生个体、群体的学业能力及教师教学水平作出全面分析与诊断，促进教学与管理的有效结合，为学校发展和教学决策提供服务。

（四）建设推进方案

1. 人员配置

项目机构配置完整，校长为总体策划及负责人，教学副校长负责监督把控，信息资源主任负责项目管理工作。注重人员梯队建设，学校配备9名信息资源中心教师全面组织负责建设与活动开展，学科教师作为具体实施主体，由教研组长组织开展教学和教研。

2. 管理推进

建立项目管理流程，并由信息资源中心主任负责管理；编制合理的总体工作计划，建立完整的项目台账；签订合同应执行合同对象审查、谈判及文本会审签批程序，严格按照"三重一大"项目审批流程，同时做好合同备案工作。

3. 建设推进

根据多方调研成果，在原有的基础上建设适合小组分组学习的大数据平台，严格按照建设内容完成建设，保证设备能够正常运行并能够在学校全面开展班级教学应用工作。

4. 活动推进

学校实现大数据个性化学习，进行常态化活动，每周向跨学段学科相关教师开展相关实践和教学培训，每个月组织1次小型对外体验展示活动，每学年组织1次大型示范教学展示活动，努力做到示范基地建设设备物尽其用。

5. 成果推广

开展跨学段学生的交流展示活动，每年至少有10~15名教师利用资源进行示范研究，参加国家级、市区级信息化教学相关竞赛并获得优异成绩。

(五) 保障机制

学校是北京市第三批数字化校园的实验校，校长非常重视信息化建设，信息资源中心作为独立部门，有着丰富的项目研究和建设经验，在过去4年中推进数字校园建设有着突出的成绩，同时有多次独立组织大型展示活动的经验，这也为本次项目建设提供了充分的支撑保障。本次工作主要参与者都是学校各部门负责人，这为子项目在教育、教学中深入研究提供了足够的人员。以上这些都为项目研究提供了相应的保障。

1. 组织机构与队伍保障

大数据平台是一项系统性工程，学校将对管理体系进行重新定位与分工，成立以校长为主要责任人，以主管校长具体负责，教研组、信息资源中心、专家顾问组、网络公司等组成的信息化组织机构，形成与学校各部门相互协作的联动管理体制。同时，将学校的教育教学资源通过公司运作的模式为广大师生服务，扩大应用范围，节约成本，保障可持续发展。

组织机构保障中有一项很重要的保障是公司化运作，它是使设备正常运转及资源有效运用的一种机构。随着数字化学校的全面展开，学校充分考虑到软硬件设备的后期维护、优质信息资源的推广是面临的一个重大问题，尤其是信息化设备越多，后期维护成本将越高。学校信息中心拥有较强的对计算机、网络及相关外围设备管理的技术实力与实践经验，并通过与公司合作，将设备维护、资源的开发利用和市场化运作有机结合起来，充分发挥公司的市场化经验，不仅解决了学校大量维护资金的投入问题，而且对资源推广产生很好的辐射效果。

2. 制度保障

我校围绕示范基地建设的全面开展，建立各项平台管理与应用制度，如信息化机构管理制度、管理员制度、培训教师管理制度、培训考核制度、信息发布管理制度、设备使用制度等，使管理、应用、保障机制更加规范、顺畅，应用效率大幅提高。

3. 评价保障

在示范基地的建设与应用过程中，涉及设备、资金、人员等方面。我校将建立与各项应用相结合的评价体系，以利于过程监控与优化，从而保障数字化学校建设的顺利进行。同时，学校制定各种激励政策，通过薪酬激励政策、成果奖励政策、科研经费管理政策等，充分调动广大教师的积极性。有计划、有步骤地进行"双百"示范行动，完成"双百"示范行动工作任务。

（六）项目推进过程

1. 学生发展指导调研及选科结果分析

在高一阶段对该校学生的学科潜能测评数据进行了收集、计算和分析，对学生整体的测评情况进行了分析描述。本测评采用的是科大讯飞学科潜能测评系统，利用科大讯飞先进的大数据智能云算法技术，将测评模型在线化、智能化，通过呈现全方位的学科诊断结果，可以为学生个人未来的学科发展指明方向，为学校制定学生未来的个性化培养模式提供参考依据。在调研中主要通过答题的方式对学生的学科潜能、学科思维能力、学科兴趣和一般推理能力进行测评，最终推测学生选科结果的分布情况。但是此项仅为参考，最终学生根据自己意愿在高考选科平台上进行选科，同时与走班排课等工作进行关联。

在此项调研中，分别呈现了分项数据汇总、学校整体报告、个人分项报告3种形式。其中，分项数据包含学科潜能测评结果、学科思维评价测评结果、学科兴趣倾向测评结果及一般推理能力测评结果，分别每项均以T分数、百分位数、等级及推荐情况等方式呈现统计结果；校级报告从整体情况说明、校级潜能优势学科推荐分析、学科潜能多维度分析3个部分组成，分别以分项相应常模分布为基础进行等级分布分析；个人报告分为学科潜能测评总报告及学科思维评价测评、学科兴趣倾向测评、一般推理能力测评3个分报告。

本校学生最感兴趣的学科分别是化学、生物、地理，学校可以多为学生举办相关领域的学习活动，帮助学生将学科兴趣转化为内在的学习动力，从而提高学习成绩。本校学生最不感兴趣的学科是政治，学校需要结合实际情况研究政治学科学习兴趣低的原因，并采取有针对性的改善措施，提高学生的学习兴趣。本校大多学生对政治、生物、地理、物理、化学、历史都比较喜欢，学生比例均在44%～63%。对6个学科很感兴趣的人数排名为化学＞物理＝生物＝历史＞地理＞政治；对6个学科比较感兴趣的人数排名为政治＞生物＝地理＞物理＞化学＞历史；对6个学科不感兴趣的人数排名为历史＞政治＞物理＝地理＞生物＞化学。

2. 学业水平测试情况追踪

本校高三学生在校期间共计完成年级测验20次，其中期末考试及模拟考试等区级统考8次，月考及期中考试12次，成绩分析不单纯是给学校的分析报告和教师教学的学情储备，同时有记录学生成长的个性报告，能够帮助学生进行更好的个人认知和实现个性化学习。这里不对学业水平测试的校级分析和班级分析进行赘述，重点阐述个人成绩分析和建议报告生成等。通常对于学生学业水平的个性化分析分为历次学业水平变化分析、单次测试分析报告和单科学情诊断。

（1）历次测验学业水平变化分析

这一类分析通常是本次测试与之前历次测试的对比分析，如果单纯看分数可能并不能说明问题，因此在进行分析报告设置时，通常以标准分的变化为表格或图表呈现，通过趋势变化以了解学生个人各学科的学业水平趋势。系统会自动收录学生的学业成绩，为教师和同学们提供每个学生的学业档案，支持按照标准分、年级名次和班级名次追踪学生学业发展状况。

（2）单次测试分析报告

通常在个性化学习中单次测验的分析报告对学生发现自己的知识点掌握程度和进一步地扩大优势、弥补不足有很大的帮助，大数据精准教学系统提供每个学生的知识点掌握情况，支持多学生多知识点间对比，供教师精准定位学生问题。同时，系统可以自动收录学生错题，为教师提供每个学生的个人错题本，供教师精准辅导。针对一些波动较大的学生、临界生及教师选择的关注生，系统会自动进行预警及提示，这就令学生的个性化学习更有针对性和有效性。这一类报告的生成是大数据和人工智能技术在教学中应用的突出表现。

一般情况下，个性化成绩报告分为成绩单、综合介绍、优势弱势科目分析、学科进退步情况分析及科目所处位置情况。在这样的分析中数据越多，可参考的信息越全面，预测就会越准确，比如"根据往年中高考情况划定的升学线上线情况"，就需要根据多年丰台区学生成绩分布及对全区学生成绩进行汇总得出 A 线和 B 线分值，这一成绩相对比较客观，具有一定的参考意义。

①成绩单。成绩单往往在报告的最前面呈现，可以将个人成绩与满分、最高分、年级平均分、标准分及区级排位等进行综合比较，让学生通过数字对成绩有一个直观的了解，这也是成绩分析中最常见也最直接的呈现方式。

②优弱势科目分析。木桶效应适用于中学阶段的学业水平状况，往往学生会因为劣势科目而影响整体的综合成绩，因此稳固优势科目、重点关注弱势科目尤为重要。在此项分析中可以将个人基础数据与全区或全校的平均、同一层次平均及最高分进行对比，客观得出值得重点关注的弱势学科。这中间需要通过大量数据进行分析比对的就在于判定"同层次学生"，让结论更加科学并有一定的建议根据。

③成绩变化趋势。通常在进行一项测试报告分析时，系统会将成绩与最近一次成绩进行对比，有时也可以让学生选择有针对性的一次测验进行对比，这样能够对比出各科成绩的变化趋势及需要努力的位置。

④科目所处位置情况。通过成绩在学校的百分比，与全区二模考试大数据分析得出的 A、B 线，以及成绩与年级整体情况进行的层次划分，得出比对结果，客观论证学生在区级及校级各科所在的位置，这能够让学生更加客观地认识自己的情况。

（3）单科成绩分析数据

通常一次考试中，单科成绩分析不仅对任课教师试卷讲评意义重大，而且对学生对学科学业水平掌握程度自我认知和弱项提升有很大的帮助，利用大数据分析及人工智能技术，能够精准地确定学生在某一科的优势与不足，给予相应的分析和生成个性化的报告，为学生提供有效的指导。通常此类报告包含卷面作答情况、得失分、知识点掌握情况及学科能力水平情况。

①卷面作答情况分析。这类分析通常和考试试卷批改情况和作答结果进行对照分析，这样学生能够对自己考试有直观的认识，通常会有每道题的作答情况、年级平均分、得分率、考查的知识点和考查能力，一般是综合性的对比分析。图 1 是 A 同学语文学科卷面作答情况的部分数据，这些数据客观呈现了 A 同学卷面作答的基本情况，但对学生来说只能主观感受到错误率较高，分析不够直观。

②卷面得失分情况。卷面得失分情况分析主要是利用大数据的综合分析将个体与全体或相关层次进行对比，从小题、难度或题型方面进行对比，进一步对得失分进行综合认识，以图表形式直观地呈现与年级平均和同一层次学生平均的结果。

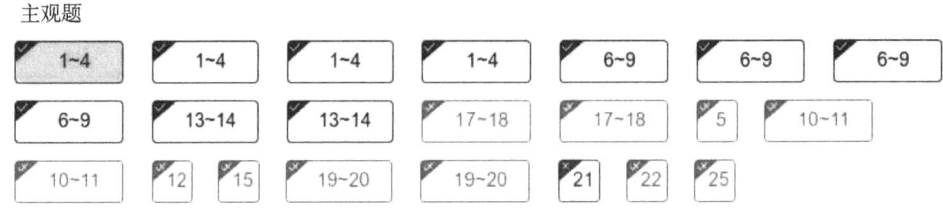

图1 A同学语文学科卷面作答情况部分数据示例

③知识点掌握及学业能力水平情况。学科知识点掌握及学业能力水平情况通常是命题人在前期命题时，对试卷进行明确或者系统利用人工智能技术对试卷进行比对划分得出相应的分析。因此，这类情况分析更适合教师带着学生进行专项分析或者系统通过对数据的分析给予学生的专项练习。相应的，一般还有知识模块、认知水平及核心素养等分析，这类型分析对学生进一步个性化学习提升有很大的帮助，也是系统推送个性化手册的重要依据。

3.个性化学习手册的应用

在出具各项分析报告让学生对自己的当前学业情况有了初步认识后，系统如何为学生提供个性化学习的资源才是至关重要的一环，这就需要在大数据分析和海量资源筛选下完成。高二进入走班选课，学生不再像高一那样好管理，因为走班在一个行政班中可能会出现多个教学班的学生，这让教师抓平时落实困难很大，引入个性化学习手册正好帮助教师解决了课后落实的难题，也让学生的学习更具有针对性。

个性化学习手册就如同一个拥有高科技含量的"错题本"，它依据学生在练习和考试中的具体表现，分析学生的薄弱知识点，为学生提供更适合自身的学习资源。通过这种方式，教育不再是大水漫灌，而是实现了"千人千面"的个性化学习。教师也不用再耗费大量的时间统计每次考试成绩，而是依据人工智能给出的结论，一目了然知道哪个学生、哪些知识点掌握不足，从而进行有针对性的教学。

通常情况下，个性化手册的功能包括采集和分析学生学习数据，诊断其知识点掌握情况，针对个体学生打造知识与类型题图谱。在此基础上，它能够基于人机结合的推荐引擎，为学生提供精准的个性化学习资源，帮助学生科学规划自主学习路径，提高学生自主学习的效率。

（1）数据采集分析与诊断

通过手机提供考试数据及日常作业分析，得出相关的数据分析，包括分数统计、知识点分析、问题诊断等。

（2）错题记录与分析

根据学生历次考试和作业的作答数据，实时记录错题，分析错题背后的根本原因。

（3）精准地资源定制

根据学生的薄弱环节和知识点的问题，精准推送相应的例题和练习，帮助学生克服薄弱环节，深化对知识点的认知（图2）。

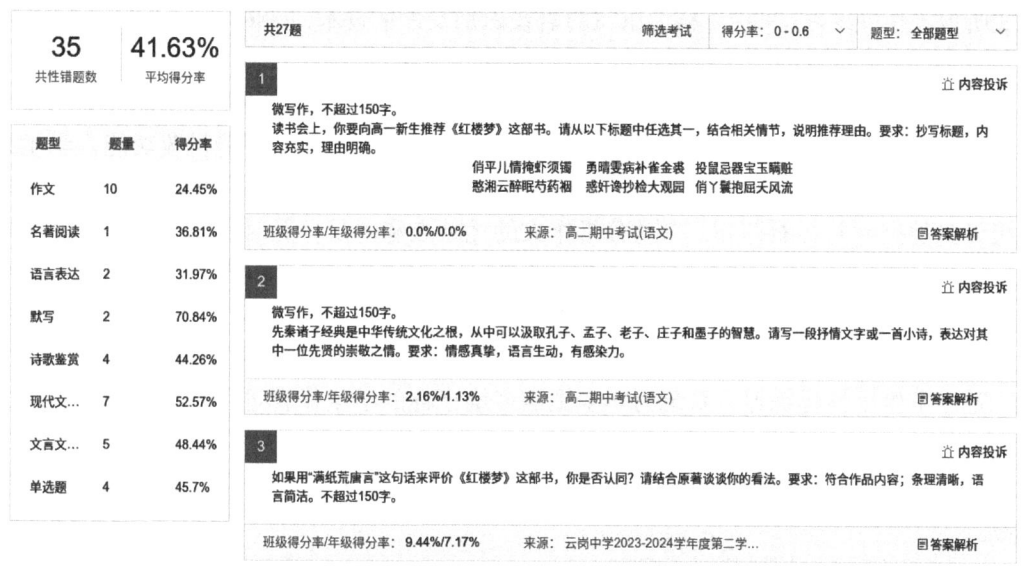

图 2 语文学科班级共性错题分析及个性化学习手册示例

个性化学习手册的使用可以更好地利用学生的学业水平发展信息，将命题、阅卷、讲评、分析等环节重新整合，向学生提供个性分析、向管理层提供精准研判。教师只需要专注命题、参与阅卷，其他如答题卷设计、参考答案解析、成绩统计等环节均由该中心的智学系统解决，这减轻了教师事务性的负担，节省更多时间聚焦在学生的学习引导上。学生会在每一次测评结束后，获取中心提供的《个性化学习手册》，手册会针对学生每次测评的结果进行综合评价和错题解析，并推送对应纠错变式练习等，将每学期的手册整合在一起，便成为属于学生自己独一无二的个性化学习教辅。

4. 基于学科智能化的练习中心

智能的练习系统能够很好地解决学生个性化学习的监督和拓展问题。在科大讯飞智能练习系统依托"AI+大数据"能力，提供同步课时练、校本练习、英语听说专练、英语智作文、打卡任务5种练习模式，兼具了"工具+内容"，为学生的居家学习个性化需求提供了便利。

在居家学习中，学生根据个人掌握情况选择性完成练习。其中，同步练习、答题卡练习及校本练习可以与平台线上资源进行关联，客观题可以通过系统自动进行批改，主观题拍照上传，支持学生错题订正，同时借助大数据技术和系统完善的知识图谱技术个性化提供相关练习题。

学生可自行查看个人报告，包括参考答案、答题情况、试题解析等。系统支持学生可以按学科查看自己的错题，学生可对错题进行筛选、查看解析、知识点，提升错题解决能力。

值得一提的是其朗读作业和英语听说专项训练，练习平台提供朗读、对话、单词及课文听说等相关练习，采用了科大讯飞的语音识别及评估技术，能够对学生的吐字、发音、断句等进行专业的判断，有效地提高了学生的听说水平。

当然，结合人工智能和大数据进行作文的批改也是练习中心的重要功能，英语智作文依托手写识别、自然语言理解等人工智能技术，提供英语作文智能批改功能。学生线下纸笔作答拍照上传，系统可自动将手写作文图片自动识别为印刷体并转换为电子文本；系统可自动批改并智能打分，自动分析作文的优缺点和不足，及时反馈作文作答结果并进行标注，辅助教学活动开展；系统可自动批改评分生成智能批改报告。学生可查看得分、词汇词组、篇章结构、语法句子、作文内容、机器评语及批改详情，但是在实践中教师发现，在作文批改的标准方面存在一定的偏差，因此高三教师并未开展有效的作文练习。

基于学生个性化练习，系统为学生提供多维指标的学生作答过程数据和个人报告，呈现个性化学习后的学生个体收益。例如，个人平均分、排名的提升，薄弱知识点的提升情况等；基于班级个性化练习结果，系统为学生呈现班级高频错题，供学生拓展学习。

5. 支持回看参与的智慧空中课堂

线上教学期间，智慧空中课堂支撑了高三年级绝大多数的学习时光，学生在其中有何收益，或者能如何参与课堂，甚至与线下课有何差别或者带来了多大影响，应该不需要再做赘述，本课题组着眼于智慧空中课堂如何让线上教学更加规范，以及个性化完成学习。在智慧空中课堂中可以将教师的课堂直播进行录制，并利用人工智能技术将直播中的课堂互动在回看中进行交互，这就为那些因为特殊原因没有参加学习或课上未能很好理解的同学提供了回看参与的可能，课后不仅能够对教师所教内容进行学习，还可以参与课堂互动和交流中，让课堂有了极大的延展。同时，在智慧空中课堂的课堂参与数据采集中，回看数据也被采用进入分析中，这就让教师客观了解到学生实际参与时间和参与度，为后续课堂教学提供指导意义。

三、主要创新点

（一）研究视角的创新

以在线平台为辅助，使对应用问题的研究与对理论依据和应用实践的探讨有机结合，体现人工智能和大数据应用与教育领域的深度融合。

（二）研究观点的创新

采用理论探讨和应用实践相结合的方法，研究大数据和人工智能在教育领域中的应用，指出大数据正在推动区域和学校层面的教育发展，人工智能的核心价值是简化、丰富和提升大数据的采集与分析能力，驱动教育变革和发展。

四、取得的应用成效

通过对学生在大数据和人工智能技术为关键技术的学习平台中所产生的学习活动和行为数据进行学习数据分析和个性化反馈,为学校推动个性化学习和针对性教学提供了支持。《教育信息化2.0行动计划》提出,探索在信息化条件下实现差异化教学、个性化学习、精细化管理、智能化服务的典型途径。课题组的跟踪研究正是在党和国家以教育现代化为主题的中长期战略规划中,为追求更加公平而有质量的教育所作出的重要探索。因此,这所普通中学实施的教育现代化应用将为广大中小学提供借鉴。

(一) 校内外学习展示,辅助学生快乐成长

基于大数据和人工智能技术打造智慧学习环境,学校可以有效地利用现有的移动终端和学生自主学习平台进行教与学的信息化深度融合,为学生搭建安全健康的学习内容分享平台,形成高效的学习互动环境,实现网上在线学习、在线测验、在线递交个人作业等功能。

线下环境方面,重点面向感知智能的建设,主要包括情境感知、位置感知、行为感知、表情感知等。原则上采用纸质作业后,更多的"测量与记录表现"责任将由感知环境承担。

线上环境方面,重点关注学习空间的建设。其中,数据挖掘和分析技术是个性化适性学习决策的基础。通过挖掘将重组知识概念,打造个性化的知识图谱;分析技术可以帮助教师把控教学活动,为教学活动提供强有力的决策说明。

(二) 学习与反馈并重,提升学习有效性

通过互动反馈教学平台,帮助教师及时了解学生状况,动态调整教学方式,有效引领学生学习,利用云课堂、媒体资源、微视频开展课堂互动实践,极大地激发学生的热情,增加课堂信息量,提高学生形象思维和空间想象力的同时,也提高学生的课堂效率。在设计个性化学习的切入点时,必须关注学生的能力发展。在数据驱动教学环境下,通过个性化学习环境可以有效地记录学生整个的学习过程,依托于平台和数据处理工具,可以精准地挖掘学生的智能发展状况,并对其能力发展进行有效的智能评估。

(三) 支持与评估合一,提升反馈的科学性

对不同课程类型和学生学习进行分别管理,实现以教学为中心、以人为本的思想,为教师创设高效、丰富的教学教研平台,为学校决策提供有力支持,也能让家长了解学生的具体学习情况。通过不同的功能运用,完全展现大数据在线课堂教学的应用场景,体现人工智能在学校的落地使用过程,促进人工智能和大数据技术与教学的深度融合,助力学校个性化、精准化教学。学校能够通过大数据在线教学研究中心建设,在推动大数据在线课堂精准教与学变革方面,更好地发挥示范、引领辐射作用。

（四）取得的成绩

1. 教师专业发展提升明显

在对各年级学生就教师教学手段运用多样，能够结合媒体资源适时展开教学评价方面，各年级学生对学科教师的满意度都比较高。

学校为教师们搭建了国家级、市级及区级信息化教学竞赛的渠道，越来越多的教师在以运用信息技术手段为主题的竞赛中获得国家、市、区级奖项，以此带动全校信息技术运用水平和能力的提高。学校教师获得全国特等奖 1 节，一等奖 6 节、二等奖 8 节、三等奖 7 节，北京市一等奖 7 节、二等奖 13 节、三等奖 11 节，丰台区一等奖 23 节、二等奖 8 节、三等奖 13 节，合计获奖 96 人次。

2. 课题成果辐射推广

2020 年至今，学校在互联网环境下的云岗教育集群差异化教学行动研究成绩突出，学校开展了市区级大型交流展示活动 3 次，面向全国各级各类学校校长团、市级培训项目和友好校跟岗学习 29 次。通过交流展示，充分发挥了学校全国信息化课题研究的示范、辐射作用。

学校依托信息化相关展览会，与全国各地教育信息化优秀学校分享校园课题优秀的经验，以图文并茂的方式介绍了学校的整体情况、学校信息化工作情况、信息技术与学科融合成果及信息化相关学生社团等情况。通过活动对课题成果的梳理，通过展览会平台的推广，让社会及教育同人进一步认识到了数字校园建设的成果。

五、下一步考虑

整个研究过程非常充实，过去的几年是大数据和人工智能技术落地中小学的实验期，很多学校从不同层面上开展了一系列的探索和研究，有全面铺开有逐级试点也有实验对比，这对本课题的研究提供了很大帮助，课题组在研究中总结了一些建议。

（1）寻找学校合适的落脚点，建构学校的文化基因，开展大数据和人工智能教学实践。

（2）做好产品的校本化转化，建立由教学团队、校内信息人员及企业三方联系的实践团队。

（3）明确教育信息化的辅助地位，站稳学校教育的主阵地，从局部到整体实现教育现代化。

（4）客观认识大数据的局限性，以师生交流、面对面互动交流和个性化指导为主要教学场景。

虚拟现实技术提升中学生实验探究与创新意识

师致汕　杨琳玲

习近平总书记在国际人工智能与教育大会中强调，中国高度重视人工智能对教育的深刻影响，积极推动人工智能和教育深度融合，促进教育变革创新，充分发挥人工智能优势，加快发展伴随每个人一生的教育、平等面向每个人的教育、适合每个人的教育、更加开放灵活的教育。我校的前身是航天部第三研究设计院子弟学校，凭借毗邻航天高科技单位的优势，保持着优良的科技教育传统。学校科技特色教育得到社会各界的普遍认可，2014年、2017年，我校被评为北京市科技示范校。

2016年以来，虚拟现实技术以井喷式发展，在各大展会中我们能看到各种虚拟现实的展品，但真正有助于中学开展教学的产品几乎没有。我校数字校园中标公司与科大讯飞合并，为学校引进了讯飞幻境这家新型的致力于虚拟现实开发的子公司，年轻的开发团队有技术但缺乏学科应用开发能力，正好和我校的数字校园目标不谋而合，初步开发50多个以增强现实、虚拟试验台、沉浸式虚拟现实为技术基础的应用产品并与我校多学科教师进行研讨。2019年，学校被评为虚拟现实教学基地学校，确定未来3年课题研究的方向为利用虚拟现实技术提升中学生实验探究与创新意识。

本课题将从中学理化生学科实验虚拟现实再现、学校科技特色主题虚拟现实，以及技术实现对学生实验探究能力和创新意识提升的应用手段等进行研究，注重在虚拟的环境中进行探索式学习，并且支持合作，促进交流，促进知识表达和应用，锻炼创新思维能力，让学生真正发挥创造力，对于提升学生在自然科技类的实践能力、创新能力及综合素质具有绝对的优势。探索虚拟现实技术在中学学科实验和科普中的应用，将为未来虚拟现实应用于基础教育学校课堂教学提供借鉴。

一、解决问题的过程与方法

（一）第一阶段（2017年9月—2018年3月）：文献研究与顶层设计阶段

自2017年6月，课题组召开了多次课题组会议，对课题组成员进行有效分工，大家统一认识，明确近阶段的课题工作任务，确定研究方向和目标。2017年9月18日，学校召开了课题开题活动，课题开题专家充分肯定了课题的研究价值，同时从不同切入点对课题研究提出了中肯的建议。开题论证后，课题组组织成员集中进行了相关理论知识的网络学习。课题组多次邀请专家和企业培训师就虚拟现实技术进行实践学习，走进虚拟现实企业开展专题交流活动，邀请学科教师与企业培训师进行专项研讨。同时，课题组成员还走出去参加市区级相关培训活动，并参与虚拟现实相关的研讨展示活动，对虚拟现实技术如何应用于教学有了一定的认识和理解。

（二）第二阶段（2018年4月—2020年12月）：虚拟现实研究的实施阶段

学校以信息资源中心牵头，构建了所需的项目资源体系。其中，虚拟现实技术以物理、化学、生物、地理、科普等学科为主体，对学科中可以有效使用虚拟现实开展学习的内容进行筛选，建立了项目资源体系目录，再与合作企业进行讨论协商，设计详细的改进意见，完善体系内容和资源结构。2019年以来，以物理和化学两个学科为核心，学校与讯飞幻境进行合作，开展了39项资源的思路研讨和改进，这些资源均由讯飞幻境公司进行实施并在学校进行了部署。课题组通过研讨完成《VR教育教研指南》的编制，全面和务实的虚拟现实课程设计掌上指南书，用于培训教研人员如何设计AVR课程，如何与研发人员进行制作沟通。结合教学实践课题组在课题研究期间在各个时间节点均组织相应的课堂教学研讨活动，组织研究展示活动4次，推出相关展示课5节。

2018年11月，在课题中期研讨会上，初高中物理学科就虚拟现实在学科实验中的设计进行了更加深入的探讨，根据多次沟通和改进，设计出适合学生学习的实践课例。课题组为更好地将课题资源在学生中体验，多次开展了课题体验活动，让更多的学生参与课题成果的体验中，以建设多渠道的虚拟现实呈现体验。

（三）第三阶段（2021年1月—2021年7月）：应用成效评价阶段

本研究围绕虚拟现实技术提升中学生实验探究与创新意识进行研讨，通过校企合作、专家指导、教师研训、观课磨课、外出学习等行动研究，主要完成了分析课堂实例，尝试总结虚拟现实技术应用课堂的教学策略和方法；将优秀课例选送参加北京市相关信息技术与学科整合评选活动；开展集群内课堂教学展示活动，推广虚拟现实技术在课堂教学中的应用实践成果，以及梳理"利用虚拟现实技术提升中学生实验探究与创新意识"研究成果等工作。

二、成果的主要内容

（一）明确虚拟现实技术在学科实验中可开发的内容范围，开展虚拟现实技术应用需求分析

虚拟现实技术在学校的应用主要搭配的硬件设备和资源体系：AR智能课桌、轻沉浸设备、全沉浸设备及其相关资源。为更好地开展虚拟现实教学的应用示范工作，课题组

总结前期工作经验，进行文献综合和实践调研，对虚拟现实教育现阶段的优势和不足进行了进一步的梳理。

1. 虚拟现实技术的实践价值

（1）丰富教学内容，提升教学效果，推动传统教育创新发展。学校发现，在现实教学中有很多现实空间中的实验或训练因存在困难、危险、成本限制而难以实现，以及难以生动、直观展示的抽象知识，在传统教学中学生通常学习起来很困难。机器人技术、传感器实验、AR 智能课桌、轻沉浸 VR 套装及全沉浸 VR 套装以不同的呈现效果和操作方式，在课堂的不同阶段，为师生提供立体空间沉浸感、体感操控，为课堂学习提供互动活动、实验体验及协作活动，为学习提供多元选择。

（2）弥补传统实验教学中的不足。虚拟现实实验教学能保证实验的安全性，由于部分动手实验有一定的危险性，但是使用 AR 实验没有任何危险，还可以减少实验用品的损耗，节省资金，提升实验效率。同时，节省实验准备及整理的时间，不需要提前准备实验器材，实验结束后不需要处理实验用品、整理实验室，节省教师的时间和精力。此外，可以调整实验发生的速度，便于教师观察。例如，放慢实验速度，看清实验的细节；加快速度，使需要反应 2～3 天甚至更长时间的实验，加快反应，快速看到实验效果。利用虚拟现实技术，对新课标中微观概念、微观结构、微观动态进行可视化呈现，可以让教师更好地讲解实验原理，解决教师课程难以展示、解释的痛点，还可以看到实验室之外的特殊效果。

（3）促进教师专业技能提升。未来教育一定伴随科技创新、人工智能与 VR/AR 技术发展。一个好的教学设计不仅是情景再现与知识呈现，它要求教师在应用 VR/AR 教学时，能够将课程中的难点、疑点设置成场景性的问题，好似游戏打通关一般，在悬念、兴奋、恐惧之后发出"原来如此"的感叹，既能做到"织茧"又能做到"化茧"，善于与学生打虚实空间心理战。为此，教师需要更加专业的技术支持，学习如何在课堂中运用 VR/AR 技术知识，具有教学资源开发与设计的能力及利用媒介与资源解决各类教学问题的能力。与此同时，这种提升也会促进教师角色的重塑，让教师从传统的以课堂讲授为主，向更加重视学生学习能力、解决问题能力与创新能力培养方面转变，亦师亦友间更像是策划、导游与导航。

2. 存在的问题

目前，虚拟现实和增强现实技术发展处在初级应用阶段，在技术瓶颈、资源开发、教学内容和推广普及等方面还存在很多问题。同时，软硬件设施不完备，开发人员技术力量不足，很多学校未配备虚拟现实和增强现实设备；中小学校的部分教师还没有接触过虚拟现实和增强现实，不知道如何在教学中应用，三维建模技术也需要进一步完善，大数据与人工智能技术的融合处理等都有待进一步提升。

虚拟实验相比传统实验，对动手操作上的要求变小，与实际的实验操作有一定的不同。由于目前技术不成熟，虚拟实验与实际实验现象之间还存在差异性。例如，药品颜色、透明度与真实有出入，部分模型的不准确、不真实会给教师和学生造成视觉欺骗、误解，部分涉及产物气味的实验不能直观闻到。

"云"上智慧
——首都师范大学附属云岗中学智慧教育建设探索

经过研究分析和实践，AR智能课桌更加适合常规课堂教学，对教师授课、学生的互动探究进行辅助，对学生课堂学习干扰较小，能够提升课堂的交互效果，在后续进行教学设计中，学科教师也比较偏向于此种类型的教学活动设计。另外，两类在沉浸效果方面均优于智能课桌，但是对学生的视力有所影响，而且不容易让学生集中注意力掌握课堂知识，不能更好地在课堂中进行实践，但是其互动效果优于第一种，更适合在科技体验和课外活动中体验式学习，多用于学校科技特色教育中，鼓励学生进行小项目的短暂体验。

（二）梳理学校科技特色要点，明确虚拟现实技术可呈现的科技特色资源

经过学校的梳理，将特色体系中无法在学习生活中体验的航天、军事、农业知识进行梳理，与虚拟现实资源进行匹配，明确了资源结构，这一部分资源的活动设计均以课外活动体验为主，学生在活动体验中掌握军事、航天、农业科技知识，提升科学素养和对科技的兴趣。

疫情以来，国家、市区有关延期开学、"停课不停学"相关意见中均要求坚持五育并举，创新居家学习。这正是利用虚拟现实技术开展安全与科普教育的好契机，学校整理北京市各大博物馆、科技馆的网上虚拟现实资源，制作场馆介绍和二维码，向同学们进行推荐并组织了一些班级探究活动，这让同学们足不出户就能开拓视野，感受科技和文化盛宴。

同时，学校还与合作企业进行线上研讨，将部分VR体验资源制作成三维科普学习小视频，还专门就疫情防控录制了一系列3D微课，如预防新型冠状病毒及网络信息的泄漏等，为学生居家学习提供了帮助，这些生动有趣的学习资源受到了学生的欢迎，对更好地开展安全教育起到了辅助作用。

（三）设计虚拟现实应用资源功能需求，开发符合学生操作习惯的虚拟现实资源

从学校教学角度开发的校企共建实验课程可用性更强，课程的实际使用及推广度更好，因为学校的任课教师最了解教学难点和学生的真实诉求。虚拟现实实验资源对学校及教师的帮助非常明显。教师在教学过程中会遇到常规讲解学生不易理解的教学点，而虚拟现实实验的应用，能够为教师提供全新的教学工具，同时能激发学生学习新知识的兴趣，让学生在动手体验中迸发创新的火花。因此，虚拟现实和增强现实技术应用于教育行业是教育技术发展的一个新的飞跃，它营造了自主学习的环境，由传统"以教促学"的学习方式演变为学生通过新型信息化环境和工具来获取知识与技能的新型学习方式，符合新一轮教学改革的教育理念，有助于学生核心素养的培养。

结合虚拟现实技术产品在教学中的优缺点，课题组选取AR智慧课桌作为课堂教学研究的重点，构建了所需的项目资源体系。其中，虚拟现实技术以物理、化学、生物、地理、科普等学科为主体，对学科中可以有效使用虚拟现实开展学习的内容进行筛选，

建立了项目资源体系目录，再与合作企业进行讨论协商，设计详细的改进意见，完善体系内容和资源结构。2019年以来，以物理和化学两个学科为核心，学校与业内知名企业合作开展了39项资源的思路研讨和改进，这些资源均由业内知名企业实施，并在学校进行了部署。

课题组在业内知名企业的支持下，完成了《虚拟现实教育教研指南》的编制。教研指南包含4个章节：认识虚拟现实技术、课程内容研发过程、虚拟现实实验内容的优点及不足、VR课程的教学应用实例。在此基础上，对资源进行整合筛选，目前学校的虚拟现实资源677节。其中，智能课桌课程501节，轻沉浸设备44节，重沉浸及一体机设备132节。课程覆盖初、高中各年级，主要涉及物理、化学、生物、地理及科普等学科。

（四）开展相关的课堂实例教学研讨，分析虚拟现实技术提升中学生实验探究和创新意识的策略与方法

资源的建设效果需要通过课堂实施来检验，在课堂中使用虚拟现实，教学主题、教学方法、使用契机、教学过程的互动活动及评价手段都需要实验教师进行精心设计。以研讨活动和展示互动为契机，开展课堂展示交流，能够接收来自各个方面的建议，也能够得到更大的提升。学校认为，既可以在项目开题和中期进行一定范围内的展示，将学科精品案例呈现出来，还可以以学科组内开展展示交流，从学科的角度讨论使用的主题，开展教学效果的评估。初、高中物理学科就虚拟现实在学科实验中的设计进行了更加深入的探讨，根据多次沟通和改进，设计出适合学生学习的实践课例，深受学生的欢迎。学校研究团队明确了虚拟现实教学3种比较通用的教学策略，分别是展示教学型、探究体验型及综合实践型，具体方式如下：

1. 展示教学型：先讲解课程内容，后体验

具体流程：明确本节课的课程名称→课前讲设备使用方法（边用其他DEMO配合投影演示边讲解使用方法）→开始课程→导入课程（有和学生的互动）→教师先在设备上讲授本节课的主要知识点（有和学生的互动）（投影在大屏幕上）→学生分组体验设备（设备提前准备好，分组有组长）→讨论课程问题→出几道题目进行练习留几分钟机动时间。

优势：符合大部分传统讲授法的习惯。

劣势：讲授法在引导学生探究方面稍弱。

2. 探究体验型：先体验与探究，后讲解。

具体流程：明确本节课的课程名称→课前讲设备使用方法（边用其他DEMO配合投影演示边讲解使用方法）→开始课程→导入课程→分组探究（设备提前准备好，每个组有组长，带着一个问题去体验设备，把问题投影在大屏上）（教师巡场指导，提示先把本组的问题探究清楚）→回到座位分享探究结果（教师配合投影和学生互动，需要适时做引导，防止冷场）→教师总结性的讲授主要知识点→出几道题目进行练习。

优势：注重学生自主探究。

劣势：对于教师的课堂组织能力要求更高。

3. 综合实践型：操作设备辅助教师授课，学生体验

具体流程：开始课程→导入课程 2 分钟（需要与学生互动）→教师一边操作设备一边讲课 26 分钟→教师总结实验中的易错点、高频考点→教师讲解设备操作方法 2 分钟→学生分组体验设备 10 分钟（设备提前准备好，分组有组长，教师巡堂辅助）→练习题 5 分钟。

优势：更加突出设备在整个课堂中的应用。

劣势：对于第一次接触设备的教师来说比较难以把控。

（五）将现有的虚拟现实技术应用平台进行进一步开发和实践，构建符合学生学习的专业课堂环境

课题组所在的学校拥有多种虚拟现实硬件和资源，前期开展了很多体验活动，很受学生的欢迎，学校希望让更多的学生体验新技术，开拓学生的视野。基于学生需求，学校在七年级开设"创·享 VR 探秘虚拟与增强现实"校本选修课。课程带领七年级同学走进精彩的 VR 世界，用 8 课时认识虚拟与增强现实的组成，了解虚拟与增强现实的工作原理和应用场景，体验虚拟与增强现实给我们生活带来的便利，尝试虚拟与增强现实程序设计，成为"创·享 VR"小达人。

三、未来建议及设想

（一）进一步探讨需解决的问题

课题研究期间，我们取得了一定的成就，尝试了利用虚拟现实技术提升中学生实验探究与创新意识的策略和方法，但我们还有许多问题需要探讨。

（1）如何关注虚拟现实课堂的数据收集，尤其是过程性数据和评价数据的利用。

（2）如何以学生实验操作探究和学生创新能力培养为主线，开展面向问题、跨学科的虚拟现实资源及配套性文本资源开发，以及与其他学校共同探讨共建共享的方法。

（3）如何更好地将学生参与作为课题开展的要素，结合项目学习等方式进行虚拟现实资源的选题、开发及封装。

（4）如何解决虚拟现实技术的使用和青少年视觉疲劳与视力保护的问题。

（5）完善学校主导、教师课程设计、公司协同开发、学生学习反馈的机制。

（6）明确真实实验与虚拟现实技术所做实验之间的关系和辅助意义。

（二）下一阶段研究工作思路

课题将进一步开展学科资源设计、资源开发、课堂实践及效果评估，最终形成云岗中学的虚拟现实资源体系和常态化课堂学习生态，逐步创建学校基于虚拟现实技术的科技特色品牌，从而提升学生实验探究和创新意识。

课题组在科普和物理学科使用方面效果比较突出，地理学科也参与课题研究中，获得比较好的效果，但在化学、生物学科上参与度相对较低，实验研究成果也不够突出，下一步需要在这两个学科的研究上加大力度，争取获得相应的研究成果。同时，对中学阶段物化生学科实验进行了梳理和分析，将现实空间中的实验或训练存在困难、危险、成本限制难以实现或抽象知识难以生动、直观展示的实验内容以虚拟现实呈现，使技术能够真正运用于学科学习，这也是我们进一步实践的重点。

专家点评

智慧教育助力云岗中学"云文化"走深走实

　　随着大数据、人工智能技术的高速发展，教育行业正在经历一场深刻的变革，教育部出台的《中国智慧教育蓝皮书（2022）》认为，智慧教育既是关乎民生的具体行动，也是关乎国计的重大战略，更是数字时代的教育新形态。近年，各级政府的教育管理部门也期待智慧教育更好地服务于师生的全面发展。但如何把智慧教育"从云端拉下来"，变得更有可操作性，本课题的研究，给教育同人提供了鲜活的实践案例，也给出了具体的参考和指南。

　　《基于学校云文化的智慧教育建设与实施》一文，站在学校整体发展的维度对教育信息化进行了系统思考，把"学校云文化"与构建校园智慧教育体系结合起来。同时，梳理出学校智慧教育建设的关键环节，从基础设施建设、教育资源的数字化、教学方法的创新、教师专业发展到学生个性化学习支持等几个方面进行实践。介绍了云计算在智慧教育中的应用，通过云平台实现教育资源的集中管理和高效利用，以及如何利用大数据分析来优化学习过程。在学校智慧教育顶层设计方面，为其他学校提供了很有价值的参考。

　　《大数据和人工智能背景下的个性化学习研究》一文，着眼于大数据和人工智能技术在教育领域的应用，特别是在个性化学习方面的研究和实践。研究如何通过在线平台数据采集与动态评价分析，实现因材施教，帮助教师创新教学模式，规划学生的个性化学习路径。具体研究了教学过程的数据采集、学情数据分析、知识点引导的教与学分析，以及基于知识图谱的个性化学习路径规划。同时，呈现了使用科大讯飞大数据精准教学系统、智慧空中课堂和星立方教育大数据分析平台的应用实践。特别给出了学校的具体推进措施，如人员配置、管理推进、建设推进、活动推进和成果推广等，便于其他学校进行实践推广。

　　《虚拟现实技术提升中学生实验探究与创新意识》一文，关注虚拟现实技术在中学教育中的应用，探索VR技术在理化生学科中的实验，研究如何通过虚拟环境提升学生的探究能力和创新意识。自2017年起，学校持续在VR教学方面的实践、探索，开设了"创·享VR探秘虚拟与增强现实"校本课程，使学校获得了VR技术在教学中实战的宝贵经验，探索出学科实验中的应用范围和实际需求；厘清了学校科技教育特色，以及能够支撑这些特色的VR资源；设计了符合学生操作习惯的课程资源，开展课堂实例教学研讨。既是为数不多的VR技术支撑教育教学的实践，也是我区特别稀缺的VR特色教学案例。

　　智慧教育是新一代信息技术在教育教学中的系统化、体系化应用，特别是近期文心一言、迅飞星火等大模型的推出，加速了数字时代教育新形态的变革。新一代信息技术让大家感受到建构为每个学习者提供适合教育的可能性，让因材施教的千年梦想变成现实，也将微观层面的个人发展与宏观层面的社会发展统一起来。在教育资源体系方面，智慧教育将推动各种教育类型、资源、要素的多元结合，推进学校、家庭、社会协同育人，构建人人皆学、处处能学、时时可学的高质量个性化学习体系。智慧教育将形成一种新的教学场景，可融合物理空间、社会空间和数字空间，培育跨年级、跨班级、跨学科、跨时空的学习共同体，实现规模化教育与个性化培养的有机结合。

我们的教育实践距离理想的智慧教育样态仍有不小的差距，云岗中学在实践中指出技术与教育实践融合、教师和学生的信息素养提升、数据安全与隐私保护等现实问题，可以看到当前正处于新一代信息技术支撑下的智慧教育变革的时期，如何跨越数字鸿沟，让智慧教育产品和服务易于部署和使用；如何加快教师理念的转变，不断提升教师信息化素养，以适应新的教育要求；如何加大教育数据和隐私保护的力度，使用大数据带来的益处而不增加数据泄露的风险等。我们既面对发展的机遇，也同时面对困境和挑战，身处这场变革中的我们，需要不断地加强学习、转变观念，教育工作者和信息技术工作者双向发力，共同承担起教育变革的责任。

随着智能技术不断进步，教育理念不断更新，智慧教育将更好地服务于学校管理、教师发展和学生成长。我们深信，未来的智慧教育将打开内容丰富、形式多样、智能高效、公平包容的新时代篇章！

韩 冰

韩冰，高级教师，北京教育学院丰台分院副院长

第二部分　探索多元智慧课堂

第一单元　基于移动学习的互动教学

借助智慧屏提高地理试卷讲评有效性的课例研究

——以"丰台区初中地理一模试卷讲评"为例

王秀菊

一、背景分析

（一）试卷讲评课的目的及意义

本节课是初中地理一模试卷讲评课，也是初中常见且重要的课型，地理模拟练习目的之一是令学生熟悉地理试卷试题的结构，在练习过程中建立并优化适合自己特点的答题程序、时间安排；目的之二是以此检验学生的复习情况，及时查漏补缺；目的之三是在练习过程中根据中考命题特点及地理学科特点掌握一定的答题技巧。为达到上述3个目的，及时高效的地理试卷讲评是必不可少。高效的试卷讲评便于教师帮助学生在"理论与实践"的反复结合过程中，不断夯实地理基础知识、提高解决地理问题的能力；便于帮助学生建立正确的知识联系；便于帮助学生掌握正确的答题技巧。

（二）智慧屏在讲评课中的作用

传统的地理试卷讲评课常出现弱化成绩分析、内容讲评繁简无序、忽略习题拓展延伸等现象，严重制约了学生在试卷讲评课中的能力发展。智慧屏在地理试卷讲评课中，首先，对不同类型信息的呈现及处理方式为成绩分析提供了便捷。它能够及时将各种表格、图形等直观化，并可通过直接标注、圈划等功能吸引学生关注重要信息，从而思考数据背后存在的问题。其次，不同层次的互动为内容讲评提供了广阔的互动空间。智慧屏可以通过圈划、标注、拖拽试题中的曲线、图表、图形及文字信息让教师很容易完成举一反三的工作，实现知识的延伸。再次，可以为学生搭建讨论展示平台，鼓励学生大胆到智慧屏上完成思维过程的板演，呈现学习障碍点，追踪学生出错的根本原因，挖掘学生不同的解题方法与思路，提高学生解决问题的能力。最后，智慧屏中预设与生成资源的快速整合为学生举一反三提供帮助，实现有效课堂反馈。传统的试卷讲评课，讲过的问题一般不会再回放，而智慧屏可以快速将课前的教师预设和师生新生成的资源整合在一起，通过记录、抓拍等功能积累回放素材，时间允许的话还可以在课上完成变式训练，并通过智慧屏完成示范批注，也可让学生在智慧屏上进行示范互评，为课后完成习题奠定基础。

本节课正是基于简易多媒体教学环境下，运用互动式智慧屏，将现代教育技术与传统教学的优势相结合，促进师生、生生真实对话和动态生成，发挥学生的主体作用和教师的引导作用，体现了信息技术对地理课堂教学的积极影响。

二、本节课的设计意图及呈现方式

（一）借助智慧屏，展示学生学习障碍点

在此环节中，笔者设计了以学生为主体的教学活动，结合选择题第4、5题答题情况给出世界海陆轮廓分布示意图，引导学生在世界轮廓简图中标注大洲大洋的名字，并在正确位置绘制0°经线、180°经线和赤道。学生通过互动智慧屏画笔绘图等功能直观展示对世界海陆分布状况的掌握情况，展示"脑地图"建立的情况，在学习及与活动参与的实践过程中直观地展示自己学习的障碍点，利于老师及时调整教学过程，实现课堂中真正的师生对话。

【典型习题一】某同学用绘制简笔画的方法来记忆大洲大洋的名称、位置。据此，完成第4、5题。

4.简笔画少画了七大洲四大洋中的（　　）。
　A.非洲　　　　B.印度洋
　C.大洋洲　　　D.大西洋

5.以下对大洲大洋的位置描述正确的是（　　）。

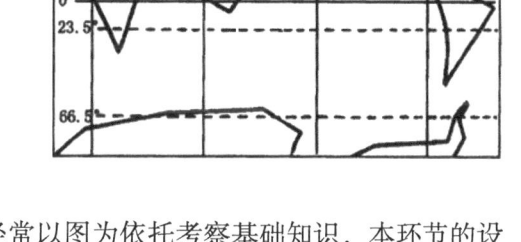

　A.亚洲地处北半球、东半球
　B.非洲与欧洲的经度位置相似
　C.南极洲被太平洋、大西洋包围
　D.南美洲地处低纬度，是热带大陆

地理图像是地理学科的重要表达方式，经常以图为依托考察基础知识，本环节的设计意图是锻炼学生的读图绘图能力，建立"脑地图"。智慧屏的应用使课堂灵活创新，体现课程理念中"构建开放的地理课程"。

（二）借助智慧屏，促进课堂教学的互动性

互动智慧屏利用了多媒体教室具有的全部教学功能，构建了一个类似于传统黑板教学的学习环境，教师教学时可以面向学生，在互动智慧屏上演示或操作，从而突出重点、突破难点；可以保存屏幕上的批注和绘图，供以后浏览，增强教学效益；应用电子笔操作地理图片、文字的移动、聚焦等，提高兴趣，加深印象；应用互动智慧屏资源库，便捷调用多媒体资源，创建、修改和完善教学设计，及时根据教学进程和学生学习状况进

行调整，实现课堂的动态生成。

教师应用互动智慧屏的特有功能使得教学内容的呈现更加灵活多样，使教学内容的可视化呈现由静态转向动态。此时的互动智慧屏已是一个师生交流的信息化平台，教师能从容地捕捉学生在课堂上的即时表现，在丰富多彩的呈现方式上进行精彩的互动，真正做到了从工具性的人机交互走向生成性的人际交互，促进了师生真实对话和动态生成，使课堂更具活力和张力。

【典型习题二】某日上午，家住北京的小明从手机屏幕上看到的天气预报内容如下所示。据此，完成第6～9题。

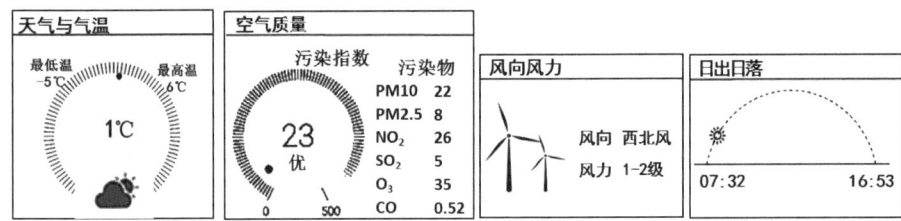

6. 可以用来描述当日天气特征的是（　　）。
A. 万里无云　　B. 寒气袭人　　C. 四面"霾"伏　　D. 狂风大作
7. 该日，大气首要污染物是（　　）。
A. PM10　　B. PM2.5　　C. NO_2　　D. O_3
8. 未来六七个小时内气象条件基本不变的情况下，空气质量将可能（　　）。
A. 好转　　B. 转差　　C. 不变　　D. 无法判断
9. 该日所属季节最可能是（　　）。
A. 春季　　B. 夏季　　C. 秋季　　D. 冬季

本节课结合选择题第6～9题"天气"相关知识的考查，提出问题：从图中找出支持你认为正确选项的信息。让学生充分利用互动智慧屏拖动、绘图等功能在交互智慧屏上演示或操作：用电子笔在地理文本上划线、圈注，在地理图像上批注、绘画，讲解重点、分解难点，通过绘制、质疑、纠错等过程使课堂化"静"为"动"，形成师—生、生—生、师—智慧屏、生—智慧屏"四方互动"的动态课堂，激发学生学习兴趣，加深对天气与气候概念的理解，学习"对生活有用的地理"。在教师的引导下，学生自我构建了不同天气相关知识结构及获取和解读信息、描述和阐释事物的能力，使课堂富于生命魅力。

（三）借助智慧屏，提升学生读图析图能力

地理图像是考查地理事实、概念或规律，呈现试题内容的重要载体。本节课以气候相关图像不同呈现形式，如等值线分布图（等温线、等降水量线）、气候统计图、气候分布图等为例（图1），考查学生利用图像获取地理图文信息的能力。为提升学生读图析图能力，教师在课前借助Photoshop对复杂图像进行了处理，利用智慧屏对叠加的干扰

第一单元　基于移动学习的互动教学
借助智慧屏提高地理试卷讲评有效性的课例研究——以"丰台区初中地理一模试卷讲评"为例

图像进行删减，根据图像内容和读图步骤，设计了递进式问题（PPT），从而让学生在读图过程中能够分解信息，排除干扰因素。通过绘图标注关键信息展示读图步骤、希沃Link拍照功能将学生利用图像解决问题的结果直接展示在屏幕上，利用智慧屏随意放大缩小、拖动、删除、即写、即画、即擦等多种教学功能，让学生的目光始终集中在智慧屏上，能够很好地吸引学生的注意力，激发学生强烈的参与欲、体验欲、展示欲，同时有助于教学变得易操作、可观察，利于教师根据学生学习过程中出现的障碍点及时调整教学过程，帮助学生更好地理解和掌握知识，提升学生基于图文信息解决问题的能力。

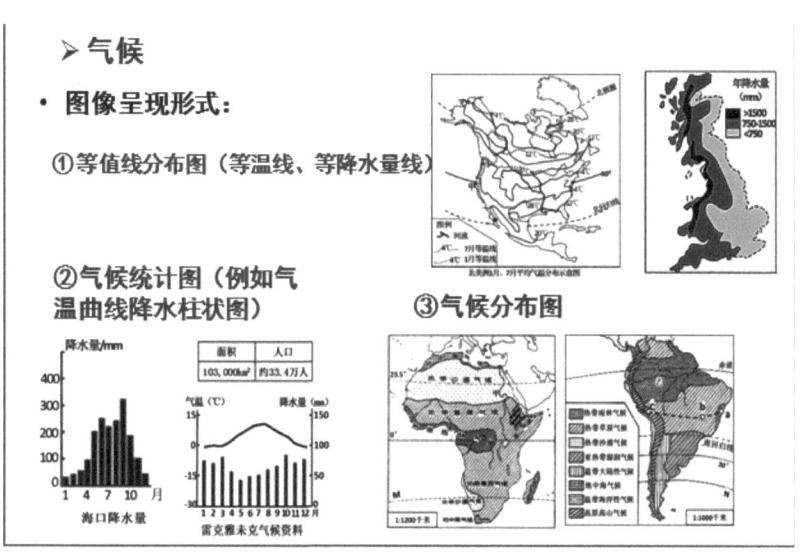

图1　图像呈现形式

【典型习题三】读图，回答第13、第14题。

13. 甲、乙两地（　　）。
A. 甲地冬季气温为6 ℃　　　　　　B. 甲地冬季均温高于乙地
C. 夏季气温大致相同　　　　　　　D. 甲地夏季均温高于乙地

北美洲7月平均气温分布示意图

北美洲1月、7月平均气温分布示意图

14. 北美洲（　　）。
A. 中东部地区等温线大致与纬线平行　　B. 冬夏季的气温均自高纬向低纬递减
C. 南北温差：冬季小于夏季　　　　　　D. 同纬度沿海地区温度高于内陆地区

【典型习题四】读右图，完成下列问题。

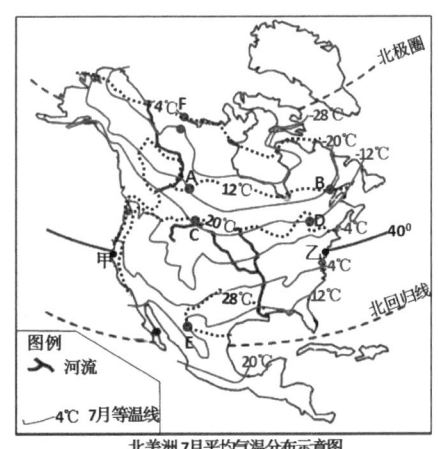

北美洲7月平均气温分布示意图

1. 甲地夏季气温约为_____。
   乙地夏季气温约为_____。
   甲地夏季均温_____乙地。
2. 等温线AB段、CD段的走向大致为_____走向，与_____平行。
3. 比较A、C、E、F四地7月气温的高低_____。
4. 夏季E、F两地温差为_____。

在以上问题的解决过程中，充分利用了智慧屏的图文并茂、可操作性特点，使课堂化"繁"为"简"，课堂中教师通过智慧屏展示学生读图过程并与学生互动，学生之间互相交流、沟通、讨论，提升了学生的读图技能和综合思维能力。

（四）借助智慧屏，突出重点、突破难点

智慧屏中的某些工具具有凸显功能，如放大镜、聚光灯、屏幕捕获等，可以对具体的细节内容进行放大、聚光灯照射、截取图像等，引起学生关注，贴近教学需求。利用智慧屏的拉幕功能、隐藏功能，教师可以有顺序地展现不同的知识内容，在提高学生注意力的同时，可以帮助学生建立知识间的逻辑关系。通过充分调用智慧屏的这些功能，可以设计丰富的教学活动，通过对比、归纳、突出、回放等形式的应用，帮助学生理解重点知识、建构主干知识。

【典型习题五】

45.（2）请在图中适当位置用"⋀⋀⋀"画出秦岭山脉。

在本题中，学生在绘图时出现图例不清、位置不准等情况，特别是图中在秦岭南北两侧给出了河流，所以秦岭作为两侧河流分水岭，需要在绘图时特别注意不能让秦岭横切过河流，而应绘在南北两侧河流的中间，这个细节就可以借助交互智慧屏的放大镜功能，对具体的细节内容进行放大凸显，提高学生注意力，达到"一图胜千言"的作用。

三、本节课亮点

（一）促进了课堂教学中的互动性

传统的多媒体课件更多的是演示功能，课件在演示过程中学生无法参与，因为课件的内容无法更改。Link 的拍照功能可以将学生的答案直接反馈到屏幕上，智慧屏可随意放大缩小、拖动、复制、粘贴、即写、即画、即擦等多种教学功能，不仅让学生的目光始终集中在智慧屏上，能很好地吸引学生的注意力，还有助于教学变得易操作、可观察，帮助学生更好地理解和掌握知识。

（二）增强了课堂教学中的直观性

智慧屏的应用，让课堂教学中的很多环节变得更加直观，使学生获得丰富的感性材料，有助于学生在学习过程中得到更深刻透彻的理解。

通过本课，我们可以充分了解教师是信息技术环境下有效展开教学的关键因素，其中教师教学行为的转变更是重中之重。信息技术与学科融合不是生搬硬套，而是要充分利用信息技术和信息资源，科学地进行教学设计，合理安排教学过程的各个环节和要素，将信息技术的应用和日常教学有机地结合起来，真正把信息技术运用到教学中，上好试卷讲评课。总之，教师在教学过程中应该起到"于无向处指向，于无法处教法，于无疑中生疑，于无力处给力"的作用。

参考文献

[1] 马卫华."交通运输"高三复习课教学设计[J].中学地理教学参考（上半月），2018（6）：48-50.

[2] 中华人民共和国教育部.义务教育地理课程标准（2022年版）[M].北京：北京师范大学出版社，2022.

[3] 郑友强，贺志康.在线街景地图在高中地理教学中的应用[J].地理教学，2018（12）：49-52.

基于UMU互动学习平台的地理教学设计与实践反思

孔德婧

随着信息技术在课堂教学中的广泛应用,有效地促进了信息技术与学科课程的整合。突如其来的疫情,更迅猛地推动了教师对于信息技术与学科整合的思考与实践。在后疫情时代,如何利用信息技术、利用什么信息技术、怎样利用信息技术,更好地为课堂教学服务,是我们需要持续思考的问题。

一、基于UMU互动学习平台的教学环境

(一)信息技术应用环境

《普通高中地理课程标准(2017年版2020年修订)》指出,要鼓励学生独立思考和相互探讨,发现并提出问题,要辅以必要的直观手段和生活经验,在地理情境中,强化学生的思维训练,鼓励教师更多地运用问题式教学、实践教学、信息技术支持下的教学等。

(二)UMU互动学习平台的优势

UMU互动学习平台,拥有强大好用的教学工具,以及直播、微课、考试、作业、教学互动等多种教学和互动模块,可以为课前预习、课中互动、课后巩固提升等全场景混合式教学提供支持。

借助UMU互动学习平台进行教学,能够支持学生创造性学习与表达,创造实时交互的学生展示交流方式,展现学生思维路径(图1)。

图 1 UMU 互动学习平台上的师生交流、生生交流展示

二、基于 UMU 互动学习平台的地理教学设计

课前，教师要利用 UMU 互动学习平台备好课，分析学情、学习内容、教学目标、教学重难点，梳理教学思路，设计教学过程，以发挥 UMU 互动学习平台教学的最大功效。下文以高三年级地理"如果我是命题人——河流专题复习课"一课为例，介绍基于 UMU 互动学习平台的教学设计。

[教材版本]

高中《地理》人教版教材。

[课标要求]

《普通高中地理课程标准（2017 年版 2020 年修订）》中要求，"运用示意图，说明水循环的过程及其地理意义"，"绘制示意图，解释各类陆地水体之间的相互关系"，"以某流域为例，说明流域内部协作开发水资源、保护环境的意义"。

[学习内容分析]

这节课是高三复习课，是河流的补给、特征、开发等知识综合思考与运用的一节课。河流专题是贯穿初高中阶段的关键地理知识，学生在不同学段的学习过程中需要培养的综合思维能力层次水平不同（图 2）。

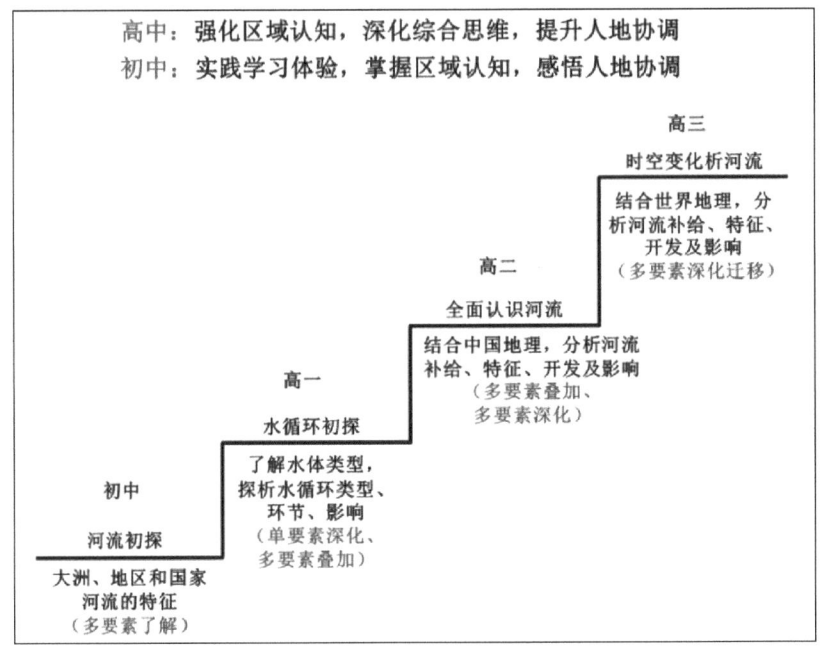

图2 河流知识在初高中阶段的进阶

初中阶段从中国地理入手，以长江、黄河等中国大河为例，初步了解河流的特征及开发情况，对于河流补给的知识只是在河流引发的旱涝灾害中略有涉及，并未明确提到。再到世界不同地区的河流，也是如此。高中阶段，从气候、地形、水文等多要素角度，分析河流的补给，进而分析河流的水文特征和水系特征，再结合流域具体的资源状况和社会经济状况，分析流域的综合开发及影响。初中阶段注重事实性知识，高中阶段注重知识背后的规律探索。

布鲁姆将教育目标分为6类，高一时学生初步探析水循环，高二时学生全面认识河流，高一、高二时的教育目标为初级认知及高级认知的浅层阶段，而高三学生对于区域认知与综合思维深化、整合、提升，为高级认知的深入（图3）。

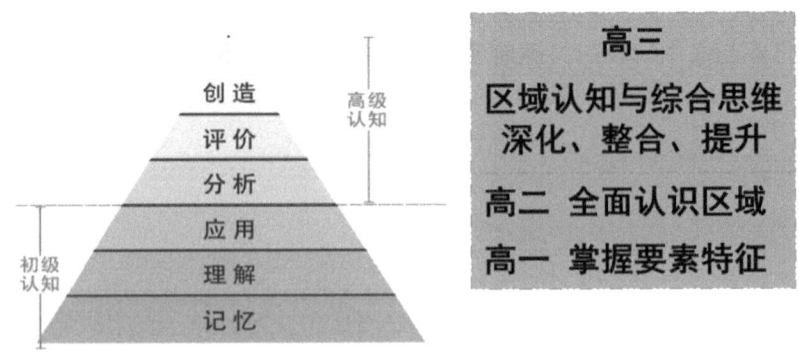

图3 河流在高中不同学段的教育目标划分

第一单元　基于移动学习的互动教学
基于UMU互动学习平台的地理教学设计与实践反思

对于高三复习课的讲授应注重知识的梳理与学习方法的构建与迁移，依据课标，采用"案例分析""专题研讨"等方法，设计特定的学习情境，引导学生对科罗拉多河流域从整体性的角度进行综合思维，关注其地理要素随时空变化的整体性和差异性。

在高一阶段，学业质量水平需达到水平1或2；在高二和高三阶段，学业质量水平需达到水平3或4，即对于给定的区域案例，能够分析说明河流的补给、特征、开发、问题与治理等知识，以及各要素之间的相互影响。

［学情分析］

本校为丰台区普通高中，代表了丰台区学生的平均水平。本校高三学生喜独立思考与小组交流，但表达欲望较低。本校高三学生目前阶段有了一定的中国地理和世界地理基础，且已经掌握了地貌、气候、水文、生物、土壤、文化、建筑、农业等相关知识，对于河流认知方法的学习能力较强，但在具体河流的分析时存在问题较大，地理方法的迁移运用能力需要加强。

因此，本节课选取科罗拉多河流域这一新颖案例，借助UMU互动学习平台进行教学，让学生转换角色，扮演命题人，充分调动学生课堂学习的积极性，加深学生在课上思考的深度，提高学生要素综合能力及迁移应用能力，选取获赞数最多的同学展示其命制的试题，调动学生的学习积极性与表达积极性，锻炼学生的语言表达能力。

［教学目标］

1.结合科罗拉多河流域水系图，尝试命制与河流有关的综合题，构建河流的知识体系。

2.结合科罗拉多河流域水系图，以及区域的自然要素分布图、文字材料，完善已命制的试题，提升发现问题、提取信息、调用原理、解决问题的能力。

3.回顾命题过程，初步了解命题视角——在哪里、有什么、为什么、怎么样，探究多要素的相互关系，促进综合思维素养的提升。

［教学重点］

试题情境的构建，发现问题—调用原理—分析问题—解决问题能力的提升。

［教学难点］

课堂生成性问题的预测与实时关注。

［教学过程］

全程关注生成性问题，辨析学生表述中的错误，发现学生的亮点。

环节一：导入新课

教师活动——展示近15年北京卷有关河流的综合题真题的设问。

学生活动——回看真题，了解河流常考知识点，熟悉高考常见设问方式。

设计意图——通过了解高考命题人命制的试题，发现高频考点及常见设问方式，调动学生模仿命题的兴趣。

环节二：如果我是命题人

教师活动——展示科罗拉多河流域水系图。

学生活动——结合水系图，尝试命制至少2道与河流有关的综合题。将自己命制的试题扫码上传到UMU上，并查看其他同学命制的试题，为欣赏的试题点赞。

教师活动——展示获得点赞数最多的几名同学命制的试题。

学生活动——获赞数最多的几名同学展示自己命制的试题。

教师活动——小结命题视角1：在哪里（where）。

学生活动——思考试题材料与行为动词的关系、试题材料与试题答案的关系。

教师活动——追问学生，你所命制试题的答案能从已知的材料里获得信息依据吗？如果想要进一步完善你的设问和答案，你还需要哪些材料？

教师活动——展示北美洲局部地区气候类型图、北美洲局部地区地形图和美国农业带分布图。

学生活动——结合展示图，尝试命制至少2道与河流有关的综合题。将自己命制的试题扫码上传到UMU上，并查看其他同学命制的试题，为欣赏的试题点赞。

教师活动——展示获得点赞数最多的几名同学命制的试题。

学生活动——获赞数最多的几名同学展示自己命制的试题。

教师活动——小结命题视角2：有什么（what）；命题视角3：为什么（why）；命题视角4：怎么样（how）。

学生活动——思考材料的区域尺度与试题设问与答案的关系。

教师活动——追问学生，你所命制试题的答案精确吗？如果想要进一步完善你的设问和答案，你还需要哪些材料？

教师活动——展示科罗拉多河流域相关文字材料。

学生活动——结合图和文字材料，完善已命制的综合题的设问与答案。

教师活动——展示部分同学完善后的设问与答案（利用希沃白板拍照上传）。

学生活动——讲解完善设问与答案的思维路径，在讲解过程中体悟命题的过程。

设计意图——利用UMU与希沃白板，支持学生创造性学习与表达，创造实时交互的学生展示交流方式。借助UMU互动学习平台，实现了查看其他同学答案、点赞、回复等生生高效充分的深层次互动，为学生的学习、自评和他评提供了便利，使评价数据可伴随性采集，有利于数据可视化呈现与解读，以及构建河流的知识体系。促进发现问题、提取信息、调用原理、解决问题能力的提升，促进综合思维素养的提升。

环节三：如果我是答题人

教师活动——展示其他命题人根据相关图文材料命制的试题。

学生活动——完善给出的题目答案。

教师活动——展示部分同学完善后的答案（利用希沃白板拍照上传）。

学生活动——讲解试题。

教师活动——辨析学生表述中的错误，强调答题技巧。

设计意图——巩固综合题答题技巧：审设问→读材料、提信息→调原理、析问题→写答案。

环节四：总结提升

如果我是命题人，我会考查哪些地理原理和核心素养？为了考查学生的不同能力，我会如何设问？为了支撑设问和构建答案，我该选取哪些图文材料？

通过这节课的学习，我们对以上命题过程有了进一步的认识和思考。地理试题以区域为载体，在"万变"的情境中，考查发现问题—调用原理—分析问题—解决问题的能力。高三一轮复习，是奠定知识基础、构建知识网络、落实地理原理、熟练答题技巧的阶段，只有勤学好学、敢问好问、笃行好行，才能够将一轮复习的地基夯实砸牢。只有基础牢固，面对"万变"的试题情境，才能熟练地调用地理原理，取得好成绩。

[板书设计]

"如果我是命题人"板书设计如图4所示。

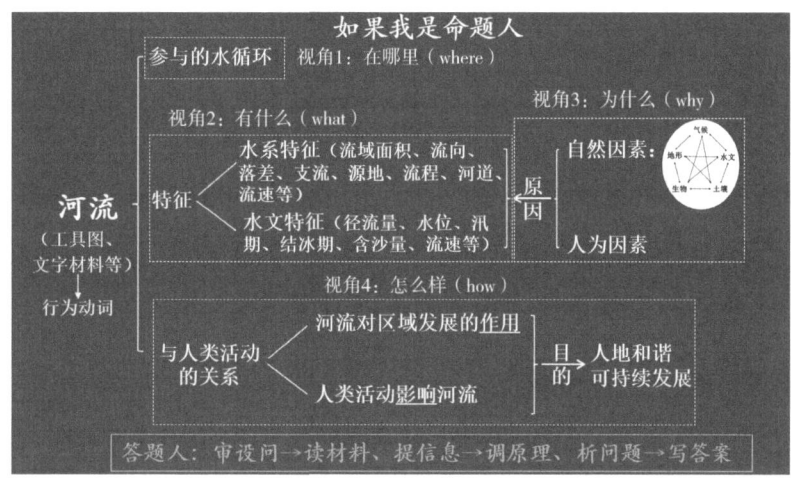

图4 "如果我是命题人"板书设计

[教学评价]

借助UMU互动学习平台进行课堂前测、课堂评价和课后反馈（图5）。

如课堂前测：现阶段，你在做综合题时，面对的困难有哪些？

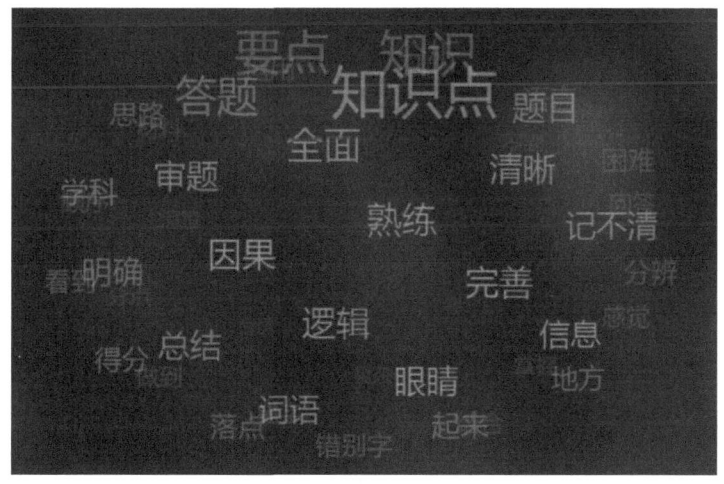

图5 UMU互动学习平台上的前测关键词展示

三、基于 UMU 互动学习平台的教学实践反思

课后，教师要对课堂教学实践情况及时反思，分析本节课的教学目标是否达成、是否充分发挥基于 UMU 互动学习平台课堂的特色功能、学生的主体地位是否落实等。"如果我是命题人——河流专题复习课"一课的反思如下。

（一）在课堂教学中应用信息技术的关键事件

本课时全程借助希沃白板使用 PPT，选取真实的图文材料，形象直观，素材丰富，创设了真实的情境。本课时主要环节——课前前测、环节二、环节三、课后反馈均借助 UMU 互动学习平台，使用 UMU 的时长占比约为 1/2，支持学生创造性学习与表达，创造实时交互的学生展示交流方式，展现学生思维路径，实现了查看其他同学答案、点赞、回复等生生高效充分的深层次互动，为学生的学习、自评和他评提供了便利，使评价数据可伴随性采集，有利于数据可视化呈现与解读，有助于学生地理素养的提升。

（二）技术应用于课堂教学的创新点及效果思考

1. 依托高考真题，创设试题情境

依托近 15 年北京卷有关河流的综合题真题的设问，创设试题情境，通过了解高考命题人命制的试题，发现高频考点及常见设问方式，调动学生模仿命题的兴趣。

2. 选取真实材料，创设真实情境

本节课的科罗拉多河流域案例，选取真实的图文材料，形象直观，素材丰富，创设了真实的情境，做到了让学生在真实的情境中学习真实的地理，学习对生活有用的地理。

3. 借助信息技术，展现思维路径

借助 UMU 互动学习平台，实现了查看其他同学答案、点赞、回复等生生高效充分的深层次互动，为学生的学习、自评和他评提供了便利，有助于学生地理素养的提升。

4. 转换学生视角，注重落实"双基"

通过从河流的视角命制科罗拉多河流域的试题、归纳命题视角与知识结构是这节课教学的关键，注重落实地理基础知识和基本方法，培养学生从因地制宜和因时制宜的角度看待河流，有助于学生核心素养的提升。

（三）对技术适用性的思考及对其有关功能改进的建议或意见

技术的使用是为了更好地辅助教学，UMU 互动学习平台无须注册，只需微信扫码即可参与互动，简单便捷易上手，技术的适用性较强。

但是 UMU 互动学习平台在全屏展示时，选择题只能展示所选选项的人数，不能展示具体学生名单，综合题只能展示关键词，不能展示学生的完整答案。在非全屏模式时，上述需求均可实现，但内容字体过小且不可放大，希望平台可以改进。

附件：

课堂评价：评价量规——学习效果评价表

姓名　　　　班级　　　　总分

评价项目	具体内容	评价等级与分值				自评	组评	师评
		优	良	中	差			
课堂表现	做好课前准备，遵守上课纪律	5	4	3	1			
	上课注意力集中，听课情绪饱满	5	4	3	1			
	学习主动，积极与小组成员讨论	10	8	6	4			
	思维活跃，展现自己的认识和见解，对他人回答能够作出合理的补充	10	8	6	4			
UMU平台完成情况	答案完整，语言流畅	5	4	3	1			
	能够科学规范地命制试题	5	4	3	1			
	两次命题能够体现学习的进阶	10	8	6	4			
	学案订正时，思路明确，答案准确，字迹清晰，颜色鲜明	10	8	6	4			
	总计							

注：考核满分60分，总分 = 自评分 ×30%+ 小组成员评分 ×30%+ 老师评分 ×40%。

牛顿第三定律

任竞陵

一、教学设计整体介绍

"牛顿第三定律"是《普通高中物理课程标准（2017年版2020年修订）》必修课程必修1模块中"相互作用与运动定律"主题下的内容，教材内容安排遵循先定性再定量的基本思路。在初中阶段，学生已经对物体间的相互作用有定性了解，知道相互之间的作用力是成对出现的，也学习过二力平衡知识。本节内容是对初中内容的延伸与深化，要定量研究作用力和反作用力之间的关系。学生在前两节内容已经学习过弹力、摩擦力等知识，熟悉掌握了弹簧测力计的使用，为学生使用弹簧测力计定量研究两个弹力之间的关系奠定了基础。学生要经历定量探究过程，获取数据，基于证据理解作用力与反作用力等大反向的特点，进一步认识牛顿第三定律在整个牛顿力学体系中的地位。

二、教学过程设计与实施

（一）教学目标

（1）学生知道力的作用是相互的，了解作用力和反作用力的概念。
（2）学生通过实验探究，了解两个物体间的作用力与反作用力的关系。
（3）学生能正确表述牛顿第三定律。
（4）培养学生进行实验设计并获取证据的能力。
（5）提升学生基于证据进行推理的意识和能力。

（二）教学重点

（1）用弹簧秤实验初步探究相互作用力的关系。
（2）用数字实验系统进一步探究相互作用力的关系。

（三）教学难点

（1）教学环节理解作用力与反作用力，区分平衡力与相互作用力。
（2）学生通过实验探究，了解两个物体间的作用力与反作用力的大小关系。

教学环节一：引入课题

为有效引入课题并激发学生兴趣，笔者设计了一个富有互动性的"双人拔河"游戏。游戏开始前，通过学生民主推选，确定了本班力气最大的人气选手小明，同时老师推荐小红作为另一名参赛选手。随后，笔者详细宣读了比赛规则，确保比赛公平、安全进行。游戏结束后，通过智慧课堂的录播系统，我们将比赛过程进行了实时录制并回放。在回放过程中，笔者对获胜者小明进行了现场采访，询问其关于拔河过程中相互作用力大小的理解。同时，也采访了暂时失利的小红及现场观看的同学们。这一环节不仅使采访过程更加生动、有趣，还使学生能够更加深入地思考相互作用力的大小关系。同时，这也为提出本节课的核心问题——相互作用力的大小关系，做了有效的铺垫。

教学环节二：认识作用力与反作用力

在引导学生理解相互作用力的大小关系时，我们提出了一个关键性的问题：他们施加给对方的力，大小相不相等？为了解答这一问题，我们需要首先明确他们施加给对方的力到底是什么力，具有何种特点。力是物体对物体的作用，涉及受力物体和施力物体的概念。当两个物体之间发生相互作用时，它们之间总是存在作用力与反作用力。为了帮助学生更好地理解这一概念，我们设计了一项学生活动，利用学校的美景照片，让学生根据作用力与反作用力的概念，找出其中的作用力与反作用力，并明确指出施力物体和受力物体。然而，在实际教学中，发现学生往往难以区分平衡力与相互作用力。针对这一问题，我们采用了播放微课的方式，通过直观呈现平衡力与相互作用力的区别与联系，纠正学生的错误观点。在微课的引导下，学生进一步探讨了作用力和反作用力的特点，通过观察和总结，深化了对相互作用力的理解。这一教学环节的设计旨在强化学生的记忆，帮助他们建立正确的物理观念，为后续的教学奠定坚实的基础。

教学环节三：探究静止时，作用力和反作用力大小关系

在明确了作用力与反作用力的概念后，教师进一步提出了探究主题：他们施加给对方的力，大小相等吗？为了探究这一问题，我们设计了相应的实验引导性问题，包括如何测量力的大小及如何设计实验来同时测量作用力与反作用力（图1）。考虑到弹簧测力计在实验中的关键作用，特别强调了其使用规范。然而，在实际操作过程中，发现部分学生存在弹簧测力计使用不规范的问题。针对这一问题，及时采用了播放微课的方式，通过直观展示正确的操作方法，纠正了学生的错误使用。随后，鼓励学生展示自己的实验设计和结论，以进一步提高学生的探究能力。这一教学环节的设计旨在引导学生明确学习主题，通过问题引领进行设计实

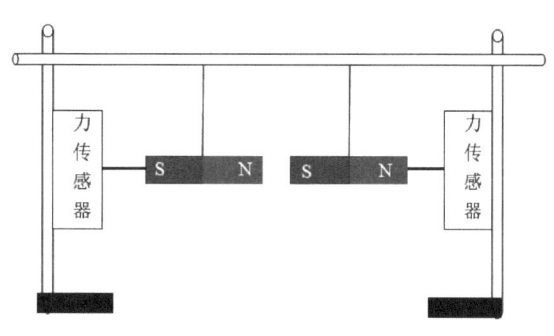

图1 相互作用力的大小关系

验，并通过实验探究，提高学生的科学探究能力。

教学环节四：探究运动时，作用力与反作用力大小关系

为了深入探究作用力与反作用力在运动状态下的大小关系，进一步提出了问题：当物体处于运动状态时，作用力与反作用力的大小是否仍然相等？为了解决这一问题，引入了力学传感器这一新的测量工具。在微课中，详细介绍了力学传感器的原理和使用方法，以便学生能够更好地理解和应用。在实验设计中，将传感器绑在小车上，通过拉动小车来测量作用力与反作用力。为了确保实验的准确性和可观察性，通过手机将实验过程实时传输到电脑屏幕上，使所有学生都能够近距离观察实验现象和数据变化。这种实时互动的教学方式不仅提高了课堂的趣味性和互动性，还有助于学生更加直观地理解物理现象。在实验过程中，我们首先进行了调零操作，然后由一名学生点击实验开始按钮。由于传感器能够检测拉力，我们在小车加速运动和匀速运动的过程中进行了数据采集。这一设计旨在通过深入探究，进一步明确作用力与反作用力在运动状态下的大小关系，并帮助学生了解和应用力学传感器这一新的测量工具。

教学环节五：探究两力不接触时，作用力与反作用力大小关系

为了进一步探究作用力和反作用力在不接触情况下的大小关系，我们针对磁铁之间的吸引力进行了实验研究。实验中，将两个磁铁吊在一个铁架台上，以确保它们之间不直接接触。为了测量它们之间的吸引力，采用了力学传感器。先是对左侧的磁铁进行受力分析，根据二力平衡原理，我们利用力学传感器测量了左侧磁铁对右侧磁铁的吸引力。同样，通过力学传感器，我们也能够测量右侧磁铁对左侧的吸引力。这一实验设计旨在验证在不接触的情况下，作用力和反作用力的大小关系是否仍然相等，从而丰富学生对相互作用力本质的理解。

教学环节六：总结提升

在通过一系列实验深入探究了作用力和反作用力在不同条件下的大小关系后，得出了以下结论：无论是物体处于静止状态还是运动状态，无论是接触作用还是非接触作用，作用力和反作用力的大小始终相等。这一结论为理解相互作用力提供了重要的依据。回顾课前的疑问，已经明确回答了"他们给对方施加的力，大小是否相等？"这一问题。在实验的基础上，进一步巩固了作用力与反作用力的概念，并深化了对它们之间关系的理解。最后，向同学们提出问题，鼓励他们提出自己的疑问，以促进更深入的思考和讨论。

三、课堂评价和反馈效果

本节课评价设计主要是过程性评价，重点是学生通过参与课堂活动，利用最后的互动环节、课堂问答形式等功能对学习成果进行评价。课堂实施过程中及时表扬积极参与的同学。

整节课以展示学生的学习过程和成果为主线，通过学习平台的有效衔接，灵活的互动交流，呈现很好的教学效果，教学目标完成度很高。

四、课堂教学中多种信息技术的优势和使用注意事项

本节课利用了 airplay 技术，airplay 作为一种无线连接技术，能够实现将教师使用的设备屏幕内容实时投射到大屏幕上，使得教学内容的展示更为便捷，其操作流畅，支持多设备协作，为课堂教学提供了极大的便利。然而，在使用 airplay 时，需要注意确保网络连接的稳定性和速度，避免因网络问题导致的投射中断或延迟。此外，还需关注设备的兼容性问题，确保教学过程的顺利进行。

威尼尔传感器作为一种实时数据采集工具，能够为学生提供直观的实验数据反馈，增强他们对科学原理的理解，其准确性和高效性提高了实验教学的质量。然而，在使用威尼尔传感器时，需要遵循一定的操作规范，确保数据的准确性和设备的稳定性。此外，教师还需结合课程内容，设计合理的实验方案，以充分发挥传感器的教育价值。

网络微课作为一种新型的教学方式，突破了传统课堂的时空限制，实现了优质教育资源的共享。学生可以根据自己的学习进度和兴趣选择适合自己的微课内容，实现个性化学习。然而，网络微课的质量参差不齐，教师需要认真筛选和推荐优质资源，以确保学生的学习效果。此外，教师还需加强对学生学习的监管和指导，促进他们的自律和主动学习。

airplay、威尼尔传感器及网络微课等信息技术工具在课堂教学中具有显著的优势，但同时也存在一些需要注意的问题。教师应根据实际情况合理选择和使用这些工具，以发挥其最大的教育价值，提高教学效果。同时，我们还应不断探索和创新，以适应教育信息化的发展趋势，为培养新时代的高素质人才贡献力量。

肺与外界的气体交换

——揭秘航天服制作原理

路蒙蒙　刘　洋

一、教学设计整体介绍

教育部制定的《义务教育生物学课程标准（2022年版）》指出，生物学课程高度关注学生学习过程中的实践经历，强调学生的学习过程是主动参与的过程。我们通过实验、探究类等学习活动，使学生加深对生物学概念的理解，提升应用知识的能力，激发探究生命奥秘的兴趣，同时要推进现代信息技术与教学深度融合。教师可以运用互联网和数字设备进行虚拟实验，优化教学过程，满足不同水平和兴趣特长学生的个性化学习需求。

新课标亦指出"生物学与社会·跨学科实践"学习主题约占总课时的10%，要根据教学内容进行跨学科实践。同时，教师应重视运用互联网等现代信息技术，丰富师生互动交流方式，促进学生个性化学习。

作为一所有着63年军事、航天传统的学校，我们如何让学生形成国际视野下的中国道路、文化、制度和理论自信是至关重要的。我国在航天领域的飞速发展有目共睹，我校所在的云岗地区有着优秀的军事航天积累，国际视野下的军事航天科技教育特色正是非常好的教学情境切入口。这样既能够树立学生的国家安全观和国家认同感，又能够提高学生的科学精神和科技素养。

二、教学过程设计与实施

教学过程导图如图1所示。

第一单元 基于移动学习的互动教学
肺与外界的气体交换——揭秘航天服制作原理

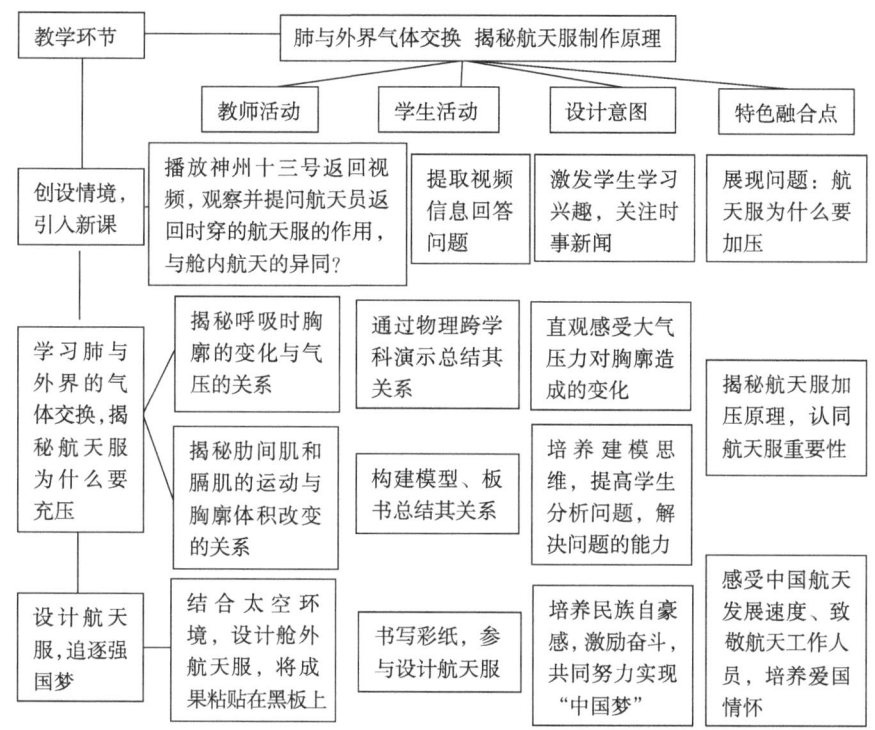

图1 教学过程导图

教学环节一：创设情境，引入新课

教师播放神舟十三号返回地球视频。提问学生：视频讲述了什么内容？学生讲述航天员圆满完成任务，身着航天服返回地面。教师再次提问：大家有没有注意到航天员返回时穿的航天服和在太空舱内是不一样的？为什么呢？学生思考航天服作用并回答。本环节设计意图以最热新闻神州十三号返回地球视频引入，激发学生学习兴趣，关注时事，并引出接下来揭秘航天服原理的重点内容。

教学环节二：学习肺与外界的气体交换，揭秘航天服为什么要充压

1.揭秘呼吸时胸廓的变化与气压的关系

教师在黑板上描绘胸腔结构，学生学习胸腔组成，呼吸运动定义。接下来，教师展示一个瓶子并提问：气体会从瓶子里主动进出16次吗？学生的回答是否定的。然后带领学生做小游戏，感受呼吸运动并提问：深吸气时胸廓有什么变化？呼气时呢？学生按照指示感受呼吸。本环节设计意图为从生活细节入手，引导学生产生思考。通过小游戏，学生能够直观地感受呼吸运动时胸廓的变化。

教师出示学生课前测量数据，验证学生的感受。教师说明胸廓与呼吸的关系其实是与外界气压和肺内气压的变化有关。进行演示实验：将学生志愿者装进袋子里抽气，问学生感受。学生能感受到塑料袋的压力，意图为能够直观看到大气压力的效果。教师进一步进行演示实验：通过对密封罩抽气、放气来观察判断里面气球体积的大小，从而判断气压与体积的关系。学生尝试总结当气体数量一定时，体积越大，气压越小；体积越小，气压越大。为接下来揭示胸廓的体积变化与肺体积变化进行原理铺垫。

2. 揭秘肋间肌和膈肌的运动与胸廓体积改变的关系

教师引入气压差导致了吸气和呼气，这是由胸廓体积变化引起。看板书图回答：胸廓体积变化由什么引起？学生看图思考回答：肋间肌和膈肌。意图：通过排除无关因素，进行有效推理。教师进行模型演示实验，学生尝试总结肋间肌收缩导致胸廓变大。意图：肋间肌工作原理相对抽象，演示实验帮助学生理解肋间肌的收缩与舒张对肋骨的影响。然后教师引导学生板书总结膈肌的变化与胸廓变化的关系。

本节课重难点：胸廓的体积改变如何导致肺体积变化通过构建模型来突破。胸廓的体积变化以膈肌的运动变化来代替。教师展示3个问题：①说说这些材料分别模拟身体哪个部位；②讨论组装模型的顺序并组装；③讨论膈肌状态与肺体积的关系，并完成模型评价量表。展示环节选取一个小组完成前两个问题，另一个小组完成第三个问题，层层递进，揭秘原理。最后用希沃白板游戏总结吸气和呼气的过程，并完成学案。意图：通过模型构建，帮助学生理解膈肌的运动与肺的体积变化关系，理解吸气和呼气原理，培养建模思维，提高学生分析问题、解决问题能力。最后落实重点，内化知识。

教学环节三：设计航天服，追逐强国梦

现在我们知道了呼吸运动与肌肉和气压相关，那么在设计航天服时需要考虑哪些问题，保障航天员的正常呼吸？学生思考回答。航天员在太空进行了两次出舱活动，这是非常危险又了不起的壮举。危险在哪里？学生回答太空环境恶劣，没有氧气、气压，有强辐射、紫外线、飞石等。因此，教师引导学生结合太空环境，一起来为航天员设计舱外航天服，将设计内容粘贴在黑板上。意图：体会航天服设计过程，感受技术人员的专业，培养严谨的治学态度。

教师总结探索浩瀚宇宙，发展航天事业，建设社会主义强国，是我们不懈追求的航天梦。有梦就有蓝天，相信就能看见。希望同学们树立"逐梦蓝天 强国有我"的信念，开拓创新，积极进取，为实现伟大的"中国梦"而努力奋斗。意图：在学生心中播种一颗实现强国梦的种子，激励青少年们发奋图强，为实现中国梦而努力奋斗。

三、课堂评价和反馈效果

本节课评价设计主要是学生构建模型过程中的过程性评价，并利用希沃白板功能对学习成果进行评价。学生在模型构建过程中，教师全程投屏，表扬优异的同学和小组。同时，借助评价量表，小组之间进行互评，将优秀的学生作品在课堂中进行展示。展示过程要以鼓励为主，对有创意的学生均进行鼓励，激发学生参与课堂活动的积极性。有量表的加持，模型构建部分呈现很好的教学效果，教学目标完成度很高。模型构建评价量表如表1所示。

表1 模型构建评价量表

姓名：　　　　　　小组成员：

内容	模型达人（20分）	模型小能手（15分）	模型入门者（10分）	自评	同组评
材料用具模拟器官部分	准确无误	有一处不明确	有两处及以上不明确		
模型构建顺序及组装	思维清晰，一次成功	思维较清晰，一处失败	思维混乱，两处及以上失败		
膈肌收缩与肺体积关系	现象明显，推理准确	现象不明显，推理较准确	小气球无变化		
膈肌舒张与肺体积关系	现象明显，推理准确	现象不明显，推理较准确	小气球无变化		
小组合作	小组分工明确合理，协作良好	小组有基本分工合作	小组没有分工，无合作		
总分					

四、希沃白板的优势和使用注意事项

利用信息化教学的互动平台希沃白板开展日常教学有着不容忽视的优势。

（1）课堂活动丰富：课堂活动是游戏化教学在产品中实践的一种方式，它为课堂注入强互动性，以游戏化的方式呈现知识点，将课堂教学由传统的单向灌输转变为兴趣引导。希沃白板为教师提供5类课堂活动：趣味分类、超级分类、选词填空、知识配对及分组竞争。教师可以针对教学目标来选用适合自己的课堂活动。

（2）移动授课便捷：移动授课能够帮助教师在上课时不局限在讲台上，走动中仍然可以操控课件。移动授课过程中，可通过手机端的翻页按钮对电脑端课件进行翻页操作，同时可使用［批注］按钮在手机上对课件进行批注，实时同步到大屏课件上，让生成性知识落地。同时，支持对手机屏幕进行投屏，实时将手机屏幕同步到电脑端和大屏幕上。这项技术对于小组活动过程展示非常适用。

（3）课件云端存储：在希沃白板中创作的课件均存储在云端。教师登陆希沃账号，即可做到对课件随调随用。避免了U盘来回拷备可能会出现的问题。

当然，所有的技术都有两面性。如何更好地吸引学生专注于学习，如何更好地利用信息技术开展教学也是所有教师必须关注的问题，在利用希沃白板等信息技术教学中也需注意一些问题。

（1）不能过度依赖：由于希沃白板有云课件功能，几乎所有章节的课件都存在，教师下载使用非常方便。因此，容易造成教师过度依赖，不再进行深度思考，寻找适合自己的教学方式与习惯。所以，教师一定要合理利用，作为课堂资源库为教学提供辅助。

（2）对希沃素材资源合理利用：线上资源良莠不齐，为了有更好的效果，建议教师在选择时对其进行全面研究，进行鉴别后选取适合学生学习的素材资源并进行合理的课堂活动，不要为了活动而活动，一定要符合教学目标，为完成目标而使用。

信息技术目前在课堂教学中的占比越来越高，我们要利用好信息技术工具，尽量借用新技术，做到与时俱进并在学生的学习活动中渗透学科核心素养。

信息技术的应用成为体育教师的得力助手

陈小庆

2020年，国务院办公厅发布《关于全面加强和改进新时代学校体育工作的意见》（简称《意见》），在《意见》中提出，以习近平新时代中国特色社会主义思想为指导，全面贯彻党的教育方针，坚持社会主义办学方向，以立德树人为根本，以社会主义核心价值观为引领，以服务学生全面发展、增强综合素质为目标，坚持健康第一的教育理念，推动青少年文化学习和体育锻炼协调发展，帮助学生在体育锻炼中享受乐趣、增强体质、健全人格、锤炼意志，培养德智体美劳全面发展的社会主义建设者和接班人。

2018年4月，教育部发布《教育信息化2.0行动计划》（简称《行动计划》），教育信息化转段升级进入2.0时代。《行动计划》提出"三全两高一大"发展目标和3项主要任务，教育信息化2.0的重要使命是要顺应国家新时代对创新人才培养的需求、智能环境下教育创新发展的需求，以及激发信息技术对教育革命性影响的需求。由此，越来越多的体育老师将希沃白板、问卷星、智学网、Pad、运动手环加入体育课中。这对如何科学合理地安排运动负荷，如何科学解决当前体育教学所面临的"手工记录难""课程管理难""数据跟踪难"等困境提供了更有效的途径。同时，如何提高课堂教学效率、增强学生体质、促进学生健康成长等一系列问题，对体育课提出了很高的要求。运动手环能让学生和老师在课上很直观地看到运动数据，Pad能记录和设计一些内容，存放一些动作技术和练习方法，这都是优化教学过程的一种新型教辅手段，也是在体育教学中走向智慧的一种探索。

一、案例呈现

（一）教学内容：排球

方法1：教师将学生分组，让学生观察模仿Pad中的教师示范视频并自主练习，在此过程中老师用Pad拍摄，学生练习结束后，与其进行交流。通过视频回放、放慢等功能有针对性地进行纠正。

反思：通过Pad录像，学生观察自己动作视频与标准动作进行对比，能够直接看到自己动作存在的问题并进行有针对性的改正，这对学生学习运动技能提供了很好的帮助，比教师的示范更加有效。

方法2：教师设立技术动作诊断区（图1），学生个人或小组可以到此区域对练习动作录像，然后投放在大屏幕上，通过回放让更多的人看到他们的练习过程。

反思：设立此区域后，部分学生积极参与，不仅能活跃课堂气氛，还能让更多学生通过大屏幕观看他们的技术动作，一起讨论他们的优缺点，并学习他们的优点，教师也能将易犯错误做到准确纠正。对于动作做得比较好的同学，教师能通过这种新型方式给学生一种鼓励和表扬，学生也能在大屏幕展示后获得自信和自豪感。

图1　技术动作诊断区

（二）教学内容：健美操

方法1：教师课前录制好不同音乐节奏的示范视频，通过智学网发布预习作业，学生可在家自主学习。在课上，教师登录智学网，学生就可以随教师示范视频进行练习。

反思：利用智学网线上播放教师示范视频，学生可以随时观看练习。同时，课上练习时，教师也有更多机会指导和纠正学生动作。

方法2：教师把运动手环发给学生，指导学生调整好手环模式。整堂课都会用人工智能手环监测学生在运动过程中的运动心率、运动负荷、运动密度等数据。

反思：通过运动手环的使用，能让师生在课堂上实时了解每个运动阶段的运动心率、运动负荷、运动密度（图2），对学生锻炼有促进和挑战作用。学生也能由被动练习转向主动练习。课后，能够通过数据分析得知此教学手段的安排是否合理及学生在本节课的表现。

第一单元 基于移动学习的互动教学
信息技术的应用成为体育教师的得力助手

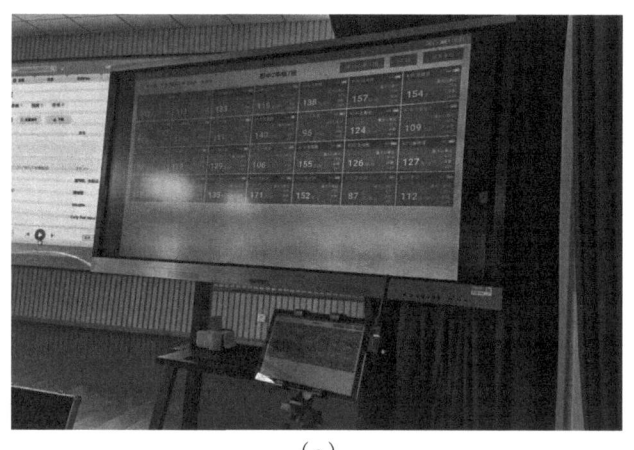

(a)

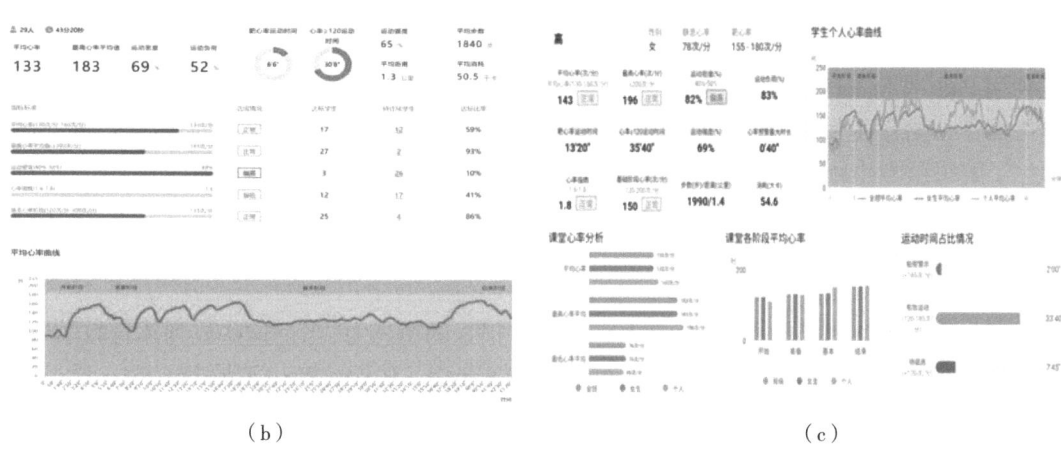

(b)   (c)

图2 人工智能手环监测运动心率、运动负荷、运动密度等数据

(三)教学内容：定向越野

方法1：教师将学生分组，并将定向越野地图（图3）和问答题材料（图4）放到Pad中，同时在跑步过程中利用悦动圈App记录学生的运动轨迹（图5）。

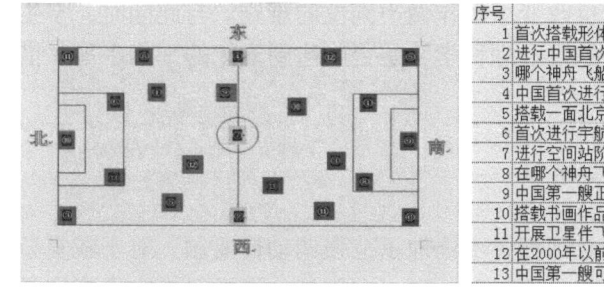

图3 定向越野地图   图4 问答题材料

59

图5 悦动圈App记录学生的运动轨迹

反思：用校园定向越野的方式了解航天知识是很好的切入点。在此过程中，各小组能利用Pad中Excel任务表积极思考答案寻找相应点位来完成本节课任务。这种方式简单可操作，给学生带来很多挑战性和趣味性。同时，运用悦动圈App记录运动轨迹，让师生了解每组学生跑步距离和路线，这样能提高学生的跑步兴趣及获胜感。

二、案例效果分析

现如今高科技产品越来越多，其本身就具有很强的诱惑力，当把这些放到体育教学中，给课堂带来很多新鲜感，学生也充满了强烈的好奇心，从而会产生浓厚的兴趣。通过以上案例观察，效果如下。

（一）课堂信息化能让学生乐于学习

通过在体育课中加入运动手环，改变了传统体育课教学氛围，学生的锻炼大部分由被动变成了主动。如教学定向越野时，连平时不爱跑的"小胖墩"为了不让自己的心率太低也不再走了，咬牙也要跟上自己的小组，积极参与锻炼中。运动手环的加入，改变了原本枯燥的跑步练习，如教学健美操时，为了让心率提高，学生们将动作做得更标准，并能积极跟着节奏较快的音乐跳起来；也改变了动作做不到位的难题。与此同时，学生更期待每次下课后观看自己心率曲线图是否合理科学，是否能达到班级的平均水平，借此也了解了科学锻炼的有效方法。

（二）课堂信息化能让学生易于学习

体育课中每次学习新的运动项目，教师都要不停地示范强调动作要领。对于较复杂的技术动作，学生很难观察到其中的精髓。这时教师可以利用Pad将学习内容发到智学网上让学生很方便地进行预习、复习，也可在课上反复观看模仿。同时，学生在练习时可以互相录像，这样就可以对每个动作的完成进行定格、改进，从而掌握动作要领。如教学排球时，两人对垫时进行视频拍摄，然后投屏到大屏幕上进行慢放、回放，教师可以展示好的同学供大家欣赏和参考，也可对一些常犯错误进行纠正。这样会使学生对动作的了解更加细致，理解更加深刻。

（三）课堂信息化能让学生善于学习

相比传统的体育教学，信息化教学能给学生传递更多的知识和信息量，开拓学生的视野，促进体育教学变得更加丰富多彩。在课前师生可以搜集相关运动项目的图片、视频来了解这项运动，在头脑中初步形成技术动作表象，为课堂教学做好准备。例如，在教学排球时，课前导入中国女排夺冠视频，不仅能让学生带着女排精神对待排球课，而且内心也向往打得像她们一样好。各小组还可以将课上、课下练习视频进行编辑，通过希沃一体机、网络平台等方式进行互动交流与评价并上传优秀作品，以提高学生的学习兴趣和积极性。教师在此过程中引导学生去发现和学习，规范和巩固所学技术动作。

（四）课堂信息化让学生健康学习

体育教学中最重要的就是合理安排运动负荷。负荷过大可能会造成运动损伤，负荷过小又起不到锻炼效果，对于特殊体质的学生更要区别对待。从生理学的角度来说，运动强度的大小往往通过心率的变化来显示，传统体育课我们会用计时摸脉搏进行监测，但相比现代科技来说还是不够精确或是会耽误一些课上锻炼时间。运动手环的运用则改变了这种现状。它可以让师生及时了解每个锻炼阶段的心率变化，便于教师针对不同学生情况合理安排练习内容，这样能科学有效、安全合理地达到教学目标，有利于学生健康成长。

三、总结

作为一名一线体育教师，必须做到与时俱进、不断学习，更新教育教学观念。在信息技术 2.0 应用的大环境下积极主动参与其中。将信息技术融入传统体育教学中，会发现体育课堂由简单枯燥变成充满趣味性，由单调变成多元化，由传统变成现代化。而学生也能利用这些信息技术接触很多现代化的学习体验，从而培养学生的信息意识和能力。当教师熟练掌握多媒体软件在课堂教学的应用时，就会发现它能成为你的得力助手。

参考文献

[1] 安朝臣.人体运动负荷研究［M］.北京：人民大学出版社，1983（3）.

[2] 高宗贵.新课程背景下信息技术与体育教学的整合实践［J］.中国现代教育装备，2010（4）：51-52.

[3] 教育部.国家中长期教育改革和发展规划纲要（2010—2020 年）［EB/OL］.（2010-07-29）［2023-12-15］.http://www.moe.gov.cn/srcsite/A01/s7048/201007/t20100729_171904.html.

[4] 张巍巍.信息化教学在中学体育教学中的实验研究［J］.体育世界（学术），2017（12）：2.

太空探险　定向越野

陈小庆

体育与国防教育有许多共同之处，主要体现在培养学生的爱国主义和集体主义思想，强调纪律意识、顽强勇敢、不畏艰难、责任担当等。本节课设置体育与国防教育、音乐、智育相结合的跨学科教学内容，以探索太空的中国航天为背景。在运动项目练习中融入中国航天事业的发展、神舟系列型号的相关知识和航天员的选拔标准相融合，让学生在体育课堂中埋下一颗热爱中国航天事业并成为其中一员的种子。通过了解中国航天事业的发展，培养学生的中国航天精神和爱国主义情怀。在整个教学过程中，通过创设中国航天员实现太空梦情境，以小组合作形式借助平板电脑、运动手环、希沃等信息技术探究练习所学内容。同时设计一些创造性活动，为学生提供独立思考的空间，布置开放性任务，激发学生的想象力和创造力。培养学生能吃苦、能战斗、能攻关、能奉献的载人航天精神及团结协作、勇于创新的优良品质。

一、教学设计整体介绍

本课依据《义务教育体育与健康课程标准（2022年版）》，坚持"健康第一"教育理念，以学生为主体，重视教学方法，加强对学生学法的指导，创造合作学习的氛围，提高学生自学自练的能力。用校园定向越野的形式来体验、挑战、探究、互相帮助的学习方式，并将中国航天事业的发展、航天员所具备的身体素质等融入本节课中，激发学生热爱科学、崇尚科学的热情和发扬载人航天精神。通过小组合作的形式在进行各个环节的练习时用运动手环实时监测学生的运动心率、运用平板电脑布置学习任务等，从而培养学生团结协作、相互鼓励、集体克服困难后达到的锻炼效果。

二、教学过程设计与实施

以跨学科主题学习中的"钢铁战士"部分作为学习内容之一，依据丰台区作为中国航天事业发祥地的地域特色，创设争做航天员，实现太空梦情境，通过游戏方式让学生参与其中，在游戏中了解中国航天知识，在锻炼中体验快乐，在合作中挑战自我。

第一单元　基于移动学习的互动教学
太空探险　定向越野

活动一：拨开星辰大海

在课堂教学中，首先以"游戏：穿过太空舱"的形式引入本节课。把呼啦圈当作出舱口，每组同学按顺序穿过太空舱（图1）。体会在出舱过程中对航天员的选择上应该有什么要求？同时谈谈在这么简易的"出舱"过程中遇到了什么困难？由此引出中国航天员在每次出舱完成任务时都要面临失重、低气压、气温不稳定和强辐射等挑战。尤其是航天员出舱挥舞着中国国旗那一瞬间标志着我们国家的航天事业在迅速发展。

图1　游戏：穿过太空舱

出舱后，航天员将带领我们在太空中漫步。我们运用《摘星少年》这首航天主题曲作为背景，用肢体描述我们感受到的星辰大海，用太空步模拟我们在太空中行走，从而达到热身目的（图2）。

图2　模拟太空行走

"云"上智慧
——首都师范大学附属云岗中学智慧教育建设探索

在整堂课中都会运用人工智能手环进行监测。教师把运动手环发给学生，指导学生调整好手环模式。整堂课都会用人工智能手环监测学生在运动过程中的运动心率、运动负荷、运动密度等数据（图3）。

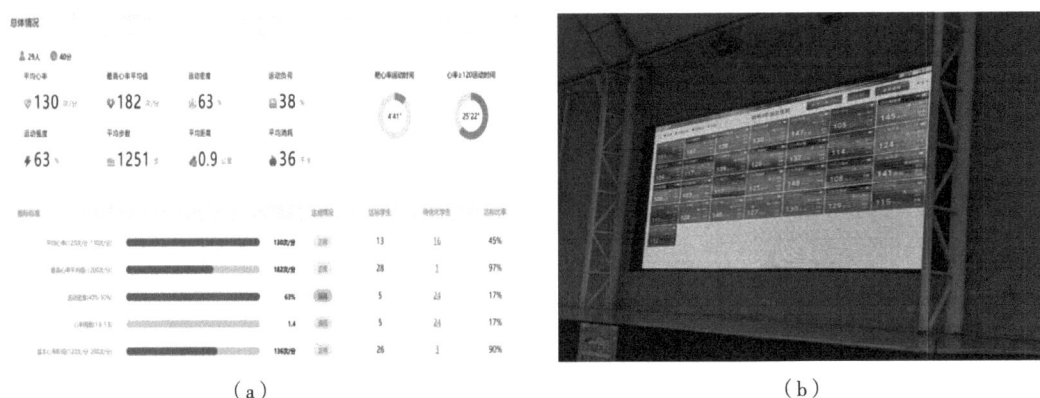

(a)　　　　　　　　　　　　　　　　(b)

图3　用人工智能手环进行监测

活动二：凝聚航天精神

我们知道要成为一名航天员，首先要有良好的身体素质，他们在进入太空和返回地面的过程中，都要克服航天器飞行时的力学环境、太空的物理环境和航天器的狭小空间环境等特殊环境下的重重困难，适应这种环境的考验，航天员的身体和综合素质十分重要。因此，有幸成为航天员的人可谓凤毛麟角。

太空中独特的失重环境能让航天员时时刻刻有着鱼儿尽情遨游的感觉，可有谁知道，这独特感背后是多少次磨难和考验。在轮杆训练中，航天员每天要在高速旋转的轮椅（每2秒就要转一圈）上坚持15分钟，强烈的眩晕感会让他们处于神志不清的状态，他们是凭着自己强大的意志坚持下来的。在课堂中以"游戏：假如我是一名航天员"（图4）让学生跟着航天员挑战体能。我们每名学生在原地转5圈后，带着眩晕感跑到长凳前，两手打开同时平稳地走过长凳，然后跳过呼啦圈再冲刺返回击掌下一名学生。我们利用

(a)　　　　　　　　　　　　　　　　(b)

图4　游戏：假如我是一名航天员

第一单元　基于移动学习的互动教学
太空探险　定向越野

一个简单的游戏让学生体会眩晕感觉，感受航天员对前庭器官的高要求。同时锻炼学生的平衡能力、跳跃能力和跑步能力。

活动三：学习航天知识

1. 知识梳理

查阅中国航天神舟型号的材料，总结提炼每个型号的代表性任务，做成问答题，学生在跑到对应点位时做答并解锁下一个点位（共两组题，每组15题）：

例如，问题1：首次搭载形体假人的神舟飞船是？
　　　答案：神舟三号（解锁后应跑到3号点位）。
　　　问题2：进行中国首次载人交会对接任务的神舟飞船是？
　　　答案：神舟九号。
　　　问题3：哪个神舟飞船进行了飞行乘组首次在轨紧急撤离演练？
　　　答案：神舟十三号。

2. 知识运用

（1）学习任务

课堂中以校园定向越野的形式（图5）融入中国神舟系列航天知识（每个点位代表1个航天神舟系列型号）。每组拿一个Pad，里面有一张定向越野图，根据图形跑到点位，完成Excel表中相关航天知识问题，得到相应的答案后找到下一个标志点，按照图形跑完所有标志点后回到出发点，首先完成的组获胜。在跑动过程中会有挑战（如跳绳、绳梯、跳小栏架），还会有悦动圈记录跑步路线并播放航天主题音乐。

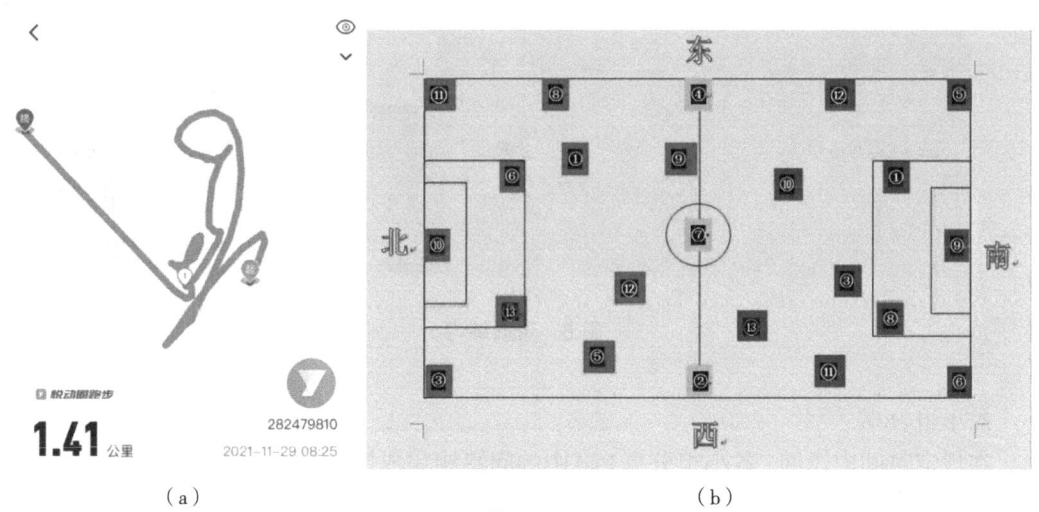

（a）　　　　　　　　　　　（b）
图5　校园定向越野

（2）学习方式

主要采用自主探究合作式学习，让学生尝试、体验在Pad上回答航天知识并确认点位。同时在跑步过程中加入素质练习（跳绳、绳梯、跳小栏架）（图6）和航天主题音乐，让学生感受航天员克服重重困难完成艰巨任务，体会中国航天精神。

(a)

(b)

图6　素质练习

3. 小组分享

在规定时间内返回，各小组分享Pad中的问答题完成情况及悦动圈记录的跑步路线，各组之间对照量化评价表进行评价。

三、课堂评价和反馈效果

本节课评价主要采用教师评价和小组评价，利用评价表，对学生行为进行观察、反馈、诊断、引导和激励,给教师和学生提供及时有效的反馈,促使学生更加积极地学习,改进教师今后的教学方法,从而提升教学效果。通过本节课的学习,大部分学生对Pad中设置的中国航天神舟系列知识有了更加充分的了解。运用人工智能手环监测运功负荷,学生可通过大屏幕观察到自己的心率,提高了主动参与锻炼的意识,且能够在课上体会到运动所带来的快乐,同时感受到航天员在选拔过程中对身体素质的高要求。

四、体育教学中人工智能的优势和使用注意事项

现如今高科技产品越来越多并具有很强的诱惑力,把这些放到体育教学中能给课堂带来很多新鲜感,学生也充满了强烈的好奇心,从而会产生浓厚的兴趣。通过观察,优势如下。

1. 由被动变主动

通过在体育课中加入运动手环,应该说是改变了传统体育课教学氛围,学生的锻炼大部分由被动变成了主动。教学定向越野时,由于改变了原本枯燥的跑步练习,连平时不爱跑的"小胖墩"为了不让自己的心率太低也不再走了,咬牙也要跟上自己的小组,并积极参与到锻炼中。

2. 由抽象变具体

体育课中每次学习新的运动项目,教师都在不停地示范强调动作要领。对于较复杂的技术动作,学生也仅仅建立一个抽象动作思维。这时教师可以利用Pad,将学习内容发到智学网上,让学生很方便地进行预习、复习,也可在课上反复观看、模仿。同时学生在练习时也可以互相录像,自己就可以对每个动作的完成进行定格、改进,掌握动作要领,从而具体地表现出来。

3. 由枯燥变趣味

在课前师生可以搜集相关运动项目的图片、视频来了解这项运动和相关知识。通过信息技术整理编辑在课上运用和展示,提高学生的学习兴趣和积极性。

当然,在体育教学中,使用一项新技术应注意以下事项。

第一,网络信号的稳定性:操场较大,要确保网络顺畅。

第二,Pad的使用说明:对于一些课上用的软件和表格等要在课前详细讲解。

第三,人工智能手环的运用并学会观看每个锻炼阶段的心率变化。

第二单元　基于学情数据的精准教学

基于大数据和语料库资源的英语写作教学研究

于书颖

《新英语课程标准》提出：要积极开发课程资源，拓展学用渠道，英语课程要求合理利用并积极开发课程资源，给学生提供贴近实际、贴近生活、贴近时代、内容健康和丰富的课程资源；要积极利用网络信息技术等丰富的教学资源，拓展学习和运用英语渠道；积极鼓励和支持学生主动参与课程资源的开发和利用。把信息技术应用于教学活动之中是推动中学英语教学改革的途径之一。

笔者所教授的班级是高中二年级的学生，他们英语基础较弱，突出体现在写作能力非常欠缺。对年级128名学生进行外研社分级阅读定级测试结果（表1）显示，近96%的学生对于涉及词汇、句式、语法等阅读能力还停留在起步阶段（小学水平），只有4%左右的学生达到进阶阶段（初中水平），根本无法满足高考对他们阅读、写作等能力的要求。而依据批改网大数据统计，学生在如何使用恰当的逻辑连接使写作更加清晰、逻辑性更强方面显得尤为薄弱（表2）。

表1　外研社分级阅读定级测试

阅读素养发展阶段	级别	人数/人	占比
起步一段	1	7	5.38%
	2	17	13.08%
起步二段	3	24	18.46%
	4	28	21.54%
	5	20	15.38%
	6	6	4.62%
起步三段	7	5	3.85%
	8	7	5.38%
	9	5	3.85%
	10	4	3.08%

续表

阅读素养发展阶段	级别	人数/人	占比
进阶一段	11	2	1.54%
进阶二段	13	3	2.31%
进阶三段	15	1	0.77%

表2 批改网写作个性薄弱点维度分析

维度	平均得分	维度	平均得分
词汇	76.2	篇章结构	71.7
句子	80.2	内容相关	58.9

在传统的写作教学中，尽管教师费尽心力仍收效甚微，因此，教师一直在寻求如何通过一些新的方式提高学生的写作能力，更重要的是，学生能够在教师的引导下完成自主学习过程，养成良好的学习习惯和学习能力。笔者在英语教学实践中，不断尝试新方法去解决学生在英语学习过程中出现的问题，下面以一节基于大数据和语料库资源的英语写作课为例，谈谈对于通过对英语课程资源开发以提高学生的英语学习能力和写作能力的看法。

一、教学内容

笔者利用"五一"假期的有利时机，提前布置了一篇与学生生活密切相关的作文题目，写一篇有关五一假期生活的一篇作文，内容包括：外出游玩、与家人或朋友的交流（如聚会、探亲访友、做家务等）、发展兴趣爱好（如听音乐、看演出、体育活动等）、学习生活（读书、写作业、上课等）。要求学生在批改网上提交，并自行修改完所有批改网标注的错误。教师利用批改网所得到的学生作文和数据分析，将学生出现的错误进行分类，对大部分学生错误较多的逻辑性问题进行重点设计，并提前准备好所有语料库资源和批改网等资源的使用指南。课上，教师展示学生问题并教会学生批改网等语料库和大数据的使用方法，学生首先进行自我体验和自主学习，然后通过小组合作学习，分享各自学习感受，共享各自获得的学习资源。最后学生完成各自作文的再修改，使文章在语言的准确表达和逻辑表达上有所突破，完成了"在改中学、在学中用、在用中积累"，最终提高了学习能力和写作能力的过程。

二、教学实施过程

（一）写前环节

利用批改网的数据分析，呈现学生在"篇章结构和内容相关"这个有关逻辑方面的薄弱点，导入本节课的话题：如何提高文章的逻辑性。然后，教师通过举例，说明学生存在的问题，并演示如何利用http：//dict.cn/；http：//www.pigai.org.；http：//skellm.sketchengine.co.uk；AntConc等网络资源和应用软件修改这些问题，并生成自己的语料库。

Pre-writing

Step1. Lead-in

According to the analysis of www.pigai.org, Ss are weak in making the structure clear（结构清晰）and the content related（内容相关）. That's to say, they should improve the logic in writing.

Step2. Follow the teacher to learn how to use the tools to deal with the problems.

1. Try to use the following tools.

  http：//dict.cn/

  http：//www.pigai.org.

  http：//skellm.sketchengine.co.uk

  AntConc

2. Learn more expressions.

eg. For giving reasons.

$$\text{conj} \begin{cases} \text{because} \\ \text{for} \\ \text{as} \\ \text{since} \end{cases} \quad \text{prep} \begin{cases} \text{because of} \\ \text{thanks to} \\ \text{due to} \\ \text{for the sake of} \\ \text{on account of} \end{cases} \quad \text{v} \begin{cases} \text{contribute to} \\ \text{cause} \end{cases}$$

（二）写中环节

教师设计了以下3个活动：

1. 通过批改网呈现的大量学生错例分析，将错例分成因果/目的关系、并列和递进关系、转折关系、列举关系、人称代词和主谓一致、单一表达方式、缺少逻辑连接这7项逻辑问题，将学生分成7个小组，合作完成错例分析、修改、网上学习这3项任务，学生在此过程中体验如何使用网络资源帮助自己进行学习，并建立自己的语料库。

While-writing

Step 1. Observe the wrong examples from the Ss' writing passages.

（1）Mistakes for giving reasons or purpose（因果/目的关系）

Eg1. <u>Because</u> dark inside, <u>so</u> the play is very thrilling.

Eg2. In the evening, we come to the restaurant and we have a big dinner at night. <u>So</u>, we were coming back by car.

Eg3. In my opinion the vacation <u>in order to</u> have a rest, but I need to study hard. <u>On account of</u> my midterm mark is not good.

（2）Mistakes for adding more information（并列和递进关系）

Eg1. Some English music <u>not only can</u> let me feel relaxing <u>but also can</u> help me learn English.

Eg2. We have a picnic there. <u>Except this</u>, we also learn something about the history. <u>Also</u>, we buy some souvenir and take lots of photos.

（3）Mistakes for transition（转折关系）

Eg1. I want to stop her, but it was too late. <u>But</u> it doesn't usually work this way.

Eg2. What I can do for her now is so limited and so small, doesn't matter.

Eg3. <u>Although</u> we had some regret, <u>but also</u> has a wonderful memory.

（4）Mistakes for giving examples（列举关系）

Eg1. There are many programs about basketball. <u>Such as</u> the basketball park, the super weekend.

Eg2. There are many tourist attractions. <u>For example:</u> the Kunming Lake, Longevity Hill.

（5）Mistakes of personal pronouns or agreement（人称代词和主谓一致）

Eg1. I hope that we can use their free time to exercise their own body.

Eg2. Under this condition, the basketball serves the best way to release the pressure and finds some pleasure at the same time.

（6）Too simple expressions（单一表达方式）

Eg. <u>And</u> we took a view of the scenic spots of China without going out of Beijing <u>and</u> appreciate <u>and</u> participate in song <u>and</u> dance.

（7）Lack of logical connection（缺少逻辑连接）

Eg. In my home, mother always does the housework for us. She is always working tirelessly. She cleans up the house, she makes foods for us, she makes us drinks and so on.

2. 对以上7项逻辑问题进行归类，总结出提高逻辑性的两种途径：恰当使用连接词，并关注它的结构和意义；关注文章的连贯性，运用丰富的表达方式使文章更达意、更清晰。

Step 2. Sum up

（1）Use the correct linking words in a proper way.

　　The structure

　　The meaning

（2）Be more coherent（连贯的）to make your idea meaningful and convincing.

　　Agreement

　　Variety

（3）利用批改网，修改完善自己的作文，并互相分享，及时总结。

Step 3. Ask the Ss to correct their mistakes and improve the logic individually.

Step 4. Share in groups and class

（三）写后环节

引导学生进行总结，在此回顾提高写作逻辑性的方法，并引导学生意识到写作不是一蹴而就的，要学会使用工具帮助自己不断进步，还要不断积累，把写作过程当作学习的过程，在不断的学习过程中提高自己的写作能力及语言综合运用能力。同时教师利用"母亲节"即将到来的有利时机，让学生当堂完成一篇有关如何为妈妈过"母亲节"的作文。在作业任务布置上，教师也倾注了一番心血。要求学生在批改网上完成各自作文的修改完善和同伴互评，并完成有关逻辑训练的填空、段落排序、看图作文等相应练习。

Post-writing

Step 1. Sum up

*The ways to improve the logic in writing.

（1）Use some correct linking words in a proper way.

（2）Be more coherent to make your idea meaningful and convincing.

*The way to improve your writing

（1）Learn to use tools.

（2）Accumulate more vocabularies and different expressions.

Step2. Practice.

May 8th is Mother's Day. Write a short passage about what you will do for your mother on that day. Try to make it logical.

_____

_____

_____

Homework

1. Improve your own writing in www.pigai.org.

2. Check in pairs using www.pigai.org（互评功能）.

3. Do more exercises.

Ex1. Fill in the blanks with proper words in the box.

also, as a result of, secondly, because, since, for example, while, additionally

__1__ the popularity of smartphones, people spend lots of time on their phones, either messaging other people, reading news, or playing games. __2__ I think cellphones have made life more convenient, I don't think spending a lot of time on cellphones is a good idea.

First, spending too much time on cellphones may lead to cancer.

__3__, when people spend too much time on their cellphones, they miss out on the things going on around them. This has been such a major cause of car accidents, __4__ drivers are too distracted by their phones to pay attention to the road. There are __5__ other cases showing how using cellphones can cause people to miss out on the things around them. __6__, I went hiking with a friend a few weeks ago. She was so attracted to her cellphone the whole time that she missed out on all the beautiful things we saw on the mountains.

Lastly, spending too much time on cellphones makes people forget how to have normal conversations. __7__, when people use text messaging, they use a form of shorthand known as "Netspeak" to save on the size of messages and make typing them on small keyboards fast and easy. __8__ this, may people forget how to spell and use grammar correctly.

Ex2. Rearrange the following sentences into a logical paragraph.

A. For example, they eat large quantities of food that could go to feed the poor and the starving of the world.

B. Many people believe that dogs should not be kept in large cities.

C. In addition, they are of the opinion that dogs are expensive to keep.

D They say that pet dogs should be banned because they are dangerous to man since they carry diseases and that they attack people especially young children.

E. Some owners even leave them their money when they die.

F. What's more, many people spend large amounts of money on their dogs, even buying them beds and toys, taking them to doctors when they are sick, burying them in pet cemeteries when they die.

Ex3. Writing.

假设你是一位生活在某城市的中学生。暑假打算去乡村度假。请根据图1、图2提供的信息，写一篇短文，说明城市生活的不足，重点说明你去乡村度假的原因。词数不少于80。

图1　　　　　　　　图2

Possible version

I will spend this summer holiday in the countryside. Although the city is modern and convenient, there are still some problems, such as air pollution, crowdedness and noise. As you know, in the countryside I can enjoy a comfortable and quiet life. The air is fresh and the water is clean. Trees are green and birds are singing. I can also go boating, fishing and swimming in the lake. What's more, I can climb the hills. All this will be interesting and good for my health. Above all, I can learn more about nature. So I want to go to the countryside for a change. I'm looking forward to the coming of my summer holiday.

三、教学反思

（一）教学相长，共同提高

对教师而言：第一，提高了文本分析能力和教学设计能力；第二，提高了资源意识和信息化教学能力；第三，更加关注学情和学生发展过程；第四，更加关注教学方式的转变。对学生而言：首先，学生的学习能力得到了提高；其次，学生的科技素养得到了提高；再次，学生的合作学习能力得到了提高；最后，学生体验到了学习的快乐和成就感。

（二）接受挑战，突破自我

首先，初次利用批改网进行写作教学，教师先要熟悉它的功能和使用方法，在经历了近一个学期的尝试中，找到它的优缺点，利用它的优势辅助教学。在学生利用批改网完成了几篇作文之后，发现学生只关注如何将批改网中标明的错误进行修改，提交后得到一个较高的分数就完成任务、大功告成了。实际上，由于批改网现在还不够完善，无法找出学生作文的全部错误，尤其是语法、句式结构、逻辑性等方面的问题。而批改网的优势——大量的语料库资源却是学生忽略的。所以，如何扬长避短，使学生在这一过程当中真正得到提高，这才是本节课的设计初衷。因此，除批改网外，教师又补充了如海辞网、skellm英文网站和AntConc应用软件这些辅助资源，教会学生如何在写作过程中利用大数据和语料库资源，帮助自己完成"从无到有、从有到优"的学习过程，从而体验到学习的意义和价值，获得快乐和成就感。其次，本节课的写作话题是基于学生五一假期生活，写出一篇真实的亲身经历，所以从学生节后提交作文到本节课的过程只有短短的8天时间。在这8天时间里，教师要完成学生作文的数据分析、逐一批阅、错误归类，以及教学设计、试讲、教学再设计等一系列工作，更重要的是由于上课地点在计算机教室，教师和学生在操作过程中存在不够熟练、网络迟缓、设备出错等问题，教师在操控课堂和把握时间上也存在很多不稳定因素。

（三）积极探索，合作共赢

1. 批改网在使用过程中还存在很多问题，急需各方面人员对其加以完善，以保证今后教师和学生更方便、更有效地使用。同时，教师在利用大量语料库资源时，不能很好地为学生提供更加有效的帮助和指导，使学生在大数据面前显得应接不暇。这就需要所有的老师不断加大交流渠道，共同合作，逐步完善和优化教学方法，为学生提供更好的指导，最终达到互利共赢。

2. 学生和教师对此学习和教学方式不够熟练，教师应积极探索，不断尝试，同时应鼓励学生多使用，使这一写作方式变成学生今后进行写作及词汇学习的方式，使学生乐于思考、勤于动手，不断提高对自己的要求，并在这一过程中有较大提升。

总之，面对教学方式和学习方式的不断变化，教师将不断面临新的挑战。同时，面对大数据、信息化和教育的不断发展和变化，教师应通力合作、不断思考、积极探索，寻求更好的途径，扎扎实实地将教学改革深入地开展下去，为学生的终身发展服务。

参考文献

[1] JEREMY H. How To Teach English 怎样教英语[M].北京：外语教学与研究出版社，2012.

[2] 中华人民共和国教育部.全日制义务教育普通高级中学英语课程标准（实验稿）[M].北京：北京师范大学出版社，2001.

巧用"问卷星"助力线上线下融合教学

李知红

作为一名初中历史教师,我一直积极尝试使用现代信息化技术辅导历史教学,特别是坚持使用"问卷星",取得了良好的教学效果。在新时代,采用现代化信息手段,为学生提供全面、系统、便利的学习资源更是迫在眉睫。在线上教学期间,我除为学生布置一些专题历史知识梳理任务、提供一些线上辅导外,依然继续使用"问卷星"指导学生复习历史,帮助学生巩固历史知识,提高历史学科素养。

一、案例实施背景

1. 信息技术与教育融合的时代要求

在互联网背景下,随着家庭和校园的 Wi-Fi 全覆盖、智能手机和电脑的普遍使用,"时时可学、处处能学"的信息化学习时代已经到来。2019 年 2 月 28 日,中国互联网络信息中心(CNNIC)在京发布第 43 次《中国互联网络发展状况统计报告》显示截至 2018 年 12 月,我国网民规模为 8.29 亿人,全年新增网民 5653 万人,互联网普及率达 59.6%,较 2017 年年底提升 3.8%。我国手机网民规模达 8.17 亿人,全年新增手机网民 6433 万人;网民中使用手机上网的比例由 2017 年年底的 97.5% 提升至 2018 年年底的 98.6%,手机上网已成为最常用的上网渠道之一。在网络时代,将信息技术大胆应用到现代教育教学管理中,将大大促进科技教学的发展及进步。

2. 人人可用的"问卷星"在线测试强大功能

"问卷星"创建于 2006 年,已为 6549 万发布者、49.38 亿填写者提供过服务,是目前全球最大的可供多种移动终端使用的免费问卷调查平台。"问卷星"是一个专业的在线问卷调查、测评、投票平台,专注于为用户提供功能强大、人性化的在线设计问卷、采集数据、自定义报表、调查结果分析系列服务。每个用户可以通过电脑浏览器进入"问卷星"界面,或者通过手机微信、手机 App 使用"问卷星",它具有快捷、易用、低成本的明显优势。

对一名普通的初中历史教师来说,"问卷星"的免费在线测试功能非常实用,它既有利于学生方便使用,也利于教师提高工作效率,提升教育教学质量。

3. 初中历史学科的考察特点

历史测试经常采用两大题型:客观题和主观题,二者分值各占 50%。其中客观题是 30 个单选题,共 45 分。这部分的知识考察特别适合使用"问卷星"的在线考试功能。因此,"问卷星"能为师生提供一个有效的平台,为学生插上在历史知识天空中飞翔的翅膀。

二、案例实施方法

1. 拥有"问卷星"账号

第一次接触"问卷星"平台是在一次首都师范大学举办的中学教师科研骨干培训班上。通过学习和实践,认识到可以免费使用"问卷星"的测评功能为我的教学服务。于是,我用手机在"问卷星"平台上进行注册,并和微信进行绑定,还设计了一组简单的考试题。同时,下载了"问卷星"App,每次使用微信登录,省去了忘记密码的烦恼。

2. 编制"问卷星"试卷

第一次尝试在教学中使用"问卷星"编制试卷,是在学校历史教研组的经验交流活动之后。组内的历史老师们谈到利用"问卷星"发布试卷,还分享了初中历史选择题的原材料。

最初,我在所教的班级微信群中发布其他老师分享给我的"问卷星"试题链接,但是在使用过程中,逐渐认识到使用别人制作的"问卷星"虽然省时省力,但是不利于自己进行后期的统计、反馈和评价。所以,要想利用"问卷星"更好地服务于我的历史教学,就应该自己编制试卷,当然我也会将制作的试卷分享给备课组的其他教师,方便大家随时使用。在实践中,我非常注重试卷编制的3个重要环节。

一是提前准备丰富的测试素材。将平时特意收集的一些经典试题按照"问卷星"的模板进行编辑,在创建考卷时直接导入文本就行。"问卷星"的题目标题除了文字,最好适当加入一些图片,如历史文物照片、历史事件照片、历史地图、历史人物、历史遗址,一些表格也可以用图片的形式放在题目中,学生答题前可以看文字、图片和表格,不会感到枯燥。教师还要提前准备好每道题的答案解析,对题目进行分析和解题思路的演示,因为"设置答案解析"功能可以弥补课堂教学时间不足造成的遗憾,实现在线的个性化教学和辅导,同时有利于培养学生的自主学习能力。

二是设置全面的测试基本信息。首先,设置学生填写真实姓名。为保证每个学生都参与答题,我要求学生使用真实姓名,这样有助于我了解每个学生对知识的掌握情况,有利于针对性地辅导学生,学生在班级群里展示答题截图时也能起到互相鼓励、互相比拼、你追我赶的学习效果。其次,设置学生学号填写。这样有利于教师通过学号排序统计学生平时成绩,实现对学生的成绩管理,否则教师要一个个地核对学生姓名和抄录成绩,这无形会增加工作负担。最后,设置考题分值、正确答案、选项是否随机、考试时间等。比如,为了防止学生生硬地背记答案,我设置每个选项时采取随机出现的方式,每次答题时选项出现的顺序并不相同,学生只有真正弄懂题意、理解答案之后才能答对。

三是反复进行测试预览。为了提高测试效果,保证试卷质量非常必要,否则就是浪费学生的时间和精力。教师编制的试卷要求科学准确,也就是试卷上不能出现错误,任何错误都会误导学生。因此,教师编制试卷时要非常认真仔细,试卷编好之后要反复检查,发布之前要多次进行"预览问卷"测试,发现问题,哪怕是一个标点使用不准确都应该重新制作,只有这样,才能为学生树立严谨治学的表率。

3. 发布"问卷星"试卷

试卷预览无误即可"发送考卷",系统生成"问卷链接与二维码",教师将链接发到班级微信群中,学生就可以进行答题。发布试卷要注意以下3点。

一是"问卷星"发布时间和频率要讲究。由于我校一周两节历史课,我一般会结合新旧知识编制20题,在周六上午发布到班级微信群里,每周发布一次,发布时间相对固定,让学生形成在周末答题的习惯。周末时间比较充裕,学生使用电脑或手机也更便利。教师也可以利用周末时间,通过后台数据查看学生答题情况,及时表扬积极的同学,督促不积极的学生。教师也有充足的时间对学生的答题情况进行分析,为下周的教学作参考。

二是问卷发布要以班级为单位。我校的历史教学是以班集体为单位进行的,每个班级的学生特点、学习氛围和教师授课的实际效果都不一样,在相应的班级微信群中发布为这个班级学生量身定制的"问卷星"试卷,有很多好处,可以实现对班级之间学习情况的比较研究,有利于教师反思自己每节课的教学。另外,"问卷星"的试卷复制功能使"问卷星"试卷的发布以班级为单位变得十分便利。

三是特殊情况特别发布。例如,在一个单元学习结束后或期中考试复习期间和期末考试复习期间,我会将相关的测试试卷发到班级群里,供学生反复练习。期末复习期间,为了指导学生落实历史学科基础知识,我将初二年级平时测试所有的"问卷星"试卷重新整合,按照5个专题整理出5套试卷,分批发布,供全年级使用。

4. 反馈"问卷星"答卷

用好"问卷星"强大的数据分析功能,反馈学生的"学"和教师的"教",能给历史教学带来事半功倍的效果。

一是反馈学生的"学"。通过对学生答题情况及时反馈,起到表扬先进、鼓励后进的作用。

比如,期中复习期间我经常采用50题的知识竞赛方法,期末复习期间采用历史知识100题知识竞赛方法,这些大题量的知识竞赛用"问卷星"进行统计和反馈是十分便利的。知识竞赛题大多出自平时练习过的试题,但是答案选项是随机的,对学生来说难易适中。有些学生为了得到满分,会反复做很多遍。学生的努力我可以通过后台数据看出,我将这样的例子拿来教育学生,一方面鼓励学生认真答题,另一方面对学生进行了"赢在坚持"的思想教育。为了表扬学生的努力我还会对同学进行小奖励,或是一件小文具、或是一块巧克力、或是一张精心设计的奖状,这些都会让学生产生成就感。对于个别成绩没有达标的学生,我经常有针对性地进行个别辅导。

又如,在学生居家学习时,"新民主主义革命(抗日战争和解放战争)"专题"问卷星"所回收的试卷分析显示:年级实际人数是180人,共有239人次参加答题,平均分是81.51分,可以看出学生的学习积极性还是很高的。

二是反馈教师的"教"。通过对每一份精心编制且全面考察历史知识和历史学科能力的试卷进行数据分析,能够很好地反馈教师的"教"。

比如,通过查看答卷详情我可以很方便地获取每个学生每次答题的详细数据。通过"分类统计"我可以更详细、更具体地看到学生对某些知识掌握的具体情况。通过对几个班级平均分的对比分析，可以了解我在不同班级的授课效果，帮助自己根据学生的实际情况调整教学策略，切实提高教学质量，改进教学方式。

三、案例效果分析

1. 促进学生及时反馈知识

历史选择题"问卷星"试卷可以实现学生在线测试不受时间、地点的限制，答题方式也简单便利。学生考试后马上可以看到答题成绩和成绩排名，有助于学生及时了解自己的学习效果和在班级中的位置。学生答题结束后可以查看答案解析，对错题进行分析，进一步查漏补缺，对自己掌握不太扎实的知识可以重复多次练习。这些都优于传统的考试形式。

2. 促进教师及时反思教学

通过坚持使用"问卷星"，我切身地体会到"问卷星"试卷省去了批改试卷的时间，而且我既可以通过后台直接查看学生每道题的准确率和易错项，也可以查看每道题的正答率，为我对学生进行个别辅导和班级教学提供依据。

3. 促进学校减少纸张浪费

对历史学科知识考察来说，"问卷星"不太适合历史主题观的测试。针对北京初中中考实际情况，学生还是需要在纸质的试卷上练习答题。但是对历史客观题来说，使用"问卷星"确实为学校省去了大量印制选择题的纸张成本，当然也是十分环保的。在没有使用"问卷星"试卷之前，特别是在期末考试期间，大量的选择题印出来后，学生只是在试卷上圈出答案，核对完答案之后试卷就扔了，造成很大的浪费，无纸化"问卷星"试卷显然是更好的选择。

巧用"问卷星"，助力线上线下融合教学。"问卷星"试卷既能支持学生在线学习，又能提高教师的工作效率。"问卷星"的使用也让我认识到在信息技术与现代教育融合的新时代，只要敢于面对新挑战，勇于接受新理念，善于运用新技术，定能创造新辉煌！

基于互动反馈教学的高中生写作能力的形成性评价实践研究

田丽珍 程 燕 邹 霞 何 晔

作文教学是高中教学中的难题,"少慢差费"的困扰一直存在于高中语文教学实践中。由于作文篇幅本身的特点,师生互动、生生互动评价交流,相对于其他教学内容更费时费力。

形成性评价是在教学过程中对学生的学习进展情况进行监控与评价,并将评价中收集的信息用于调整教学以满足学生的需求及提高教学质量。形成性评价的目的是激励学生,帮助学生有效调控自己的学习过程,使学生获得成就感。

互动反馈技术支持的课堂教学可自动生成实时数字记录,对所有学生的答题情况进行记录、统计、汇总,准确地全程记录学生课堂学习情况,使形成性评价更加科学、及时、有效。很多研究表明,运用互动反馈技术,可以落实教学目标评价,从而更好地开展主导主体活动,引发学生深思,提高教学成效。

本研究着重探索信息技术与高中写作教学融合的新方式,以数字化为技术手段,从形成性评价入手,审视和探索高中作文教学评价新方式。利用互动反馈技术数据支持,实现高中写作课堂教学过程中的及时、精准评价,实现高中学生更长时间段的集体和个体写作能力精准评价。最终指向借助信息技术提高高中写作教学效率的总目标。

一、高中写作互动反馈问题设计策略与设计流程

(一)高中写作互动反馈问题设计策略

我们通过大量实践,总结了高中写作教学中互动反馈问题(简称"按点")的设计策略。

1. 要坚持按点设计为教学目标服务的原则

互动反馈技术是写作教学过程中及时实现数字化形成性评价的手段,技术和数据都是为课堂写作教学目标服务的。因此,在备课时,先要考虑设计好写作教学目标内容,再考虑在那个环节设置按点来进行形成性评价,才能更有效地实现写作教学目标。

2. 充分发挥按点本身的功能

写作教学按点设计会获得直观可视的数据,这些即时反馈的数据有检测、评价、激

趣、引导等多重功能。测试功能是按点的主要功能，它能即时提供全班学习的整体数据，如全班正答率，选项的作答情况、正确或错误的学生名单等。有利于教师准确把握学情，及时或之后调整教学内容和教学节奏；评价功能是按点的重要功能，一般来说，要选比较优秀的写作范文作为评价对象，以免学生在评价中受到打击；激趣功能是按点附带功能，能引起学生对写作教学目标的兴趣；引导功能是在写作教学中经常使用的功能，可以有效帮助学生复习巩固写作知识技能，或给学生提示思路。

3. 考虑按点题型的特点

写作教学中按点题型常用单选题、多选题、开放题3种类型。

一般说来，单选题可以设2～4个选项。一般预设答案，计分方便，测试评价比较直观明确；多选题可以设3～5个选项，一般也要预设答案，需要量化计分，用于需要难度的测试；开放题是不设正确答案的单选或多选题。在写作教学需要帮助学生打开思路，或了解学生不同想法时，可以设置没有正确答案的开放题。开放性按点既能够充分照顾学生个性，也能帮助教师了解全班学情数据。

4. 考虑按点题目的内容

按点的内容，可以是知识技能（如关于描写和叙述正确的是），可以是作品评价（如这两段文字哪一段更好）或自我评价（如我最需要提高的项是），也可以是写作策略（如丰富论据你有几招？）。

作品评价按点往往引发学生学习讨论兴趣，在多重的自我评价与互相评价中促进学生学习，巩固写作知识技能。

5. 考虑后台数据的收集

有效的后台按点数据需要在按点设计时，仔细考虑预先制定的高中写作能力形成性评价量表和自定义教学目标分类表。

按点数据的有效性还受按点题型的影响，不是所有的按点都能产生有效数据，多选题的答案需要仔细斟酌，分项计分。开放题很难产生有效的评价数据。

6. 按点设计的时机

一般情况下，要先考虑按点目的，再决定内容题型，大多数时候要提前预设好，便于即时反馈正确答案和斟酌后台数据收集。当堂设置按点用于对教学中新生成问题的及时评价，以便及时调整教学内容和进度。当堂按点不方便设置正确答案和采集数据时，需要课后及时补充设置。

（二）按点设计的流程

综上所述，高中写作教学中，按点设计一般遵循以下流程（图1）。

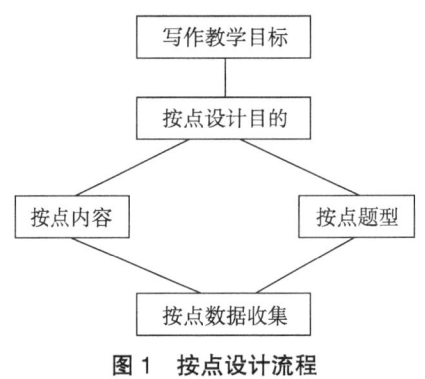

图1 按点设计流程

二、基于互动反馈的高中写作教学策略和课型模式

（一）基于互动反馈的高中写作教学策略

1. 根据写作文体特点设计不同的互动反馈问题

高中生经常练习的记叙文、议论文两种文体，涉及不同的术语。比如文章的立意，记叙文的一般表述是主旨、中心思想、主题思想；议论文的表述是中心论点。因此，高中写作教学中需要考虑文体，设计不同的互动反馈问题（按点）。

2. 写作能力单点教学与整文写作教学相结合

写作能力单点教学与整文写作教学缺一不可。

写作能力单点是指在写作教学中淡化其他能力点，重点突出一两个写作技能点，是解决写作重难点的途径；整篇写作是指对一篇文章从主题、选材、谋篇、语言等在内的整体性训练，是写作教学的最终目标。在基于互动反馈作文教学中，这两种形式所设置的按点也不相同。

受课堂教学的时空限制，一节课能解决的写作问题是有限的。从学生的实际情况考虑，也不可能把所有写作知识技能一起解决。所以，写作能力单点教学是写作教学中的必要环节。

（二）基于互动反馈的高中写作教学课型模式

经过实践研究，我们总结出几种基于互动反馈的高中写作教学课型模式。这些课型的每一个环节都可以设置互动反馈问题，在课堂上进行形成性评价。教学中，教师可以根据需要调整互动反馈问题设置的位置和数量。一般课型互动反馈问题以4个左右为宜，整文讲评课互动反馈问题可以酌情多设。

1. 写作指导课

写作指导课是根据文体特点，以解决学生的写作问题为目标，给予学生写法指导的课。写作指导课的一般环节是：目标导入—学习知识—写法指导—写作实践。

目标导入环节将目标设置成互动反馈问题，首先考虑激发兴趣，同时可以作为前测来了解学情，也可以作为后测检验教学效果的依据。学习知识环节可以借助互动反馈问题设计的激趣、检测、引导功能来促进学生学习巩固写作概念，帮助学生建立概念之间的联系。如记叙文与表达方式手法之间的关系，记叙文与小说、新闻通信之间的关系。写法指导环节设计互动反馈问题，帮助学生形成运用写作策略。

例：细节描写让人物特点更鲜明——我的老师

目标导入

【按】记叙文如何让人物特点更鲜明？

写作知识

【按】关于描写和叙述，正确的是（　　）。

写法指导

【按】让人物特点鲜明可采用的方法有（　　）。

【按】本次写作你打算采用的策略是（　　）。

2. 写作能力单点突破讲评课

写作能力单点突破讲评课既是作文教学的一种常态课，也是巩固学生写作方法、提高写作能力的重要课型。一般的教学环节包括：提出问题——明确标准——修改方法——修改实践。

提出问题环节通过互动反馈问题让学生判断例文的问题，既可以聚焦教学目标也可以诊断学生对写作问题的认识。明确标准环节可借助按点引导提示功能帮助学生明确目标，根据即时数据来选择讨论该问题的发言人，并决定是否进一步讲解。修改方法环节借助互动反馈问题、引导提示功能能够有效帮助学生展开思路，降低学生的畏难情绪。修改实践环节多使用评价按点。

例：议论文叙例析例

提出问题

【按】这篇议论文存在的主要问题有（　　）。

明确标准

【按】叙例析例紧扣论点应该做到（　　）。

修改方法

假如我们手头有这样一则材料，我们如何根据中心论点进行处理：

【按】要论证"直面痛苦，战胜痛苦"，材料中哪些内容可以忽视？

【按】用居里夫人的材料论证"直面痛苦，战胜痛苦"，哪种写法好？

修改实践

【按】给同学修改好的段落评价（　　）。

3. 整文讲评课

整篇写作是写作教学的最终目标，一般模式是：范文赏读—按点评价—修改方案。

范文赏读环节可以设置比较评价按点,哪一篇更好来激趣。按点评价环节,可以从主题、选材、谋篇、语言等设置多个问题对精选范文进行整体评价。一般来说,"评价量表"设置的10个评价点可以根据需要有所取舍,以突出重点。修改方案环节,既可以设置引导性按点降低畏难情绪,也可以设置策略性按点来激励学生,还可以设置对学生的修改方案的评价按点。

4.读写结合课

读写结合课常用环节如下:写法提炼—写法巩固—写作实践。

写法提炼环节可以设置按点来明确目标。写法巩固环节设置按点巩固知识技能,可以反复练习。写作实践环节可以设置评价性互动反馈问题,评价学生仿写作品。

例:用设问打开论证思路

写法提炼

【按】《谈热忱》的第三、第四段是从( )角度论证中心论点的。

写法巩固

【按】判断下列提纲是从哪个角度展开论证的?

写作实践

【按】下列是某同学的提纲,是从"为什么"的角度拟写的,他做到了( )。

三、高中写作能力形成性评价标准

经过在高中各个年级进行实践研究,我们制定并反复修改了高中写作形成性评价问题分类表,进一步制定并修改了目标分类赋分表,最后制定并修改自定义教学目标分类设置表来收集后台数据(图2)。

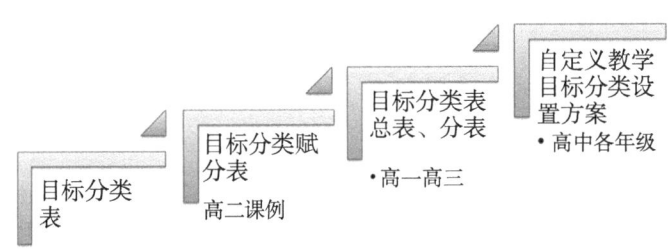

图2 目标分类及赋分研究进程

(一)高中写作形成性评价问题分类表

写作能力分类是形成性评价的目标,也是按点设计的依据和出发点。

参照课程标准、高中会考、高考作文评价标准及前人研究成果,结合我校学情,编制适合我校高中作文教学的写作能力形成性分类标准。我们从3个维度展开研究:知识与技能、写作策略(元认知层面)和情感态度。

其中，知识与技能是我们分类研究的重点，包含审题立意、主旨、材料内容、结构、语言、文体、书写、个性8个小类，课堂重点评价前5个小类。

（二）高中写作形成性评价的问题权重与计分办法

经过在高中各个年级进行实践研究，我们制定并反复修改了高中写作能力形成性评价问题分类表，在问题分类表的基础上，将高中写作能力3个维度分为10个评价点，每点10分，共计100分。其中知识技能8个评价点，写作策略和情感态度各1个评价点。每点评价拟分为4档赋分，第1档9～10分，优秀；第2档7～8分，良好；第3档4～6分，中等；第5档0～3分，不合格。以此为标准制定了云岗中学高中写作形成性评价量表。

经过教学中反复实践，我们多次修改了云岗中学高中写作能力形成性评价量表，并在总表的基础上对应编订了记叙文分量表和议论文分量表。记叙文分量表和议论文分量表下发学生，供学生自我评价使用。

（三）自定义高中写作能力问题后台数据收集方案

为了获取有效的后台数据，我们在总课题组的指导下，编订并修改了用于后台数据收集的自定义教学目标分类方案。

依据以上评价方案，我们不仅能获得课堂及时数据、正答率、正误答名单，后台还会自动生成学生集体和个体的形成性评价数据。多次课的数据就构成学生一段时间内的学习数据。2019届高三（2）班的班级数据报告单和该班学生个人数据报告单如图3、图4所示。

	审题	立意	选材论据	剪材论证	思路结构	语言表达	特色个性	书写	写作策略	情感态度	合计
记叙文前	1/10/9.200										1/10/9.200
议论文前写作	2/20/16.667				3/30/26.667						5/50/43.333
记叙文写	2/20/14.800								1/10/5.708		3/30/20.508
议论文写	11/110/38	1/10/6.583		4/40/22.2	2/20/16.1	3/30/18.800					21/210/102.733
记叙文自	1/10/6.8	1/10/5.5	1/10/5.5	1/10/4.7	1/10/5.8	1/10/5.2	1/10/4.2	1/10/5.2	1/10/5.4	1/10/5.9	10/100/51.833
议论文自	2/20/13.9	2/20/12.1	2/20/12.1	2/20/11.1	2/20/11.1	2/20/11.4	2/20/10.1	2/20/11.1	2/20/11.9	2/20/18.1	21/210/119.250
合计	17/170/82	6/60/40.1	3/20/17.1	7/70/39.1	8/80/59.1	6/60/34.1	3/30/16.1	3/30/15.1	5/50/23.1	3/30/18.4	

注释——内容含义为：题数/题目总分/全班平均总得分

图3　2019届高三（2）班的班级数据报告单

"云"上智慧
——首都师范大学附属云岗中学智慧教育建设探索

图4 2019届高三（2）班的学生个人数据报告单（局部）

班级集体和个人数据的获得将有力支持教师的学情分析，为学生提供个性化学习指导；学生获得的个性化数据，将促进学生的自我评价，帮助学生自主学习。

四、基于互动反馈数据的高中生写作能力精准诊断与对策

（一）基于互动反馈数据的高中生写作能力精准诊断分析

我们在高中不同年级和班级做了互动反馈技术支持的形成性评价研究，收集了大量数据。基于这些数据，对于我校高中生的写作能力问题有了清晰准确的认识，归纳如下。

1.高中学生写作必备知识与概念掌握情况亟待重视

在以往的教学中，我们感觉到我校高中学生写作能力较差，但又不知道从哪里入手去教学生。研究实践和数据显示，问题的根源首先是学生的写作必备知识和概念，高中语文教师认为学生应该掌握的"写作概念"，对学生而言其实是"熟悉的陌生人"，他们实际上掌握程度远远达不到高中写作需要的水平。

例1：分不清记叙文、议论文。

数据告诉我们，如果在高中阶段，没有被特别地教授过记叙文和议论文的文体知识，年级成绩最好的班级学生也不能很好地区分这两种文体：问到他们"写作文时，是否明确选择了文体"，该班有28%的学生选择"没有"，继续问他们是否能"说清议论文和记叙文的文体特点"，只有3人选择了能说清楚，34人都谨慎地选择了"知道一些"，另外2人直接表示说不清。

例2：高中生需要强化论点、主旨的概念教学。

这是高一学生入学第4个月的数据。尽管教师已经有意识地反复强化了"主旨"的概念，但请学生判断某片段是否有明确的主旨时，某班35人有17位同学选择了"有明确的主旨"。然而，请这17位同学一个个起来说出这个片段的主旨，却没有一个同学能说出来。大多数同学的答案是"写了雪景"。可见，我们的高中生并没有像教师普遍认为的那样，知道什么是一篇文章的主旨，教会他们这一点并不是轻而易举的事，不是顺便点拨一下的事，而是要下大力气的。

例3：高中生凭感觉认知表达方式。

表1是用同一组题目对不同年级和班级，进行"描写"与"叙述"表达方式测试的数据。

表1 不同级别和班级学生对同一组"描写"与"叙述"表达方式判断题目的统计数据

届次班级	班级特点	班级人数/人	题目1	题目2	题目3（多选）
2015级高二（1）	理科实验班	37	92%	61%	A 75%、B 75%、C 78%、D 44%、E 19%
2016级高三（2）	文科班	24	100%	74%	A 83%、B 87%、C 73%、D 74%、E 22%
2019级高一（1）	平行班	33/34	85%	52%	A 91%、B 97%、C 85%、D 61%、E 52%（教师提示至少两项正确）
2019级高一（2）	平行班	33/35	88%	61%	A 64%、B 91%、C 67%、D 73%、E 30%

第一道题目考察学生对同一内容描写和叙述的感知，两段文字长度明显不同。但只有2016级高三文科班是100%正确。两个高一平行班低于90%。第二道题难度加大，两段文字内容不同，字数相近时，这4个班级的正答率整体下降30%左右。当题目难度增大，即使给了学生"描写"与"叙述"的概念，4个不同班级的多选题数据，仍然显示学生对"描写"与"叙述"概念的掌握不够理解。

当难度加大，要求学生对长度都是200～250字的同学作品进行五选一判断时，2019级高一两个平行班的正答率甚至只有40%左右（表2）。

表2 2019级高一（1）、（2）班学生某描写、叙述判断题型正答率统计

届次班级	班级特点		你认为这5个片段哪个（描写雪景）最好？
2019级高一（1）	平行班	33/34	42%
2019级高一（2）	平行班	33/35	39%

所以，高中学生对于描写的概念掌握大多停留在感知阶段。如果不对高中生进行特别的描写知识概念强化，他们在写作中就会很难描写。

2. 我校高中学生在写作中普遍欠缺策略，他们不能自觉地运用写作知识技能

我们多次让不同年级的学生在写作后对自己的写作策略做评价。发现学生普遍不能

有意识地运用基本写作技能写作，大多数学生的写作停留在"跟着感觉走"的状态。

例如，问高二某班学生是否在写作前打提纲或腹稿。只有4人表示会先列提纲，10人表示会先打腹稿，74%的学生选择了边想边写。

问高一某班学生类似的问题时，85%的学生选择了"我凭感觉写作，想到哪里写到哪里"。

即使是高三文科班学生，有意识运用写作知识技能的状况也不是很理想。在议论文写作前问他们"你打算运用哪些技巧？"52%的学生选择了2~3条，48%的学生选择了4~5条。

可见，我校学生有意识运用写作知识技能的问题比较严重，学生写作策略普遍缺失。

3. 我校高中学生写作源头不足

我校高中学生经常感到议论文没得写、没例子。我们设计了互动反馈问题来了解相关数据。

高二学生在回答"我在写作时，遇到的最大困难是"的问题时，有70%的学生选择了"观点主旨不够深刻新颖"，有59%的学生选择了"想不到论据或内容"。

这些数据表明，我校高二学生普遍对人生、社会的认识简单幼稚，或者不能建立写作与生活的联系。

4. 我校高中学生写作自信心需要增加

某次随笔写作后，我们设计了4个选项让上高中2个月的高一某班学生选择，全班34人，3人喜欢写作，愿意写作。15人在努力写，9人应付差事，另有7人逃避写作。这个高一班一半学生是不愿意甚至讨厌写作的。不过，还有将近一半的学生愿意"努力"写好。教师要充分挖掘学生的写作潜力，帮助他们获得写作自信。

（二）基于互动反馈数据的高中生写作能力提升对策

综上所述，互动数据不仅将我校高中生写作问题清晰准确地呈现到我们面前，也明确地指出了改进的方向，让我们更清晰准确地思考改进的可能性。

1. 帮助学生形成写作知识、概念体系

现代认知心理学把技能和策略纳入知识体系，上文所述问题可以归纳为主要是学生写作知识的问题。

高中生阅读写作中遇到的文体有记叙文、议论文、说明文；文学类文体有诗歌、小说、散文、戏剧等；实用类文体有新闻、演讲、科学小品等。这些文体是从不同角度划分的，彼此是有交叉的。大多数学生并没有真正理解这些概念，弄清楚各个概念之间的关系。我们应该着力帮助学生理解概念并厘清概念之间的关系，比如小说和记叙文的关系、议论文与叙述的关系。

认知心理研究发现，专家和新手的区别重点不在于知识量的多少，而在于组织管理知识的方式不同。新手所掌握的知识可能和专家一样多，但这些知识是零散的、孤立的，而专家的知识是有组织的、彼此相互联系的。所以，高中写作教学中，教师应该下大力气帮助学生建立写作相关知识概念的体系，弄清楚各个概念之间的联系与区别，使他们能在写作中有意识地运用这些知识概念。

2. 充分发挥阅读对写作的促进作用

在阅读课中可以落实相关知识概念的教学。语文老师都知道叶圣陶先生的名言，教材无非是个例子。语文教材所选课文，大部分可以做写作的范例。鲁迅先生也说过，凡是已有定评的大作家，他的作品全部就说明着"应该怎样写"。写作教学要重视教材文章对写作的示范作用，要在阅读文章中反复学习写作相关知识概念。

新课标任务群的教学组织形式，更是将阅读和写作密切关联起来，何况在现实的高中语文教学中，阅读课比例往往高于写作课。所以，在高中阅读教学中落实写作需要的概念知识，是比较符合高中语文教学实际的最好选择。当学生能在不同阅读文章里把所有与写作相关的知识概念都梳理清楚的时候，他们在写作中才能有意识、自如地运用这些知识概念。

阅读课为写作提供话题和素材，将极大地改善学生写作中没有内容写的源头问题。尤其是充分挖掘阅读课文的素材功效，既能解决学生源头不足的问题，又能在统一写作素材的前提下凸显写作技能的差异，便于教师掌握学情，也有利于学生互相学习借鉴。

我们尝试了改写、续写等依据课文的写作，或以单元课文内容为论据来写作。例如，读了小说《装在套子里的人》，可以尝试创作小说短篇《别理科夫日记》《别里科夫之死》；读了《包身工》，可以创作小说《芦柴棒的故事》；读了古代经典文化单元，可以学写议论文《从古典名篇中悟为人处世的道理》。

3. 写作教学应指导讲评并重

教材课文达到的写作水平与我校高中生的实际写作水平之间的差异是不言而喻的。所以，要结合学生写作实际，利用写作指导课和讲评课解决学生具体写作中的问题。写作之前帮学生明确写作练习的重点，提示思路结构，解决素材问题，写作策略训练等。写作之后，结合学生作品比较"不能怎样写"和"应该怎样写"也是必要的一步。鲁迅先生就强调，学习是必须知道"不应该那么写"，才会明白原来"应该这么写"的。因此，写作指导课和讲评课同样重要，教师要精心设计训练讲评的目标，利用包括互动反馈技术在内的多种评价手段，来准确监控教学目标的达成。

4. 合理运用互动反馈技术

互动反馈技术的即时数据有助于教师和学生了解知识概念的掌握情况，能够促进教师对写作精准定位的思考，在教授知识概念和作文讲评时，都可以适当设计运用。但要注意的是互动反馈技术不能代替所有常规教学手段，教学中更不能喧宾夺主，忘记写作教学目标的落实才是写作教学的主要任务。互动反馈问题需要精心设计，所占课堂时间要控制在合理范围内。

5. 关于学生写作情感态度的问题

随着学生写作知识概念的清晰，写作素材等源头问题的解决，他们的写作自信心将会增加，厌恶写作的情绪会有效消除。

五、反思与讨论

（一）技术改变评价，评价促进教学

互动反馈技术生成的即时数据和后台数据让教和学的过程看得见，使课堂学习过程形成性评价成为可能。要想获得有效的反馈数据，让数据为写作教学服务，做到教学目标精准定位，目标达成情况精准评价，教师就要精心设计教学目标和选择活动反馈题目。课堂数据和后台数据促使教师不断反思。在这一过程中，有了数据的支持，教师对写作能力目标分类的思考和教学目标的设置前所未有的深入和清晰，教师对高中写作教学有了新的期待和认知，对于高中写作到底要"教什么""怎么教"的长久困惑有了比较明确的答案。总之，互动反馈技术能促进和实现高中写作教学和评价的精准化，从而改变高中写作教学"不知怎么教"的困局。

（二）高中教学目标分类是互动反馈技术与高中写作教学融合的关键点

研究过程是我们对信息技术与学科融合深度体验与思考的过程。信息技术与学科深度融合，关键在找准融合点。高中教学目标分类是互动反馈技术与高中写作教学融合的关键点。

在研究中，我们在实践层面做得较多，对写作教学理论和学习理论的研究相对较少。我们高中作文教学的写作能力形成性分类标准，主要参照高中会考、高考作文评价标准，结合我校学情编制。

在实际实用过程中，我们感到高中写作能力分类比较复杂，尽管我们采用分记叙文、议论文目标量表的办法来解决了一些问题，但分类中仍有许多值得推敲的地方。实践研究中还不断产生新的问题，比如，记叙文（小说）的叙事视角和人称应该归到哪个目标分类？由于目标分类和评价量表比较复杂，收集整理数据时，感觉难度比较大。在这一点上，需要借助更多更深入的理论研究，让目标分类更科学准确，便于操作。

新的高中统编教材不再将阅读和写作分开编排，对高中写作教学提出了新的要求。新课标和新教材都没有提供详细写作教学的具体目标分类。一线教师应该注意高中写作能力目标分类问题的理论研究进展，提升写作教学理论水平，更好地落实高中语文新课标和新教材对写作的要求。

参考文献

［1］白静敏.中学语文教育评价在新课程中的具体应用［D］.大连：辽宁师范大学，2005.

［2］布兰思福特.人是如何学习的：大脑，心理，经验及学校［M］.上海：华东师范大学出版社，2013.

［3］布鲁姆.教育评价［M］.邱渊、王钢、夏孝川，等译.上海：华东师范大学出版社，1987.

［4］陈钰.利用互动反馈系统提升作文教学效率［J］.中国信息技术教育，2011（15）：2.

［5］梁波，杨樾.互动反馈技术究竟给我们带来了什么［J］.中小学信息技术教育，2010（1）：2.

［6］倪文锦.语文教育展望［M］.上海：华东师范大学出版社，2002.

［7］皮连生.智育心理学［M］.北京：人民教育出版社，1996.

［8］区培民.语文教师课堂行为系统论析：课程教学一体化的视点［M］.上海：华东师范大学出版社，2001.

［9］王俊鸣.让学生获得语文智慧［J］.教育（周刊），2016（1）：1.

［10］王梦奎.怎样写文章［M］.北京：中国发展出版社，2009.

［11］吴明发.高中语文教学中如何顺利实施形成性评价之我见［C］//2016年全国教育科学学术交流会.2016.

［12］严超.互动反馈系统（IRS）在教学中的应用与研究［D］.上海：上海师范大学，2008.

［13］张晓彬，李霜爽.互动反馈系统（IRS）及其对传统课堂教学的优化设计［J］.现代教育科学（普教研究），2007（10）：87-88.

［14］赵雯.初中语文教学中基于不同学情的形成性评价方案差异化设计研究［D］.天津：天津师范大学，2013.

［15］中华人民共和国教育部.普通高中语文课程标准（2017年版）［M］.北京：人民教育出版社，2018.

［16］中华人民共和国教育部.普通高中语文课程标准（实验）［M］.北京：人民教育出版社，2003.

改造我们的学习

——论证的力量

田丽珍

一、教学设计整体介绍

《改造我们的学习》是《普通高中教科书语文（选择性必修中册）》第一单元第二课。本单元是科学与文化论著任务群。《普通高中语文课程标准（2017年版2020年修订）》在谈到本任务群"学习目标与内容"时指出："学习体验概括、归纳、推理、实证等科学思维方法，把握科学与文化论著观点明确、逻辑严密、语言准确精练等特点。"教材单元研习任务一指出："本单元观点鲜明，论述透彻，思维缜密，语言准确。"阅读本单元有助于"发展思维。"单元研习任务三要求："运用理性思维深入思考，有理有据地把道理说清楚。"《普通高中教科书语文（选择性必修上册）》第四单元是《逻辑的力量》。然而，一个单元的逻辑理论学习并不足以让学生的逻辑推理能力得到提升，需要在阅读写作中不断实践。《改造我们的学习》是社会科学论著经典名篇，也是论证典范。

在畅言智慧课堂互动功能中，即时的数据评价往往能引起学生的学习兴趣，也能帮助教师了解学情，即时调整教学内容和教学方式；抢答、随机点名等功能能够增加学生的参与兴趣。智慧课堂可以为学生提供互评机会，促进生生互动。

本节课拟以《改造我们的学习》为文本，以"论证的力量"为突破点，探索如何在智慧课堂的信息技术支持下突破"论证"这一难点。

二、教学过程设计与实施

（一）问题导入

教师通过提问"人们通常接受认可某个观点的4种选择，哪种选择更经济可靠"来帮助学生了解论证说服力的由来，思考议论文中论证的重要性。接下来，通过智慧课堂推出多选投票测试1：《改造我们的学习》的说服力来自何处？这个投票测试不设正确答案，一是测试学生是否意识到议论文的论证力量主要来自论证；二是提醒学生，文章的说服力主要来自论证，但不止来自论证。

学生选 A 项 11 人，B 项 10 人，C 项 31 人，D 项 16 人。基本与教师预期一致。问学生选 A、选 B 是否有理由，学生不能顺利答出问题，基本停留在凭感觉的状态。

（二）整体把握分析：《改造我们的学习》论证力量分析

教师介绍《改造我们的学习》的论证做到了论证方法多样，推理正确；论据丰富充实，有说服力；论证思路严谨，条理分明；语言准确，修辞使用得当，说理深入浅出 4 个方面，明确本节课学习的目标。通过智慧课堂推出多选投票测试 2：你最想展示对哪一条的理解？测试结果数据是 3 人选择 A 项，7 人选择 B 项，27 人选择 C 项，4 人选择 D 项。全班上课 31 人，有不到 10 人选择了讲解 2 项以上。教师安排学生讲解展示得票多的 C 项，即论证思路严谨这一项，来测试学生是否真正理解。

用抢答、随机点名等功能辅助点人讲解。学生讲解可利用智慧课堂批注功能勾画电子教材全班展示。教师根据学生讲解情况，适当提示补充，适时提醒学生可以截屏保存重点或难点。

对于学生选择较少的另外 3 项，教师提供预先准备的资料和更多的讲解，帮助学生学习。

教师预设示例：语言准确、生动，修辞使用得当；多用判断句；101 个"是"；多用关联词语（复句）朗读相关举例；通过修辞（长短句，比喻、引用排比等修辞手法等），使文章具有说理深刻透彻又通俗明白的特色。

（三）思考提升：论证与思维

教师带领学生复习论证和推理的基本概念。思考推理论证的联系和区别。

学生填表思考。教师明确，论证方法除了我们熟悉的 4 种方法，还可以通过演绎、归纳直接论证。通过填表（表 1），引导学生思考理论论据与事实论据在文中的比例，进一步体会讲道理和摆事实的关系。要求学生通过智慧课堂上传学习成果。上传之后，学生可以互相查看点评学习成果。

表 1　论证与思维复习课教学用表

论点	论据	论证、推理方式
	中国共产党的 20 年发展史 中国百年近代史	归纳、对比（演绎）
我们还是有很大缺点的		归纳、类比

（四）总结评价

教师总结论文的说服力首先来自论证的力量，论证的力量依靠论证方式、论据丰富正确、论证思路严谨、论证语言准确有力。另外，具有针对性，借助权威，以情动人可以增强说服力。然后，通过智慧课堂推出多选投票测试3：课堂学习成果自评。自评选项实现本课教学目标，自评数据会在一定程度上反映学生对于本节课的掌握程度。

三、课堂评价和反馈效果

（一）智慧课堂互动测试数据评价对于学情的精准了解

语文教师经常凭经验来评判学生的掌握程度。但是，教师的经验经常因不同届次、班级学生的不同而失去效用。智慧课堂为语文老师的经验判断增加了数据判断的可能性，让教师能够迅速地了解哪些经验是适用于新的学生。特别是当出现教材教学内容的变动、教师的相关经验不够丰富时，数据评价往往能帮助教师准确了解学情。

本节课从逻辑论证的视角来完成议论文教学，对教师来说就是经验不足的挑战。教师试图帮学生构建论证的知识体系。智慧课堂的互动测试功能，尤其是投票功能，支持没有正确答案的多选测试，能让教师和学生及时了解学情，安排教和学的内容。

本节课开始环节的两次投票测试数据，对于教师的学情预估有验证功能。数据和课堂表现结合，能帮助教师对本节课内容的掌握情况有更精准了解，对于后续的教学提供了更精准可靠的备课依据。例如，投票多选测试2学生大量选择C项，跟前两节课教学内容有密切的关系。其他选项选择人数少，表明这个班学生对论证这一知识点的理解认知整体水平不高，比教师预计的还有困难。结合学生课堂讲解表现，教师应该对论证这一部分增加教学课时和练习内容。

（二）智慧课堂为学生展示学习成果和生生互相评价提供平台

智慧课堂的主观题拍照上交方式和批注上交方式，在展示学生成果时都能实现提交后浏览评价他人答案的功能。学生有机会自由地浏览他人答案并有点评的机会，给学生一些个性化学习的空间。

智慧课堂的学生讲解功能支持学生多人讲解，可以同时看2～4个学生标注课文层次结构或重点，对于学生的思考提供更多的刺激信息，也为更多的学生提供展示机会。

智慧课堂抢答、随机点名等功能能够增加学生的参与兴趣。

四、智慧课堂的优势和使用注意事项

智慧课堂给高中语文教学提供了创新的平台，除了互动功能还能提供在线资源，课文朗读、相关视频等在线资源可以方便使用，这些功能都有助于语文学习。

智慧课堂也对教师提出了新的挑战。让语文课与信息技术在智慧课堂深度融合，要求教师有更高信息技术应用素养和更高的教学设计水平。比如，本节课运用的互动数据

评价功能，想要得到真实有效的评价数据，要求教师对学科教学内容目标和学情进行深入研究，设计指向目标的问题，题型及选项的数量也需要认真思量。随意设计的测试问题是对正常教学的干扰，智慧课堂也促进教师精准教学设计。

网络环境下初三学生居家自主锻炼的实践研究

黄 莉

线上、线下融合教学的特殊时期,如何居家学习与科学锻炼、增强体质、促进学生身心健康成长已然成为社会各界关注的共同问题。网上推送的居家锻炼视频非常丰富,具有一定的普适性,但系统性、针对性有所欠缺,有课程结构不够完整等问题。因此,我们结合学校教育教学工作实际情况和学生的居家锻炼实际需求,以学生应对中考体育为主题,根据居家体育锻炼内容和计划,制作了大量的"居家自主锻炼课程"视频,构建了自主教学模式,设计了相应的教学计划和课时,以落实"校内外每天1小时"和"线上、线下融合教学"要求,指导学生进行科学、系统的体育锻炼,使学生在网络环境下通过教学视频有效地进行课程内容的学习,以提升学生的自我管理能力、激发学生的自主学习动机,培养学生自主锻炼能力。同时,切实保证学生每天1小时,为开展有限空间的体育锻炼方案提出新的思路与建议。

一、研究的目的和意义

教育部2021年9月印发《关于全面加强和改进新时代学校卫生与健康教育工作的意见》,提倡中小学生增加体育锻炼时间,按照教会、勤练、常赛要求,保障学生"每天校内、校外各1个小时"体育活动时间的要求,结合学生身心发展的需要和居家锻炼实际情况,创设不同类别、不同方式和特点的初三学生居家锻炼内容,并按课程结构制订活动计划,构建了自主学习和锻炼的多样化模式,以指导学生科学锻炼,激发学生参与热情,提高学生运动能力和自主管理能力,增强体质,培养学生终身体育意识和自主学习的习惯,促进学生身心健康发展,推动家、校、社一体化。

二、自主学习目标

在网络环境下,使学生建立自主学习、科学居家锻炼的意识,了解体能发展的基本原理和主要方法;激发学生在家主动参与锻炼的兴趣,提高自主性。

在网络环境下,通过坚持居家自主锻炼,使学生掌握健身的基本知识、技能,实施体能锻炼计划,根据自身情况确定锻炼方式,控制锻炼的频率、强度和持续时间等;增强体质,磨炼意志,提高自我管理和自主学习的能力,促进学生身心健康发展。

在场地受限的条件下,通过家长陪伴与互动,建立良好的亲子关系,带动家庭健身

三、教学计划内容

（一）内容及分类

课堂教学内容和形式相结合，把部分专项练习和技术动作进行重组，依据类别、运动时间和运动强度分别安排在热身部分、核心力量技术和提高心肺的基本部分及最后的放松拉伸部分，具体安排如表1所示。

表1 首都师范大学附属云岗中学初三年级课时结构安排

结构	类别	运动时间/min	运动强度	练习内容
热身部分	准备活动	4	低	徒手操、轻器械体操、动感健身舞等
基本部分	专项技术	10	中	球性练习、实心球技术、篮排球专项指导
基本部分	力量素质	16	中	利用矿泉水、拉带、椅子、哑铃、垫子等轻器械力和徒手力量素质练习
基本部分	有氧耐力	6	高	有氧健身操、有氧耐力等
放松拉伸部分	放松舒缓	4	较弱	轻缓舞蹈、垫上拉伸、瑜伽等

（二）课程计划

根据男女性别差异设计安排了初三网络自主学习的周计划，按一周一个单元，每个单元5次课，每课时40分钟（表2至表4）。

表2 首都师范大学附属云岗中学初三年级课时教学计划（体能）

准备活动	专项练习	有氧耐力	放松拉伸
1分30秒跳绳×2 开合跳30次×2	1分钟高抬腿×3 （男120次/女100次） 深蹲×3 （男20次，女15次） 深蹲跳×3 （男20次，女15次）	1分钟跳绳测试×3 （男160次，女150次）	坐位体前屈×3组 （15~20次）

表3　首都师范大学附属云岗中学初三年级课时教学计划（球类）

性别	准备活动	球性练习	身体素质	放松拉伸
男	快速高抬腿50次×2 开合跳30次×2 直膝跳50次×2 原地小碎步30次×2	手指拨球、胯下绕八字、胯下拍球绕八字、单手前后拉球、高低运球、原地左右变向+完整绕杆练习	1分钟跳绳测试×2 俯卧撑30次×3 弓步跳20次×3 仰卧举腿15次×2	坐位体前屈×3 （15~20次）
女	韵律操4×8拍 V字步、吸腿跳、开合跳、踢腿跳、提膝跳、垫步跳	徒手模仿练习、击固定球、1次自抛自垫球、连续垫球总计300次、限制区模拟测试2次	跪姿俯卧撑20次×2 仰卧起坐45次×2 立卧撑15次×2 平板支撑60秒×2	瑜伽+垫上拉伸

表4　首都师范大学附属云岗中学初三年级课时教学计划（实心球）

性别	准备活动	模仿+力量练习	有氧耐力	放松拉伸
男	韵律健身操： 伸展、头部、扩胸、腹背、跳跃运动	技术模仿徒手练习；挺髋振胸、振胸鞭打、俯卧撑、卧推、两头起、俯卧背起	有氧跑跳操： 吸腿跳、弓步跳、开合跳、攻击步、深蹲跳、登山跑	瑜伽放松： 大拜式、下犬式、摩天式
女	韵律健身操： 伸展、头部、扩胸、腹背、跳跃、体转+体侧、腹背、跳跃	技术模仿徒手练习；负重臂屈伸、跪姿俯卧撑、卷腹击掌、俯卧背起、蹬伸跳	有氧跑跳操： 开合跳+吸腿跳+小马跳+转髋跳+交叉步跳+踢腿跳	放松舞蹈

以上的专项锻炼内容具有实效性和可行性，学生可以根据选项的需求选择性完成所需组别，也可以根据动作的难易程度分类组合学习，因地制宜。同时，可以根据自身情况自主选择，也可以在教师指导下科学合理安排，但要注意合理间歇时间，体质较弱的男生可减轻难度、减小强度，做到区别对待。另外，学生可选配自己喜欢的音乐进行练习，以激发兴趣，提高动作节奏的把控能力，培养自主创新力。

另外，针对初三体育中考的学生设计了提高心肺功能的有氧健身操或跑跳组合，以指导同学们进行专项和有氧耐力的练习，增强体质，为初三体育打好基础。

四、实践与评价

本年级共有7个教学班，利用上下午时间做了统一安排，男女生分班教学，分别由两位老师担任网课教学，按1个单元5次课，技术模块4次课的计划，采用微课、网络、腾讯会议、Zoom等网络方式进行分班教学，90%的学生能按计划内容进行自主学习锻炼，男生按专项技术练习内容的比例较女生大。学生普遍认为，网课推出后练习内容丰富、新颖、形式多样,练习的针对性更强,经过第1个阶段的实践,同学们取得很大进步,效果较显著(表5)。

表5 首都师范大学附属云岗中学初三年级网络课程安排

时间	星期一	星期二	星期三	星期四	星期五
8:40-9:20	1、2/3、4班	1、2/3、4班	1、2/3、4班	1、2/3、4班	1、2/3、4班
4:30-5:10	5、6/7班	5、6/7班	5、6/7班	5、6/7班	5、6/7班

(一)学生参与网络学习情况

如图1所示,我们通过全年级调查发现,男女生愿意参加线上居家自主学习的比例较接近,非常愿意的男生比女生大,全年级男生123人中有43人(占男生的近35%)非常愿意,而女生愿意参与的愿望比男生稍高。

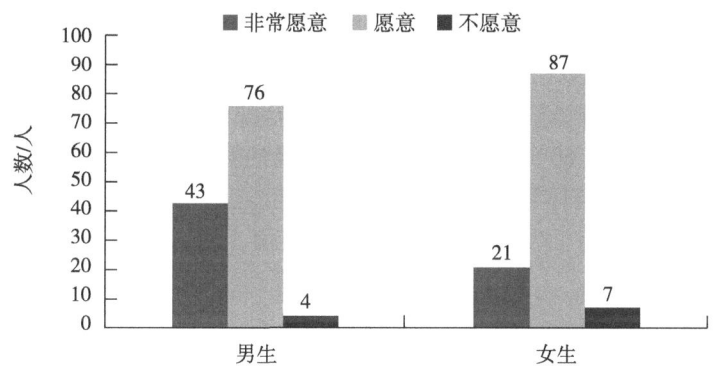

图1 首都师范大学附属云岗中学初三男女生居家锻炼参与意愿调查

通过调查反馈(图2):在238名学生中有207人(87%)对线上学习持有肯定的态度,并能自主管理,按教学计划自主学习;在教师的监管下发现,全年级238名学生中有13%的人因多种原因不能参与网络学习。在这31人中有15人(6%)挂机,4%的极少数人因为网络的技术问题不能参与,基本是家里网不好造成的,3%的个别学生不参与网络学习,愿意自行安排。

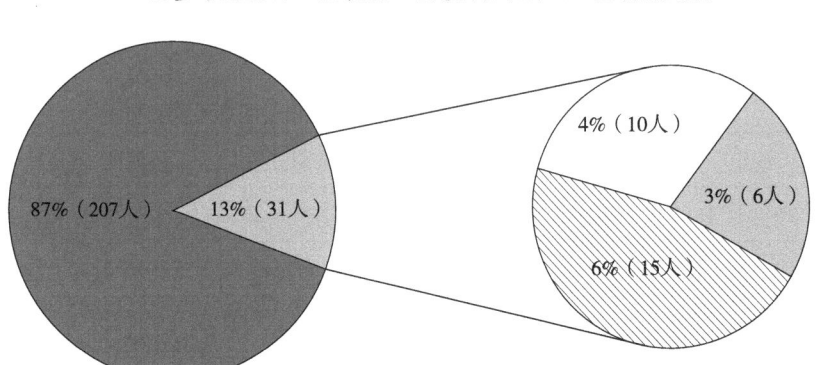

图2 首都师范大学附属云岗中学初三学生自主学习参与现状调查

（二）实施网络课程前后学生自主锻炼的时间变化

从图3可以看出，在推出网上直播和直播课前后，学生自主练习的时间明显加长，每日锻炼5～10分钟的人数由原来的127人下降到28人，每天坚持锻炼20～40分钟的人数由38人已上升至161人，每天锻炼40～60分钟的学生也明显增多，37人（15%的学生）能保证每天40～60分钟以上。参与的积极性明显提高，丰富了学生居家自主锻炼的内容，全面提高学生身体素质，满足了特殊时期线上、线下融合教学和初三学生的实际需求，在学生身心健康方面发挥了应有的功能和价值，使每天的运动基本得以保证。

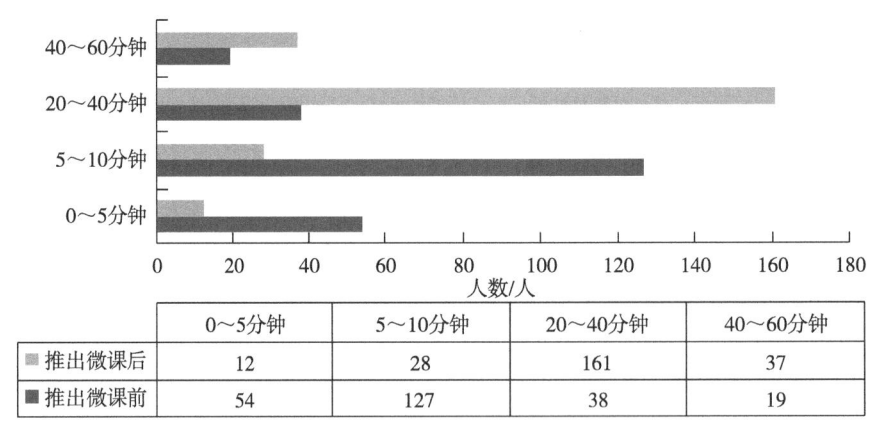

图3 推出网课教学后学生锻炼时长变化

（三）在线教学实践效果

线上、线下融合教学的特殊时期，实施网络教学课程以整体化、统一安排课程进度、全面开展体能练习为主、专项技术为辅的在线教学，结合教学计划录制的男女生微视频

第二单元　基于学情数据的精准教学
网络环境下初三学生居家自主锻炼的实践研究

和初三专项技术的自主锻炼视频，利用上下午大课间时间段采用网络直播和腾讯会议等方式教学，直接指导学生进行科学健身并按计划自主锻炼。

经过第一阶段实践，学生普遍熟练掌握了多种热身与拉伸、核心力量、上下肢爆发力等技术动作的练习方法，大部分学生能自觉按计划自主选择模式进行练习，极大地增加了学生体育锻炼方法的储备量，能较好地实现与完成特殊时期的教学目标，符合特殊时期学生的学情，也丰富了学生的学习内容，提高了学生自主学习的积极性。

图4是初三（4）班女生分阶段自测排球、仰卧起坐、有氧心肺三项成绩的比较，实施网络课程后，按教学班1周进行1次小测试，2周进行中考项目的测试，以检查学生居家自主锻炼的情况，学生通过微信上报的自测成绩，由此得到学生的进步幅度。

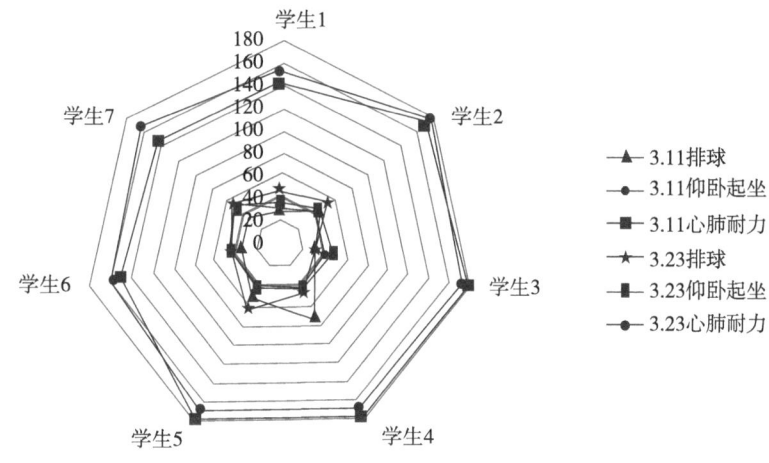

图4　初三（4）班女生二次自测成绩比较

通过两个阶段前后两周上报成绩的比较，从表6可知学生自测的各项成绩明显提高，体能也在逐渐加强，运动后的心率达到150～160次/分的有5人，尤其是排球成绩明显提升，由此看见学生的进步幅度鲜明，效果较显著。

表6　初三（4）班女生课堂自主锻炼两次测试成绩对照（8人）

项目	成绩	人数/人	成绩	人数/人	成绩	人数/人
排球	增加6～9个	3	增加10个以上	3	增加20个以上	1
仰卧起坐	增加2～3个	1	增加4～6个	4	增加6个以上	2
有氧跑跳（4'30"）	140～150次/分	2	150～160次/分	5	130～140次/分	1

（四）不同群体满意度分析

通过网络自主锻炼满意度调查可以看出，在238名学生中满意的有226人，占95%，其中非常满意80人，占33%；在165名家长中，有163人满意，占99%；16名教师中100%的教师对线上自主教学模块持满意态度。

（五）评价与反馈

实施网络课后，2周进行1次小测试，1个阶段进行综合测试，采用小组合作、组间相互督促完成，还采用部分项目自我测试等多种方式以检查学生在家学习的情况，各教学班通过微信上报的自测成绩来进行自我评价，从学生上交的感受和家长的反馈里可知效果显著。

由此可知，在推出网上直播和微课后，学生居家自主锻炼时间明显加长，参与的积极性和成绩均有所提高，自主学习的能力也有所提升，网络学习丰富了学生居家锻炼的内容，全面提高了身体素质，满足了特殊时期初三学生的实际需求，也使自主学习模块多样化，同时为中学生自主学习能力的培养开辟了一条新路径。

五、结论与建议

（一）结论

以多样化教学视频为指导，通过网络教学为学生提供学科自主学习平台，激励了学生参与的兴趣，满足了特殊时期线上、线下融合教学和初三学生的实际需求，实现了多元化的自主锻炼空间，为学生的终身体育奠定了基础。

通过实践，学生对自主锻炼的认知有所增强，参与体育锻炼的积极性有所提高，87%以上学生愿意参与并能在计划的指导下自主锻炼，使每天的运动基本得以保证。

从网络教学满意度可以看出，95%以上的学生和家长持有肯定的态度，大家普遍认为网络教学使居家自主锻炼内容更加丰富，形式更加多样，针对性和实效性及网络互动性更强，也便于教师与学生的交流与沟通，拓展了体育的教育功能。

在推出网上直播和微课后，学生锻炼时间明显加长，86%的学生能保证每天20～30分钟以上的锻炼时间，体能也在逐渐加强，各项成绩明显提高，运动后的平均心率能达到140～160次/分。因目前网络教学资源针对性不够、学生的自我管理能力不足、居家锻炼条件受限等诸多问题，现阶段达不到预期的运动效果。

（二）建议

在落实校内外各"1小时"和线上线下融合教学的同时，应关注家校联动，确保学生安全的情况下共同管理和指导学生自主锻炼，发挥学生骨干作用。

充分利用大数据和网络设计自主锻炼的新方案并整合运用，微课的录制和视频资料制作要有针对性，及时更换内容，适合学生自主选择、自主锻炼，可应用于特殊天气下的网络教学，使其得到延伸与拓展。

以学生为本，注重学生的个体差异，多关注学生的心理感受和情感体验。把学校体育与居家锻炼更好地结合，使自主锻炼常态化，促进"课内外一体化"的开展和融合。

参考文献

［1］褚哲，李国锋.多媒体技术与互联网在高校体育课教学中的应用［J］.武汉体育学院学报，2012，46（4）：158-159.

［2］焦建利，周晓清，陈泽璇.疫情防控背景下"停课不停学"在线教学案例研究［J］.中国电化教育，2020，398（3）：111-112.

［3］教育部.教育部关于2020年春季学期延期开学的通知［EB/OL］.（2020-01-27）［2020-02-12］.http://www.moe.gov.cn/jyb_xwfb/gzdt_gzdt/s5987/202001/t20200127_416672.html.

［4］庞维国.论学生的自主学习［J］.华东师范大学学报（教育科学版），2001（6）：78-83.

［5］项亚光.体育"三自主"教学形式的推行现状、影响因素及对策［J］.科技信息：科技教育版，2006（10）：102.

［6］张得保.肺炎疫情下普通高校体育课在线教学的实施与思考［J］.沈阳体育学院学报2020，39（3）：10-17.

第三单元　基于学科应用的混合教学

开展线上项目学习　突出数学核心素养

——基于数字工具支持的数学建模研学案例

胡慧慧

一、教学设计整体介绍

新修订的 2020 版《普通高中数学课程标准》中，明确要求数学建模活动与数学探究活动以课题研究的形式开展，在必修课程中，要求学生完成其中的一个课题研究。另外，在课标实施建议中的第 5 条，明确指出"重视信息技术运用，实现信息技术与数学课程的深度融合"，教师应该利用计算机（Excel、R 语言、SPSS 等）解决大规模的计算，利用计算机绘制合适的统计图表，分析数据，解决实际问题，从而突破数学建模中计算量大、绘图难的教学实施难点。

由此，依托互联网优势，基于数字工具，展开数学建模项目学习，成为这个特殊社会背景下去实现的一种必然。下面简单谈谈这次数学建模课题线上实施的过程。

课题活动目标的制定：

（一）课题背景分析

依托年级特色文化"云诚"，本次数学建模活动就是借力年级特色文化展示活动系列之"数学建模展示与答辩"。本活动将通过不同的实际问题情境，经历数学建模从选题、开题、做题、到结题的全过程。在这个过程中，如何从实际情境中用数学的眼光发现和提出问题，实际问题数学化，收集数据及建模，都将成为挑战学生勇气与意志力的难点，经历这个完整过程将有助于提升学生的数学建模、数学抽象等数学核心素养。

由此确定本次建模活动的课题活动重点：将实际问题转化为数学问题，数据的收集与函数模型的选择和建立。

（二）学情分析

学生已有的认知基础：本节课之前，学生已经学习了一次函数、二次函数、反比例函数、指数函数、对数函数等函数模型，并基本掌握各类函数模型的图像、基本性质，能初步根据函数图象识别函数。高一上学期"建立函数模型解决实际问题"的数学建模教学中，教师带领学生通过4个实际问题的例题，让学生初步感知了数学建模的过程。高中信息技术的学习，为学生完成分析报告提供了技术支持。

学生面临的问题：我校为丰台区普通高中基础薄弱校，学生基础知识薄弱，动手能力不强，综合能力弱。对于从实际情境中用数学的眼光发现和提出问题，实际问题数学化，收集数据，以及建模过程中模型的选择（函数模型判断）存在一定困难，对于模型质疑检验解释能力不强，需要教师点播引导。

由此确定本次建模活动要突破的课题活动难点：将实际问题转化为数学问题，函数模型的建立。

基于以上综合分析，确定本次建模活动的课题活动目标如下。

（1）通过现实问题情境（外卖送餐保温、公交车扶手优化、学生BMI等），选择课题、撰写开题报告，通过直接获取（调查问卷、实地测量等）或间接获取（网络下载等）获取数据，根据分析、猜想建立模型，检验模型，并最终应用建立的模型解决现实问题。

（2）通过经历数学建模的全过程：组建团队、开展活动、撰写报告、交流展示，培养学生的动手操作、团队协作的综合实践能力，以及数学建模、数学抽象、逻辑推理等数学核心素养。

（3）数字工具（统计软件R、Excel、图形计算器等）和互联网（微信、腾讯会议等）的使用，体会现代科技在解决实际问题中的便利，提升学生的学习热情。

二、教学过程设计与实施

2022版课标指出数学建模活动是对现实问题进行抽象，用数学语言表达问题、用数学方法构建模型解决问题的过程，主要包括在实际情境中从数学的视角发现问题、提出问题、分析问题、构建模型、确定参数、计算求解、检验结果、改进模型，最终解决实际问题。

数学建模活动实际上是课题研究过程从选题、开题、做题、到结题的全过程。

阶段一（选题）：教师提供参考课题+学生自由选择课题并组建研究团队

立足我校学情的实际，让不同的学生都有所发展。在素材把握上，主要将学生的兴趣点与数学结合，最大限度地调动学生的主观能动性。选题的方式为学生自由选择。

教师精选课题，为学生提供了9个可参考研究问题，分别是云岗中学高中生BMI值数据分析、物理和数学成绩的关联性分析报告、电子产品的使用与学习的关系、课外班对学习成绩的影响分析报告、2018NBA季后赛总决赛后卫前锋球员得分和上场时间的分析、关于读书量调查分析报告、高峰期学校门前十字路口红绿灯周期时间的设计（两组红绿灯联网时间差的设计）、外卖送餐保温问题研究、公交车扶手的优化。

在寒假放假前，选题工作已经完成。学生根据兴趣，自由组建团队。最终2个班43位同学，共分为10组，每组4~5人，每组选定了不同课题。

阶段二（开题）：学生自主分工 + 线上展开开题报告

开题前的准备工作，如明确课题报告的格式，小组分工，建模任务规划计划，设计调查问卷，开题报告等（详见附件）。

阶段三（做题）：小组互助合作 + 线上合作研学阶段

本环节是数学建模的核心环节，学生要真正经历建模的具体过程（图1）。

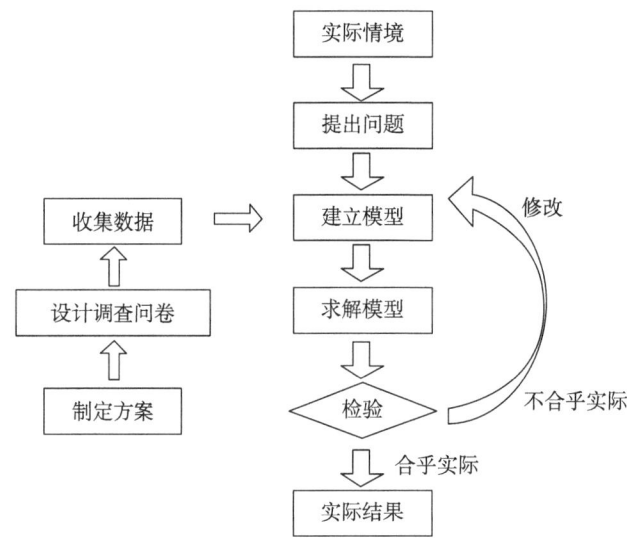

图1 数学建模的步骤

各小组内成员根据自己的分工，完成分内任务，有困难的地方线上相互讨论，互助合作。具体过程如下：

（1）利用微信，建立线上数学建模组长群（组长负责制）。

（2）制定并实施测量（实验）报告，线上线下收集数据。

例：通过设计实验，亲身采集数据（表1、表2）。

表1 高温无风（空调升温，门窗紧闭的密闭空间）

环境温度/℃（室温）	初始水温/℃	空气流动情况	备注
30	80	无	空调升温

表2 水温随时间的变化

经历时间 t	水温/℃	经历时间 t	水温/℃
0	80	2.90	75

续表

经历时间 t	水温 /℃	经历时间 t	水温 /℃
5.91	70	27.58	50
9.60	65	31.33	48
14.23	60	37.83	45
19.97	55	42.93	43

例：直接测量数据。

红绿灯联网时间差组相关数据的测量：利用手机实时定位测量马路宽和长。

（3）基于数字工具支持下的建模过程。

教师微信指导学生用 R 语言等编程软件。

输入 R 语言程序如图 2 所示。

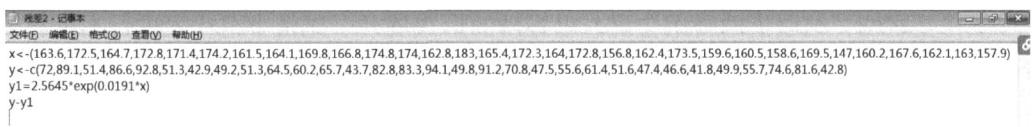

图 2　R 语言程序

学生借助 Excel 的数据处理（图 3）。

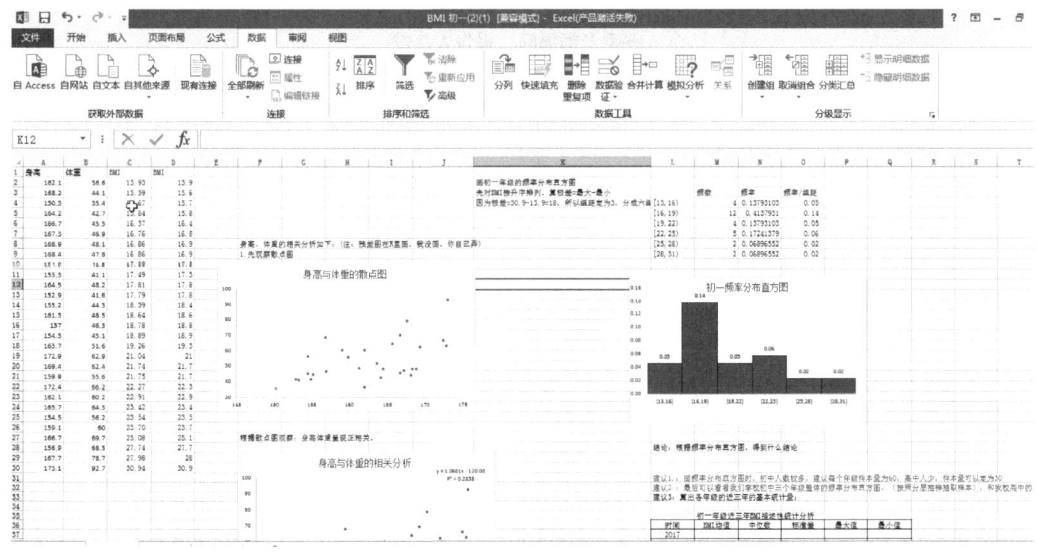

图 3　Excel 数据处理

教师指导：对建模分析给出建议（图4）。

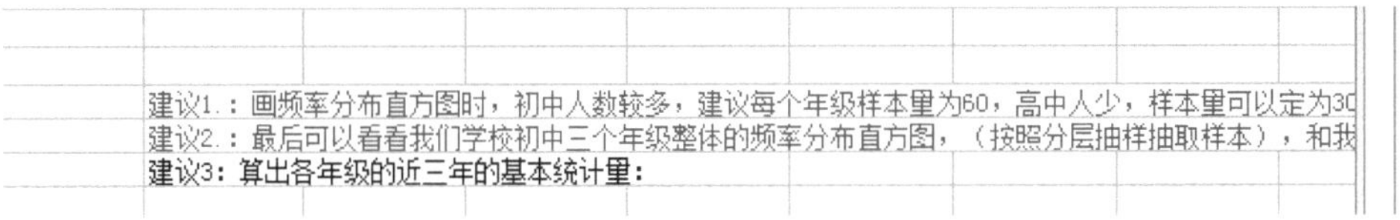

建议1.：画频率分布直方图时，初中人数较多，建议每个年级样本量为60，高中人少，样本量可以定为30
建议2.：最后可以看看我们学校初中三个年级整体的频率分布直方图，（按照分层抽样抽取样本），和我
建议3：算出各年级的近三年的基本统计量：

图4 教师建议

教师指导：利用微信语音、视频等对学生进行线上的“建模过程的解模计算给出指导”。

设计意图：通过指导学生使用数字工具（统计软件R、Excel、图形计算器等）和互联网（微信、腾讯会议等）的使用，体会现代科技在解决实际问题中的便利，提升学生的学习热情。

阶段四（结题）：借助腾讯会议，小组线上交流与汇报成果与不足

依托互联网，结题借助腾讯会议，以答辩的形式展开。先是小组代表进行本组建模分析报告的展示，然后是教师的答辩提问，学生再针对报告进行提问（图5）。

小组代表分析报告展示
评委老师提问、报告人答辩
学生提问、报告人答辩

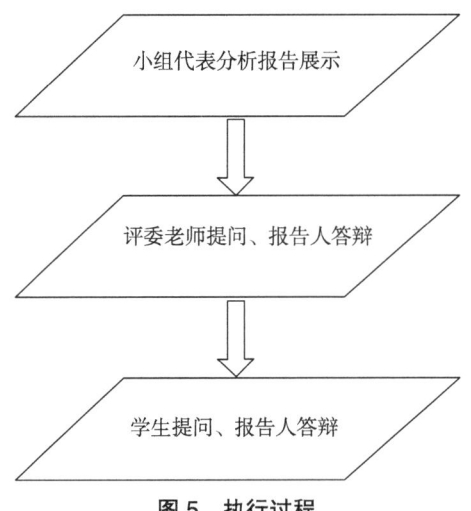

图5 执行过程

设计意图：通过报告的展示，老师与报告人的互动，学生与报告人的互动，进一步突出巩固教学重点内容，引发学生对数学建模进行系列整理与思考。建模展示汇报课的最后答辩环节，评委将依据数学建模的评价要点，评判学生的建模报告达到数学建模素养水平的哪个等级，是否可以结题等，以此促进学生基于数学思维运用模型解决实际问题的综合实践能力。

三、课堂评价和反馈效果

评价数学建模的成果不仅关注结果，更要关注过程。因此，数学建模的评价是对整个数学建模过程给予评价。

评价方式：教师评价、学生小组内评价及学生自评相结合。

设计意图：①及时对学生的成果给与肯定和表扬，增加学生自信心，提高学生数学学习兴趣，培养学生正能量的情感态度价值观。

②对于建模课的教学，教师及时点评，回馈给学生关键信息，指出学生建模中的问题，点出问题可能出在哪儿？点出针对性改进的东西，达到学生的建模能力进一步提升的效果。

四、数学建模学习活动的反思

我校学情是学生基础薄弱，以前弱的学生不敢发言，通过在课余时间去做一些事情，现在学生争着发言，因为真的做了，所以有心得，学生高参与度与强烈的学习热情是这次活动比较成功的地方。但由于时间、地点、设施等条件制约，仍有许多值得改进的地方。这次建模活动引发我反思，主要有以下两点。

（一）精选探究课题，扩充数学建模的内涵和外延

一次建模活动的成功正是起始于一个好的课题。这里的"好"不是指这个课题多么深奥，多么高大上，而是有意义又适合学生的。因此，对教师而言，精选探究课题直接决定建模活动的成败。那么，教师如何精选探究课题呢？

1.阅读现有教材或已有研究论文，用同样的方法研究类似问题

例如，人教A版教材必修1，提供了"水的温度随时间的变化规律"建模过程，有条件的学校可以改进实验设计，用温度传感器代替温度计，直接连接电脑，得到实验结果，进而提高实验数据的精准性；我们可以研究冻肉等生鲜食品的温度随时间的变化规律，探究外卖小哥的送餐保温问题。

2.阅读现有教材或已有研究论文，换个研究角度，或者更换研究问题的背景进一步探究建模

例如，北师大版必修一，提供了一个生活实例。在一个十字路口，绿灯亮起的15秒，在一条直行道路上能有多少汽车通过十字路口？那么，我们在这个问题的研究基础上，可以考虑更换问题的实际背景，两条车道怎么办？三条呢？有无左右拐情况？是否只考虑单向车道，双向车道呢？或者研究红绿灯联网时间差问题，如何实现一路绿灯？

3.隐藏在你身边的问题

数学来源于现实生活，数学模型是对现实生活的刻画。因此，数学模型无处不在。比如，一个简单且熟悉的公交车，可以研究某具体公交车的优化线路、某地区的老年人

及其他免乘类成本、某具体公交车的最优发车时刻间隔设计、某具体公交车的扶手优化等。再如,青春期的高中学生注重自己的外形与身体健康,那我们可以研究学生的 BMI 分析,可以研究学生的体育锻炼与 BMI 关联性分析,可以研究我们宝贵的视力与电子产品、学习时长之间的关系等。

课题无处不在,精选折之,意在体验数学建模全过程,培养学生数学建模核心素养。

(二)尝试利用数字工具,突破数学建模在做题环节的计算量大、绘图、拟合等难点

近年由于信息技术的迅猛发展,数字工具在数学课堂中的使用逐渐广泛,它的引入"开启了无法进入的新视野,并提供了探索数学情境的机会"。在数学建模活动中使用的数学模型不仅受到学生数学知识和能力的影响,还受到可用的数字工具所提供的可能性的影响。本次建模活动,充分利用了图形计算器、Excel、R 语言等数字工具,突破建模时实际数据计算量大、绘图等难点,建模的做题环节才得以顺利完成。

同时,年级更是鼓励各学科教师通过现代信息技术落实学科素养,在课堂管理方面,教师们更是根据教学需要,选择不同的信息技术支持。例如,课堂互动与展示选用腾讯会议、微课、希沃白板、智学网,课堂评价选择班级优化大师等(图6)。

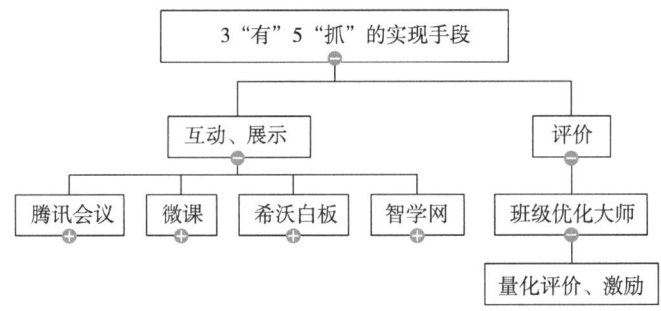

图 6　信息技术支持

参考文献

[1] 陈仁政. e 的密码 [M]. 北京:科学出版社,2011.

[2] 刘绍学,钱珮玲. 普通高中课程标准实验教科书数学 1 必修(A 版)[M]. 北京:人民教育出版社,2014.

在数字实验系统下，优化高中物理演示实验效果的实践研究

任竟陵

一、课题研究的背景

（一）选题缘由

1. 教育发展趋势

随着科技的发展与互联网的普及，人们的生活、工作和思维方式都在变革。在《普通高中物理课程标准（2017年版2020年修订）》中，强调信息技术的应用，鼓励学生通过信息技术提升物理学习能力并创新实验方式，如数字实验。《新时代推进普通高中育人方式改革的指导意见》也提倡信息技术与教育教学的深度融合。

2. 理论发展

物理实验和科学探究是物理教育的核心。新课程理念下的高中物理课程着重体现物理学科的本质，包括物理观念、科学思维、科学探究及科学态度与责任。尽管学生探究能力有所提升，但仍存在虚假"探究"和实验技能弱的问题。

科学探究式教学有助于学生体验科学过程，培养科学方法、探究能力、科学态度和精神，但现有的探究式教学和建构主义理论应用仍不能满足物理核心素养的培养需求。因此，将数字实验系统与物理演示实验结合成为教育现代化的重要方向，为传统演示实验带来新突破。

因此，建构主义理论、物理学科核心素养、信息技术及探究式教学，共同为数字实验系统引入高中物理教学提供了必要的理论依据。

（二）研究意义

1. 激发学生物理学习热情

中学物理旨在培养学生的科学素养及问题解决能力。物理实验对于锻炼学生动手能力和培养科学态度至关重要。生动有趣的实验能创设情境，帮助学生理解物理概念和规律，并体会物理在生活中的实用性，从而极大提升学生的学习热情。数字实验系统在增强演示实验效果方面潜力巨大。

2. 提供可行的实验教学方案

本研究将分享如何利用数字实验系统优化传统演示实验，为今后的物理教学提供实用、可行的实验方案及真实数据支持，旨在提升物理实验教学质量。

二、文献综述与概念界定

（一）文献综述

根据西南大学陈庆朋的博士论文《高中物理实验教学条件和实施过程的调查研究》，我国中学物理实验条件在 2009 年前已有一定基础，城市中学演示实验仪器平均配置率为 78.3%，农村中学为 62.2%。经过十多年的教育改革和经济发展，现在的实验条件可能有显著改善。

中国知网上的数据显示，"物理演示实验"相关研究非常活跃，2021 年就有 131 篇相关文章发表，表明演示实验在中学物理教学中受到广泛重视。

目前，关于数字实验系统的研究主要集中在学术论文领域，一线教师对其在演示实验中的应用和改装研究相对较少。

在实际教学中，由于各学校采用的数字实验系统设备不统一，存在测量参数和软件编程语言不通用的问题，导致校际沟通和教师利用数字实验系统进行演示实验的教学活动面临较大障碍。因此，尽管数字实验系统具有潜力，但在实际教学中的应用仍受到限制。

（二）核心概念界定

1. 数字实验室系统

数字实验室系统是为教育信息化改革而研发的，是新课程改革的关键实验设备。它集成配套教具、传感器、数据采集器和软件，用于高效、精确地测量、收集和分析实验数据。本课题特指利用威尼尔采集系统优化传统演示实验的数字实验室系统。

2. 演示实验

演示实验是教师在教学中为辅助讲解、帮助学生理解抽象物理知识而进行的直观实验展示，旨在降低学习难度，提升教学效果。

三、研究设计

（一）研究目标与假设

1. 研究目标

（1）优化演示实验：基于数字实验系统，优化并编写更多演示实验方案。

（2）开发新实验设备：制作与数字实验系统相结合的演示实验设备，并提供详细的使用说明。

（3）数据积累与报告编写：收集演示实验数据，整理并编写实验报告集。

2. 研究假设

演示实验对日常教学有显著帮助，能增强论点说服力，提升课堂趣味性并培养学生的证据意识。

（二）研究方法与过程（工具）

1. 研究思路

（1）现有实验优化：分析传统演示实验的问题，结合数字采集系统提供解决方案，考虑学校和学生实际情况，制订优化方案并不断完善。

（2）创新型实验开发：针对教学难点开发新型实验和设备，编写使用说明，并通过教学实践不断完善。

2. 研究方法

采用文献法、案例研究法、调查法等多种研究方法。

3. 技术路线

学习与梳理 → 实践操作 → 观摩与交流 → 总结与完善 → 深入操作 → 最终梳理与总结。

4. 实施步骤

（1）准备阶段（2019年4月—2019年6月）：确定研究人员，制订研究方案和实施计划，邀请专家指导。

（2）全面实施阶段（2019年7月—2022年12月）：①梳理教材中的演示实验及优化必要性；②完成部分优化实验的操作、数据采集和报告编写；③疫情期间采用线上虚拟实验，整理实验报告并统一格式；④完成选修阶段实验的优化和报告编写。

（3）总结提高阶段（2023年1月—2023年5月）：①总结课题成果，编写数字实验报告册；②汇总实验中的实际问题，为后续研究提供交流平台；③筹划下一课题的研究方向。

（三）预期成果与影响

（1） 套优化的基于数字实验系统的演示实验方案和设备使用说明。

（2）一套全面的实验报告集，供教师参考和使用。

（3）为后续研究和教师交流提供实际问题和解决方案的平台。

四、研究的重点和难点

（一）研究的内容

（1）梳理与优化实验：通过查阅资料和分析，梳理高中阶段传统演示实验，并结合数字实验系统的特点进行优化，形成典型实验案例。

（2）探究优化路径：利用数字实验系统优化传统实验，并探索有效的优化方法和路径。

（3）教学尝试与核心素养提升：将优化后的实验应用于教学，旨在提高学生的科学思维和科学探究核心素养。

（二）研究的重点

（1）优化方案设计：结合学生实际和数字实验系统特性，设计典型实验的优化方案。

（2）案例实践研究：通过实践几类典型优化案例，形成传统演示实验的优化路径。

（3）实验报告与教学引导：制定实验报告，设计教学策略，引导学生有效利用数字实验系统，深入探讨课程内容。

（三）研究的难点

（1）教师技能提升：提高教师在数字实验系统下的操作技能和教育能力。

（2）学生积极性激发：在数字实验环境下，有效激发学生的学习兴趣和培养其学习能力。

（3）实验结果可靠性：确保数字实验系统下实验结果的准确性和可靠性。

五、研究成果

（一）研究结论

1.数字实验系统优势显著

（1）可视化效果强：例如，在交变电流产生原理的演示中，数字实验系统可直观展示电流方向的变化，使学生更易理解。

（2）简化理解难度：例如，光的干涉实验，数字实验系统将光信号转电信号，消除学生对条纹的疑虑。

（3）高效数据处理：例如，在单摆周期探究中，数字实验系统快速测量并处理数据，提高课堂效率。

（4）资源节约：加速度的测量实验中，数字实验系统替代纸带，显著减少纸张消耗。

2.学生科学思维与探究能力共同提升

（1）数字实验提供直观、生动的演示，强化学生对物理原理的掌握。

（2）学生通过数字实验系统多次实验验证结果，培养实证意识。例如，在通电导线在磁场中受力和带电物体间受力关系的探究中，数字实验系统实现了对力的定量测量，加深了学生的理解。

3.教师信息素养得到提升

（1）教师通过运用数字实验系统，提高了计算机技术和教学方法的创新能力。

（2）数字实验系统为教师提供丰富的教学资源，使教学更为生动和直观。

数字实验系统在传统物理演示实验的优化中展现显著优势，不仅提升了学生的学习效果，还促进了教师信息素养的提高。通过数字实验系统的应用，学生的科学思维和科学探究能力得到了共同发展，为物理教育带来了新的突破。

（二）利用数字实验系统优化传统演示实验的优化路径

1. 找出传统演示实验的困难点
   （1）时间过短，难以观察短暂物理现象。
   （2）物理量测量过小，需要特殊设备或技术。
   （3）环境因素干扰实验结果。
2. 数字实验系统的优势
   （1）提供精确时间控制，增强短暂现象的观察。
   （2）高分辨率和广测量范围，优化微小物理量的测量。
   （3）减少环境因素干扰，确保实验稳定性。
3. 学生思维理解的障碍点
   （1）缺乏科学观念和实验方法的基础知识。
   （2）对物理量关系和单位理解不清。
   （3）缺乏实验操作技能和经验。
   （4）实验数据处理和分析能力不足。
   （5）对物理现象和规律理解不深。
   （6）对实验器材和条件差异认识不足。
   （7）心理因素影响实验投入。
4. 高效便捷且可视化明显的实验过程
   （1）选择合适的数字实验系统，考虑实验需求、器材限制和学生认知水平。
   （2）设计实验程序，实现过程和结果的可视化。
   （3）调整系统参数，优化实验效果。
   （4）提供充足的演示时间和空间，促进学生深入观察和思考。

通过这一优化路径，数字实验系统能够与传统演示实验相结合，提升教学效果，增强学生的直观感受和数据准确性。

（三）研究成果与影响

本研究旨在通过利用数字实验系统改进传统高中物理演示实验，以提升实验效果。在实践研究中，我们形成了准备数字课堂演示实验的基本流程，并针对4个典型案例进行了细致优化，形成了实验报告。这些案例包括探究通电导线受力因素，单摆周期与摆长关系，向心力大小与半径、角速度、质量的关系，以及观察手摇发电机产生的电压。

通过本研究的实施，我们在学术和教学方面取得了显著成果。首先，我们深入挖掘理论认识，公开发表了4篇论文，涉及通电导线在磁场中受力、建模教学、直线运动模型应用及学情诊断问题设计等方面。其次，我们积极推广研究成果，在区级工作室和教研活动中进行交流分享，并与多所学校的物理组教师共同实践研究成果。此外，从教学成绩来看，实验班级在实验后期的相关习题成绩明显优于其他班级，显示学生在数据处理、分析和概念理解方面的得分率有明显提升。

在教师专业化方面，课题组成员的成果意识增强，注重梳理和反思教学实践，并在数字实验系统优化传统实验方面展现更强的探索精神。论文和公开课的数量也有所提升。

为了进一步完善数字实验系统在高中物理演示实验中的应用，我们提出以下建议：第一，明确数字实验系统和传统演示实验之间的互补关系，充分发挥各自优势；第二，设计互动性较强的实验模块，激发学生的探究兴趣；第三，加强数据处理和分析功能的建设，帮助学生更深入地理解实验结果；第四，引入更多虚拟实验环境，提升实验的真实感和安全性；第五，加强与实际应用的联系，引导学生将所学知识应用于实际生活中。

综上所述，数字实验系统在优化高中物理演示实验方面具有巨大潜力，需要我们持续不断地探索和创新。通过不断完善和改进，我们相信数字实验系统将在高中物理教育中发挥更大的作用，为学生的实验体验和探究能力提供有力支持。

参考文献

［1］ PENDRILL A M，OUATTARA L. Force，acceleration and velocity during trampoline jumps：a challenging assignment［J］. Physics education，2017，52（6）：65021.

［2］ 曹磊，谭树杰. 各国物理教学改革剖析［M］. 上海：上海教育出版社，1997.

［3］ 陈庆朋. 高中物理实验教学条件和实施过程的调查研究［D］. 重庆：西南大学，2009.

［4］ 关于新时代推进普通高中育人方式改革的指导意见［EB/OL］.（2019-06-19）［2023-12-15］. https://www.gov.cn/zhengce/zhengceku/2019-06/19/content_5401568.htm.

［5］ 黎智生. 高中物理如何培养学生的创新能力［J］. 散文百家·教育百家，2013（7）：149.

［6］ 中华人民共和国教育部. 普通高中物理课程标准（2017年版2020年修订）［M］. 北京：人民教育出版社，2017.

穿新鞋走新路

——探索"互联网+"背景下道德与法治教学的增效策略

蔡红艳

《义务教育道德与法治课程标准（2022年版）》提出，思想政治课是落实立德树人根本任务的关键课程，道德与法治课程是义务教育阶段的思想政治课，旨在提升学生思想政治素质、道德修养、法治素养和人格修养等，增强学生做中国人的志气、骨气、底气，培养以实现中华民族伟大复兴为己任的民族意识。同时，为有理想、有本领、有担当的时代新人打下牢固的思想根基。课程具有政治性、思想性、综合性和实践性。随着科技的进步与5G时代的到来，互联网为生活的方方面面带来便利，在授课时，让互联网为初中道德与法治课程服务，努力把学生培养成担当民族复兴大任的时代新人。"互联网+"教学是利用网络教学平台、网络教学系统、网络教学资源、网络教学软件等手段，为教学服务的教学方式。然而，其中的机遇与挑战并存，如何解决当下道德与法治课线上教学存在的问题，值得进行深入研究。

一、"互联网+"背景下道德与法治教学中存在的问题

（一）课堂参与度

统计疫情期间我校初三8节道德与法治课的实到人数与应参与该课程的总人数，课堂参与度为以一个班级为单位，实到人数与未到人数的比值，再与平时线下课堂的参与度做对比，其统计如图1所示。

研究发现，线上教学的课堂参与率普遍低于线下，且学生的课堂活跃度也低于线下。所以，目前的道德与法治课线上教学未能充分调动学生学习兴趣，导致课堂参与度较低。

"云"上智慧
——首都师范大学附属云岗中学智慧教育建设探索

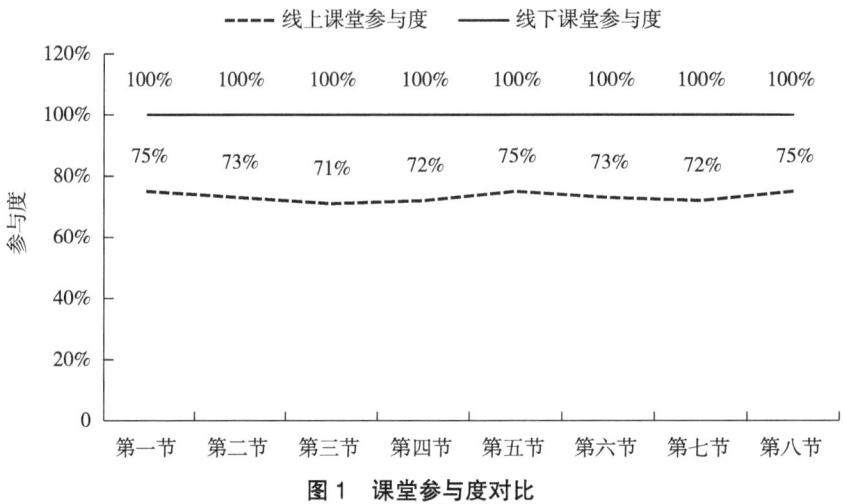

图1 课堂参与度对比

(二)作业完成情况

统计疫情期间线上教学的作业完成情况,将作业完成情况分为高质量完成、普通质量完成与未完成,其数据统计如图2所示。

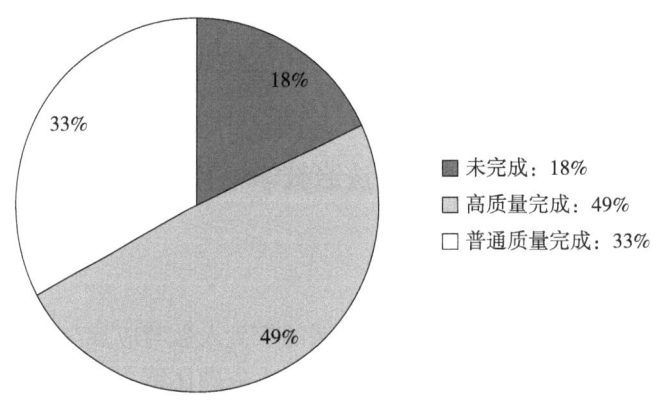

图2 作业完成情况统计

研究发现,虽然82%的同学完成了作业,但高质量完成作业的同学仅占49%,学生的作业完成程度在质量方面有待提升。

(三)教学融合度

互联网拥有丰富的教学资源,然而,其与传统教育模式相比的独特优点未被老师重视。据实地调研与查阅文献发现,互联网中丰富的教学资源难以全面实现共享,使得教学资源造成了严重浪费。不仅如此,互联网教学平台拥有丰富的教学工具,例如触控板、电子化学实验装置等,该智能设备却未得到广泛应用。

二、"互联网+"背景下道德与法治教学的解决策略

(一)关注时政热点

例如,结合曾经的中国疫情现状我布置了学习任务,让学生通过新闻进行评述。在直播课前5分钟开展时事播报,学生时事播报结束后说出选择这则新闻的理由,然后连线其他同学进行点评和打分,学生时事播报的内容分别是火神山医院和雷神山医院建成、小口罩大生产、"县长直播"热背后的助农新思路、"中国温度"彰显大国担当、中国为什么支援意大利等。学生在思维的碰撞中感受中国速度、中国力度及中国精神、中国力量,培养学生的政治认同、科学精神、法治意识及公共参与等学科核心素养,引导学生自觉践行社会主义核心价值观。

(二)制作微课,培养探究能力

让学生自己从教材中寻找学习主题,亲自制作微课并设计提问环节,然后进行网络展示,可以有效提高其知识接受率。经过教学实践研究表明,学生通过自己设计问题自己解答,制作的微课具有较高的主动性,他们成为主动者;教师设计的问题是学生作答,学生就是被动者,两者对大脑的开发、思维的锤炼、技能的培养、能力的提高,由于其内因不同、主动性有差异,效果截然不同。例如,针对疫情期间学生们的厌学情绪,我让学生自主选择和情绪有关的主题,然后制作微视频并在直播课上播放,对于怎样调控自己的厌学情绪,同学们积极参与讨论,有的同学说:"我们不要被疫情压垮,新的病毒是对我们人类的挑战;作为中学生的我们重任在肩,为了构建人类命运共同体,为了人类美好的明天,我们不能懈怠;有了理想我们学习的动力就增加了,厌学情绪就会消除。"有的同学说:"疫情无情人有情,当灾难来临时,逆行者们迎难而上,他们中有科学家、医生、护士、快递小哥等,他们舍小家为大家,被他们保护的你我更应该努力学习。"除此之外,献言献策很多。实践证明,在学生制作微视频基础上展开讨论是行之有效的。所以,制作微课是学生自主学习的重要体现,是"互联网+"背景下课堂教学改革与创新的关键,更容易培养学生的政治认同与公共参与等核心素养。

(三)短视频App辅助教学

理论联系实际是道德与法治课的灵魂和生命线。通过剖析社交媒体上的社会热点问题所蕴含的理论知识,可以在调动学生积极性的同时做到知识点的巩固。因为一切知识都是从感官开始的,相比传统的教学案例,抖音、快手等短视频App能够展示的社会热点问题,以其及时性、娱乐性,可以更直观地吸引学生,引发他们深层次的思考,使教

师和学生都能愉快地教和学，进而提高课堂教学效率。学习理论的最终目的是让学生巧妙地把知识运用到现实生活中，而短视频 App 很好地提供了这个机会。同时，教师应该做好信息筛选工作，向学生提供真实、健康、积极的社会新闻，并通过课本中的知识对其进行解释。

（四）精准线上答疑

利用 QQ 群、微信群、空中课堂、微课、微视频等多种形式进行在线答疑，及时对学生提出的问题进行反馈，帮助学生突破重点难点问题。研究表明，线上教学往往会使学生不能长时间集中注意力，所以相比线下教学，线上教学会遗漏更多问题。因此，积极开展线上答疑，一对一答疑、一对多答疑同步进行，可以解决学生上课中产生的问题，巩固课上所学知识。

（五）注意点拨和拓展

教师要注意点拨和拓展，让学生把在课堂上获得的知识用来指导自己的实际学习和生活。点拨要立足于课本但又要跳出课本，应该自然而不牵强。教师应事先作好精心准备，组织好点拨的语言，在课堂教学中选择好点拨的时机，并注意随机应变，否则易变成枯燥的说教。例如，在复习《亲情之爱》一课时，在学生体会到母爱的伟大后，我又补充了几个古今中外的一些关于母亲的感人事例，在此基础上，我在满文军《懂你》的歌声中，写下了一些关于母爱的名言、谚语等，同学们受到深深的感染，都陷入了思考之中。

三、总结

"互联网+"背景下的道德与法治课教学，有其独特的优势，但也存在一系列的问题。例如，课堂参与度不高、学生作业完成情况有待提高、课堂融合度不够等问题。互联网作为未来教学的发展方向之一，我们应该积极应对并总结策略。教师要做到教育理念的转变、教学方式的创新，否则新课程改革就仍然是"穿新鞋走老路"。同时，要注意道德与法治课的生命力在于"活"，要把静止的、抽象的道理演化成动态的、具体的、可感的东西，要让教与学全方位地"活"起来，提供实践机会，让学生的思想在更广阔的天空中腾飞。

总之，教师要善于创设学习情境，打开书本和生活的通道。让学生自设问题，自选主题，学习探究。注重点拨和拓展，加强学生道德与法治课的兴趣培养。在多姿多彩的活动中挖掘鲜活的德育资源，以情激情，以情激趣，使学生产生较深的情感认同和学习热情，这样才能拨动心弦、激发共鸣，才能乘着互联网的翅膀将教学带入新境界。

参考文献

[1] 胡翼,徐峰祥,张洪昌.基于部署工科高校"互联网+"实践教学研究:以汽车服务工程专业为例[J].教育现代化,2019,6(8):99–102.

[2] 林昊.谈"互联网+"背景下高校思想政治教育面临的机遇与挑战[J].才智,2019(16):210–211.

[3] 刘海阳."互联网+"时代计算机基础微课教学应用研究[J].电脑迷,2018(12):129.

[4] 刘燕.高职市场营销人才培养模式创新研究:基于"互联网+"战略背景[J].科技资讯,2019,17(14):220–221.

[5] 孙朝勇."互联网+"背景下高校体育教学混合学习模式研究[J].当代体育科技,2019,9(13):6–7.

[6] 熊一蓉,李璟,许慕竹."互联网+"背景下高职英语口语教学实践研究[J].智库时代,2019(29):105,109.

[7] 袁宏伟,贾丽颖."互联网+"背景下供应链管理与课程研究[J].现代营销(经营版),2018(12):73.

[8] 赵军辉,赫冷茜.浅析"互联网+"模式下燕赵音乐的传承发展[J].黄河之声,2019(2):133.

[9] 周聪."互联网+"时代背景下高职院校财会专业教学应声而变的探索[J].财经界(学术版),2018(24):104–105.

[10] 周军梅,郑庚."互联网+"时代下青年双创教育模式研究[J].福建茶叶,2019,41(7):30.

合理利用信息技术，创建高效的智慧课堂

——以语文综合性学习《有朋自远方来——交友之道》为例

张冬梅

《基础教育课程改革纲要（试行）》指出，教学过程中要大力推进信息技术在教学过程中的普遍应用，促进信息技术与学科课程的整合，逐步实现教学内容的呈现方式、学生的学习方式、教师的教学方式和师生互动方式的变革，充分发挥信息技术的优势，为学生的学习和发展提供丰富多彩的教育环境和有力的学习工具。因而，在本次综合性学习《有朋自远方来——交友之道》的实践活动中，我注重以学生为主体，合理利用信息技术，创建高效的智慧课堂。

《有朋自远方来——交友之道》综合性学习，是一种与阅读写作不同的相对独立教学形态，它的特点是"综合性"和"学习性"，它被安排在七年级上册第二单元，本单元的主题是亲情，学习内容分别是母爱、亲情、家族等话题的散文、文言文及学会记事作文训练。本次综合性学习是初中阶段的第一次，实施时让学生认识到综合性学习的一切活动均由他们自主合作完成，老师从旁协助、指点。刚进入初中的学生，对新的学校和新的朋友都充满了好奇和期待。那么，交什么样的朋友和怎样交朋友显得尤为重要。因此，在"交友之道"这个主题活动里，选择交什么样的朋友和怎样交朋友两个角度开展综合性学习活动。课堂上采用"说，讲，读，写"的活动方式，渐次深入地让学生领悟交友的真谛。学生通过搜集、整理和分享有关交友的名言警句、故事典故等资料，提高材料收集整理能力和口语表达能力。为了充分地展开课堂活动，达到预设的教学效果，需要进行有关朋友方面的古诗词、名言警句、故事典故等教育资源的获取、筛选与评价、演示文稿设计与制作、相关古诗词朗诵视频可视化呈现、故事典故真实情景录制再现等方式辅助教学。

一、教学设计与信息技术融合的整体介绍

为了综合性学习的充分和有效，本次采用自主学习、合作探究、小组合作、课堂交流展示等活动方式，前期开展了信息收集和任务驱动等准备活动。例如，学生利用业余时间，围绕活动主题搜集有关交友的诗词文章、名言警句、故事典故和其他材料。可以上网查阅相关书籍，拍成照片，或者去新华书店、图书馆搜集资料，每一个学生都要进行收集整理，以备课上小组之间交流探讨，突出学生活动的自主性。随后根据学生收集

合理利用信息技术,创建高效的智慧课堂——以语文综合性学习《有朋自远方来——交友之道》为例

上来材料的摸底,采取"任务驱动法",将教学内容分阶段进行,对每一个阶段的内容设置任务,让学生围绕任务,发挥自己的特长、主观能动性,成立了书画组、朗诵组、表演组、故事组等进行小组学习,为课堂交流展示做准备。

在教学设计及实施中充分利用信息技术,如课前需要提前设计与制作主题鲜明、图文并茂的演示文稿;利用超链接播放学生制作的多种媒体素材,用可视化方式清晰地呈现与解读学生的学习成果,提升教学内容的解释力,增强学生课堂学习吸引力;利用演示文稿分步骤留白、超链接、动画等方式呈现,清晰展示学习课程的结构和逻辑关系,促进学生认知发展,丰富师生互动的方式;利用微视频技术创造真实学习情境,将学习内容与现实环境进行有意义的关联和互动,促进知识的深层次理解,增强学生学习动机和学习投入,促进学生自我导向的学习。

二、教学环节与信息技术融合的具体实施

(一)"朋""友"字形溯源

首先出示书画组同学书写的甲骨文的"朋"字、小篆写法的"友"字,让学生讨论它们看起来像什么并解释其内涵。学生通过观看书法图片、猜字、书法本人的讲解等活动,提高学生学习的兴趣,培养学生的创新能力、理解能力、锤炼语言的能力,检验学生对"朋友"一词理解的广度和深度,加深对"朋友"这一词语的了解,从而引入本节课课题。

(二)讲述我与朋友的故事

故事组同学讲述或呈现一个自己与朋友亲身经历的故事(现场讲述和观看情境短视频)。首先,1~2名学生现场讲述"我与朋友的故事",然后播放观看班级实景情境视频《小昶与小慧的故事》,听完讲述,看完视频后,一起来思考:故事中她们是真正的朋友吗?你心目中的好朋友是什么样的呢?

这一教学环节利用PPT、超链接视频,从一定的情境中,引导学生从自身实际出发说说交友的重要性,初步感受朋友的作用,以及掌握辨别朋友的标准,为下一环节结合搜集的诗句、名言、故事等探究古人交友之道奠定基础。

(三)探究古人交友之道

首先,诗词组同学把搜集的优美诗词现场朗诵。利用PPT、播放配图配诗配乐视频,感受古代文人墨客的那一份份美好真挚深厚的友情。

其次,以小组为单位进行名言警句品读,分析蕴含的哲理。利用PPT分步骤留白、动画、PPT上思维过程标注等方式呈现,清晰地展示学习课程的结构、方法和逻辑关系,促进学生认知发展,丰富师生互动的方式。用照片或截图的方式呈现每组品读成果,提

"云"上智慧
——首都师范大学附属云岗中学智慧教育建设探索

高小组成员学习活动的参与度,及时了解并有效推进小组学习进展,促进小组成员及时交流与深度互动,推动集体智慧的沉淀和分享。

最后,表演组结合收集的相关人物故事进行故事典故表演,进一步探究古人心目中的益友标准及交友之道。使用超链接播放表演组学生的微视频,创造真实学习情境,促进全体学生对知识的深层次理解。鼓励和引导学生的主体观察和体验,表达内心的真实感受,优化成果的表现方式,发展学生的创造性思维,激活学生的创新潜能。

(四)自我提升,多交益友

我思考:今天,我们一起探究了古人的交友之道,以及传承学习古代交友风尚。随着时代变迁、个人认知变化、个人价值观的不断形成,你在交友中也有自己独到的体验、看法和感受。那么,你在交友中最注重哪些因素?预设:A.性格、B.兴趣爱好、C.处事作风、D.个人能力、E.学习成绩、F.脾气、G.真诚、H.善良……

我提升:要想有朋友,自己先要够朋友。通过今天的学习,你觉得自己还需要做哪些具体的改变和提升?请把这些具体的行为改变写在纸上,并与大家分享。比如,"言行上应该变得更有礼貌""我要变得更主动一些""我要原则性更强一些""我要多站在对方角度考虑"……

此环节使用希沃白板照相或截图的方式呈现部分同学的成果,及时了解并有效推进学习进展,促进全班学生及时交流与深度互动,推动集体智慧的沉淀和分享。实时、有序记录了学习过程和学习成果。

(五)课堂小结

朋友在一起,言及快乐,可彼此分享;言及忧伤,可彼此抚慰;言及芥蒂,可彼此化解;言及困窘,可彼此支助;言及学问,可彼此长进;言及事业,可彼此激励;言及道德,可彼此提升……通过今天的学习,我们不仅积累了文化知识,而且锻炼了语文综合能力。同时,用实际行动传承优秀的传统文化。让我们修身进德,不断提升自己,多交真友、好友、益友。

此环节使用PPT呈现及配乐,再次引导学生掌握交友的关键点,给学生一个更深刻的认识,同时给涉世未深的学生提些交友忠告。

三、课堂评价和反馈效果

《有朋自远方来——交友之道》是初中阶段的第一次综合性学习,学生刚入初中,对新的学校和新的朋友都充满了好奇和期待。本次综合性学习紧扣"交友之道"这个主题,选择了交什么样的朋友和怎样交朋友两个角度开展综合性学习活动,并采用了"说、讲、读、评、写"的课堂活动方式,逐步深入地让学生领悟交友的真谛。学生通过搜集、整理和分享有关交友的名言警句、故事典故等资料,提高了材料收集整理能力和口语表达能力。

课上，我主要设计了以下环节：第一，"朋"和"友"字形溯源。通过猜字活动，结合"朋"和"友"两个汉字的构型与释义，激发兴趣，培养学生的创新能力、理解能力和锤炼语言的能力，检验学生对"朋友"一词理解的广度和深度，加深对"朋友"这一词语的理解，从而引入本节课课题。第二，讲述我与朋友的故事。通过搭建平台，从一定的情境中，引导学生从自身实际出发说交友，初步感受朋友的作用，初步掌握辨别朋友的标准，为下一环节结合搜集的诗句、名言、故事等探究古人交友之道奠定基础。第三，探究古人交友之道。把学生提前搜集的交友方面的诗歌、故事、名言等材料，用做手抄报、讲故事、朗诵、表演等形式在班内展示、交流。课堂上设计好精讲内容和角度，激活学生学习激情，让学生带着问题走进收集的内容深处，感受传统文化魅力，深入理解古人"交友之道"。同时，积极引导学生谈看法、见解，给学生充分思考与想象的时间和空间，让学生在小组合作和展示交流中体验合作与交流的喜悦，进一步促进学生之间的了解和认识，从而提高学生的语文综合能力。第四，自我提升，多交益友。通过创设自我对照和自我反思的情境，引导学生珍惜已有的友谊，并促进学生提升交友的能力，赢得更多更好的友情。

四、语文综合性学习的信息技术应用的优势

随着时代的发展及我校信息化2.0的推进，为了加大课堂容量和有序推进课堂教学环节的展开，我提前设计与制作主题鲜明、图文并茂的演示文稿。例如，利用PPT展示学生写的"朋友"二字的甲骨文、小篆书法字体，利用超链接播放学生制作的优美诗词朗诵视频、学生录制的故事典故等多种媒体素材等，用可视化方式清晰地呈现与解读学生的学习成果，提升教学内容的解释力，增强了学生课堂学习吸引力。又如，分析经典故事的"交友之道"时，利用演示文稿分步骤留白、超链接、动画等方式呈现，清晰地展示学习课程的结构和逻辑关系，促进学生认知发展，丰富师生互动的方式。再如，利用微视频技术创造真实学习情境，学生自编自演自录自编辑，包括字幕等，表演经典交友故事《割席断交》，突破时空限制、整合多种资源、丰富学生学习体验，从而将学习内容与现实环境进行有意义的关联和互动，促进知识的深层次理解，增强学生学习动机和学习投入，促进学生自主导向性学习。

通过这次综合性学习的教学，我充分认识到综合性学习的综合性体现在能力目标是综合的，在这堂课里，学生已经初步具有收集和处理信息的能力，能够根据现有的材料有自己明确的观点，能用文字展示自己的学习成果；过程与方法也是综合的，本堂课我们运用听说读写等多种方法进行了有效的积累感悟，从不同的角度进行了多样化学习，在实践中学习语文、运用语文；情感与价值观更是综合的，让学生能积极地参与和体验，愉快地合作和分享，流畅地表达和交流，让他们在快乐中、合作探究中进行语文素养的熏陶和立德树人的指引。

在互联网技术、人工智能技术的推动之下，教育信息化已经成为一种新常态，如何利用这些新技术辅助学生轻松愉快地学习知识成为当前教育工作者需要探究的课题。《义

务教育语文课程标准（2022年版）》指出："语文课程应拓宽语文学习和运用的领域，注重跨学科的学习和现代科技手段的运用，使学生在不同内容和方法的相互交叉、渗透和整合中开阔视野，提高学习效率，初步获得现代社会所需要的语文实践能力。"合理利用信息技术，引导学生在信息技术的使用中学会搜集信息、处理信息，锻炼实践动手能力，培养其主动探究意识，进而在信息时代的背景下全面提高语文素养是我们不懈的追求。

二元一次方程（组）的图象

齐 芳

一、指导思想与背景分析

建构主义理论中强调学生对知识的主动探索、主动发现和对所学知识意义的主动建构，教师要注重在教学中设计真实的任务和活动。真实的活动是学习环境重要的特征，就是应该在课堂教学中使用真实的任务和日常的活动或实践整合多重的内容或技能。本课设计以学生为主体，引导学生感受平面直角坐标系在二元一次方程组中的应用，通过坐标法的应用，使学生看到平面直角坐标系架起了数与形之间的桥梁，为解决数学问题提供了一个强有力的工具。通过学习，让学生初步了解用二元一次方程组的图象估计方程组的解。因此，本节课的教学重点为了解二元一次方程的图象，以及根据二元一次方程组的图象求方程组的近似解。

《义务教育数学课程标准（2022年版）》中指出，数学课程的设计与实施应根据实际情况合理地运用现代信息技术，把现代信息技术作为学生学习数学和解决问题的有力工具，有效改进教与学的方式，使学生乐意并有可能投入现实的、探索性的数学活动中。利用数学专用软件教学工具开展数学实验，将抽象的数学知识直观化，促进学生对于数学知识的建构。本节课能够让学生尝试利用网络画板解决一般问题的方法，并能有效地解决问题。整个探究过程中涉及的类比、从特殊到一般等数学思想方法，是学生今后学习和研究数学所必备的思想方法。

二、教学内容分析

本节课选自第八章二元一次方程组，是该单元的数学活动课。

七年级学生已经学习了二元一次方程的概念、二元一次方程组的概念和解法等知识，已经具备了一定的探索能力和创新意识，这些对本节课的学习都很有帮助。然而，学生还缺乏数学活动经验，需要老师积极引导。本节课又是学生第一次尝试用图象来解决代数问题，学生在小组活动的组织中可能会出现一些问题。因此，本节课的教学难点是把二元一次方程与平面直角坐标系中的直线一一对应起来。为突破这一难点，教学中注意让学生先动手画图，进行直观感知。同时，借助计算机软件的演示帮助学生进行探究活动。通过一些学习活动，鼓励学生多思考、勤动手（网络画板）、多交流，这也是学习研究图形最重要的一环。本节课较多安排了操作性的活动（网络画板），体现了网络画板的便捷、准确性,助力数学问题的探究,也实现了学生先动手操作后思考结论的教学目标。

教学重点:二元一次方程的图象。

教学难点:把二元一次方程与平面直角坐标系中的直线一一对应起来,即数形结合的意识与能力的培养。

三、教学过程设计与实施

教学环节"二元一次方程的图象"教学流程如图1所示。

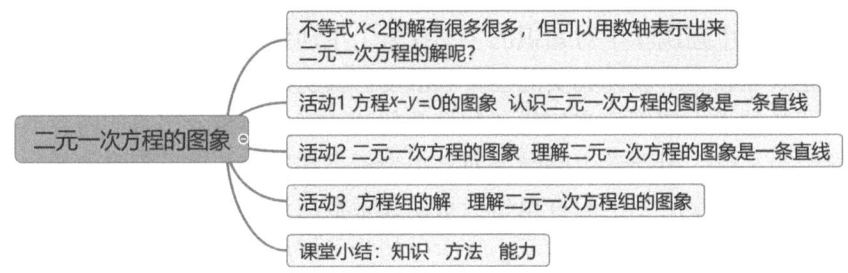

图1 "二元一次方程的图象"教学流程

(一)温故而知新

(1)二元一次方程的解有多少?试着举例说明。

(2)学习不等式时,我们知道满足 $x<2$ 的解有很多,它们可以在数轴上直观表示出来,可是怎么才能直观地表示二元一次方程的解?

学生活动:思考,举手回答。

设计意图:引导学生感受数形结合的必要性,为二元一次方程(组)图象的出现做铺垫。

(二)新知探

1.方程 $x-y=0$ 的图象

对于一个二元一次方程的两个解分别作为点的横、纵坐标,那么坐标系平面内由这些点的全体组成的图形,就是这个二元一次方程的图象。

(1)写出方程 $x-y=0$ 的几组解,并将其在平面直角坐标系中描出。

(2)试着写出方程 $x-y=0$ 的一些解,在同一个平面直角坐标系中描出,并猜想二元一次方程 $x-y=0$ 的图象是什么样的几何图形。

(3)怎么说明这条直线就是方程的图象?

①以方程的解为坐标的点都在直线上；②直线上点的坐标都是方程的解。

学生活动：

（1）将所列举的解转化为坐标系中的点，初步感受用形表示数。

（2）按要求独立完成，初步感知并得出猜想。

（3）再次验证，再次猜想。

（4）借助网络画板进行相关直线的绘制（选取两个点），并在直线上任取一点，读取其坐标，移动该点，观察坐标变化与方程的关系，并进行结论验证。

设计意图：

（1）给出二元一次方程（组）的图象的定义，激发探究意识。

（2）初步感受在图形上二元一次方程解的特点，大胆设想，为证明猜想铺垫。

（3）感受纸上画图的局限性，没有办法穷举，体会借助信息技术的必要。提高分析问题的能力。

（4）借助网络画板用直线上的动点突破纸上验证的桎梏，感受信息技术的开阔思维、辅助功能，提高解决问题的能力，增强浓厚的探究兴趣。

智慧教育创新点：借助网络画板用直线上的动点突破纸上验证的桎梏，感受信息技术的开阔思维、辅助功能，提高解决问题的能力，增强浓厚的探究兴趣。

2. 二元一次方程的图象

任意写出一个二元一次方程。

（1）猜想这个二元一次方程的图象。

（2）使用网络画板观察猜想验证二元一次方程的图象。

$ax+by=c$ 的图象是一条直线。

小结：二元一次方程的图象是两个以方程的解为坐标的点所在的直线。

学生活动：独立完成探究任务，小组合作互帮互助掌握验证方法。

设计意图：引导学生理解二元一次方程的图象是一条直线这一发现并不是偶然。熟悉二元一次方程图象的画法。掌握由特殊到一般的结论的得出方法。

智慧教育创新点：使用希沃直播进行展示；借助网络画板辅助功能得出一般的结论。

3. 方程组的解 $\begin{cases} 5x+y=-3 \\ 3x+2y-1 \end{cases}$ 的解是 $\begin{cases} x=-1 \\ y=2 \end{cases}$

（1）利用网络画板，分别画出两个二元一次方程的图象。

（2）观察到了什么？

（3）试着用数学语言来解释你的发现。

二元一次方程组中的两个二元一次方程的图象的交点坐标，就是这个方程组的解。

学生活动：思考回答问题，按活动单完成任务，填写活动单；使用网络画板探究问题。

设计意图：这是期中练习中的一道题目，同学们再次体会使用网络画板理解方程组解的定义，掌握使用网络画板进行方程组解的估值方法，也是讲二元一次方程的图象与二元一次方程组解的相关知识的联合应用，提升分析问题、解决问题的能力。

智慧教育创新点：使用网络画板探究二元一次方程组的图象。

（三）课堂小结

今天我收获了知识？今天我收获了能力？今天我收获了方法？

学生活动：思考，举手回答。

设计意图：理解数形结合的原因与目的（图2）。

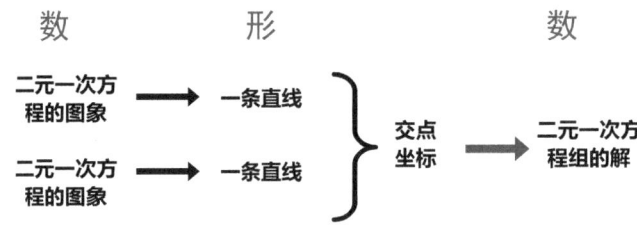

图2 数形结合小结

四、课堂评价和反馈效果

本节课主要分为3个环节：新知引入、探究新知、课堂小结。其中，探究新知包含3个活动：①方程 $x-y=0$ 的图象，认识二元一次方程的图象是一条直线；②二元一次方程的图象，理解二元一次方程的图象是一条直线；③方程组的解，理解二元一次方程组的图象。在上面3个环节中将网络画板融入其中，促进了学生的认知与发现。

1.应用了平板电脑，使用网络画板平台，进行验证猜想的探究活动，获得数学分析问题、解决问题的能力。

网络画板的实验操作，学生在探究活动上参与率比较高。通过本节课网络画板的使用，90%的同学可以完成探究问题，掌握由特殊到一般的探究问题的方法。

2.使用了希沃授课助手进行直播，展示学生作品的同时还分享了他们独特的见解，将图形（直线）上的点"动"了起来。92%的学生能够感知结论。

本节课是网络画板融入数学教学的系列课程之一，七年级上开展过信息融合课程"多边形的内角和探究之旅"，七下学期，开展过坐标系中特殊的点、二元一次方程的的解等融合课，后续学习还将研究函数、方程、不等式之间的关系等内容，深度探究在信息融合的助力下变得事办功倍。

（1）二元一次方程是函数的基础知识储备，它与函数有着千丝万缕的关系，让学生感触这些，更有利于学生们最近发展区的触动。

（2）直角坐标系中有很多特殊的点，特殊的线等，将这些与已学习的熟悉的知识联系在一起符合架构理论，也更便于学生进行知识间的融会贯通。

（3）本节课是借助网络画板探究数学问题的第二课时（第一课时探究直角坐标系中

特殊的点），具有前瞻性与后延性，后期学习函数后，可以继续开展类似教学进行函数的总结。

本课引导学生发现多种数学问题、解决数学问题的方法，激发学习探究兴趣，容易获得成就感。

五、网络画板融入数学教学的优势和注意事项

本节课多次活动中使用网络画板，在突破教学难点的同时带来许多操作性困难，有些地方可以纸面画图获得，如在二元一次方程图象的猜想上，使用了纸质坐标系，直观便捷。在二元一次方程的图象是直线的论证上通过引导学生对比后，基于手动画图的局限性选择了网络画板工具。在设计中要适时选择信息技术融入，事半功倍。

基因决定生物性状

朱会娟

一、教学设计整体介绍

（一）指导思想与理论依据

生物课标中指出，生物教学应围绕重要概念来组织并开展教学活动，能够有效提高教学效果，有助于学生对于知识的深入理解和迁移应用。本节课中重要的概念是生物的性状和相对性状，就这两个概念的理解，我设计了班级性状调查及组内相对性状观察活动，让学生能够直观地认识到数据的统计，逐步理解性状的概念，再通过判断来检测学生对于相对性状的理解，进一步深化性状的概念。

（二）学生情况分析

初中八年级的学生已经具有一定的遗传学方面的知识、逻辑思维能力，同时知识体系的构建能力也已初步建立，但是本节课的性状、相对性状、基因控制生物的性状等概念和结论难度较高，需要结合学生已有的知识和生活经验，通过若干活动增加兴趣，降低难度，加深印象。但是，由于线上教学学生参与课堂积极性不高，为了提高学生参与课堂的积极性，教师设计这节网课，希望更多学生参与课堂。

（三）教学方式

本节课是一节网络授课，应用希沃白板、腾讯会议、问卷星、微信视频会议等方式，希望同学们能够多方位、多渠道参与课堂。本节课开展了如下方法教学：创设情景引导学生思考遗传和变异，通过问卷星调查班级内的性状，微信群组内视频会议观察组员的相对性状，归纳总结形成重要概念，再利用所学知识微信群内讨论交流，最终达成基因控制生物性状的认识。在相对性状判断环节，借助希沃白板组织活动，小组成员PK，既帮助学生掌握知识，又活跃课堂氛围，有助于学生掌握知识。

二、教学过程设计与实施

在线上课堂教学中，教师进行了多平台、多工具的整体设计。引导学生用腾讯会议的聊天区和希沃白板 5 课堂活动的实时互动；用希沃白板软件的白板功能课堂演示；用问卷星线上调查学生性状，实时展示；微信群内视频会议截屏分享各自的相对性状，最后通过问卷星了解学生当堂掌握情况，进行实时评价。

（一）亲子性状观察，情景导入

图片观察：火眼金睛识亲子，借此观察亲子间的相似性，直观理解遗传。

进而提出问题：你的哪些地方像爸爸，哪些地方像妈妈？与父母既像又有不像的地方？对比遗传和变异的概念差异。

遗传：亲子代间具有相似性。

变异：亲子间和子代个体间的差异。

同学们概念比较：遗传和变异。

遗传和变异分类：希沃白板 5 课堂活动——超级配对。通过具体实例分类，解决遗传和变异的概念辨析，分清二者的差异。

（二）认识生物性状

教师提问：大家判断亲子间相似和差异的依据是什么？形态结构的特征：如豌豆的圆粒和皱粒，番茄的黄色和红色，兔子的白毛和黑毛，鸡的玫瑰冠和单冠。除了形态结构特征，我们有的遗传了父母的惯用左手，左右手嵌合时左手在上等这种行为方式的特征。教师进一步提问：仅凭肉眼观察就能知道生物所有的特征吗？有的同学血型和父母一致，这种看不到的特征，我们把它叫作生理特征。我们把生物所表现的形态结构、生理特征、行为方式的特征，统称为性状。

问卷星：学生性状调查（左右手嵌合，单双眼皮）。

同学们的以上性状和家人是否相同呢？

继续分析：班级调查结果，发现什么不同？

除以上两种性状有相对性状以外，我们身体特征还有以下相对性状：如有无耳垂、能否卷舌、有无酒窝、拇指能否弯曲等。

小组微信群内视频会议，线上互相观察相对性状，并拍照（图1）。

归纳总结：相对性状：同一生物，同一性状，不同表现形式。

游戏—判断相对性状：下列各对性状中，属于相对性状的是哪几个？

认识班级内同学们的具体性状及比例关系，理解性状的概念。

图 1　腾讯会议讨论截屏

充分认识相对性状——同一生物、同一性状的不同表现形式，理解相对性状的概念。实例分析，认识相对性状，及时纠正错误，帮助学生掌握相对性状的概念。

（三）基因控制生物性状

教师提问：生物的这些性状是由什么决定的？能够一代代传递下来。播放视频：转基因超级小鼠。展示超级转基因小鼠的实验过程，进一步认识到基因决定生物的性状。

微信群组内讨论：
（1）在这项研究中，转入的是什么？此时，研究的是鼠的哪一个性状？
（2）转基因超级鼠的获得，说明性状与基因之间是什么关系？
（3）在生物传种接代的过程中，传下去的是性状还是控制性状的基因？
举例：转基因荧光小鼠实验，进一步深化认识基因决定生物性状。
教师再次提问：生物的性状仅仅是由基因决定的吗？
举例分析：同一品种的圆白菜，一个种在西藏，一个种在北京，重量差别很大。
遗传物质相同的萝卜，地上部分和地下部分颜色却不同，这是为什么呢？
学生进而认识到生物的性状是由基因和环境共同作用的结果。
小组讨论分析转基因鼠的细节问题：微信群内讨论，积极倡导组内交流，分享智慧，充分理解基因决定生物的性状这一事实。

（四）总结及反馈练习

学生总结性状，相对性状的概念，板书汇总，基因和环境共同决定生物的性状。帮助学生厘清几个主要概念间的关系，进而掌握本节课的知识要点（图2）。

学习评价：问卷星习题作答，当堂练习，分析错题，及时纠正学生错误，提高课堂时效性。个别错题讲解思维导图总结本节重点知识间的关联分析比较：性状和相对性状的区别与联系。数据可视化呈现（图3）有助于教师精准讲解，实时评价教学。

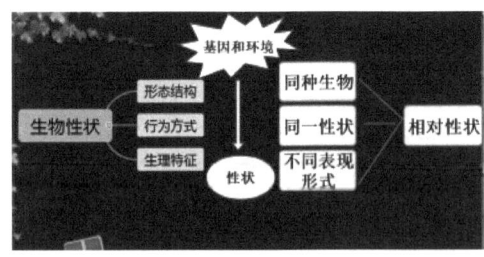

图2 课时知识总关系

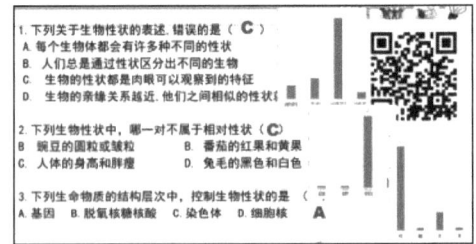

图3 问卷星习题正答率助力精讲

三、课堂评价和反馈效果

本节课通过多种形式的评价活动，推动教学的顺利开展，有利于开展线上教学，让每个学生真正参与课堂中。

（一）班级性状调查

问卷星调查班级性状，使相互隔离在家的同学们能够感知同伴的存在，形散神不散，迅速完成问卷也体现同学们专注于课堂的精神。当堂数据分析，使学生能够理性地认知性状的存在，但又存在差异，为下面介绍相对性状做好铺垫。

（二）组内相对性状观察

微信群内视频会议截屏分享，使久居家中的孩子感受到小伙伴的陪伴，交流相对性状增进了同学间的友谊，又能直观地看到组内真的存在相对性状。不足之处是个别同学比较内向，组内拍照费时较多，效果没有预期的明显。

（三）判断相对性状

希沃白板5课堂活动—判断对错的方式开展评价，这一活动模拟游戏呈现，学生既激动又紧张，生怕自己说错了，但是在紧凑的时间里，个别学生还有错误，及时分析纠正错误，帮助学生理解应用知识。

（四）小组讨论性评价，分析转基因鼠的细节问题

微信群内讨论，然后在腾讯会议聊天区展示讨论结果，通过同学们不断地分析和讨论，同学们越来越清楚地认识到基因控制生物的性状。

（五）学习诊断性评价

问卷星习题作答，通过习题对知识应用能力及时反馈，数据呈现能及时扫清学生知识盲点，利于学生掌握知识，准确应用。

（六）思维导图总结性评价

使这节课内容之间的逻辑关系更加清楚，重难点也一目了然。

总之，多元化评价能够促进教师积极开展线上教学，避免线上教学的单一性、被动性，让学生真正成为课堂的主人，真正实现评价促进学生个性化发展。

四、信息技术的优势和使用注意事项

（一）充分运用身边资源，让抽象的概念逐渐清晰

本节课重要的概念为性状，为了让学生充分理解性状的概念，我们一起观察了学生一家三口的照片，班级内在问卷星又进行了性状调查，逐步认识到自身的性状；对于不同性状，又开展了举例归类，逐步深入认识到生物的性状有形态结构、行为方式和生理特征方面。为了让学生能够清晰地认识相对性状的概念，我们又开展了组内微信视频会议，让同学们互相观察相对性状，这样既让学生们认识相对性状，又让学生利用网络相互组内交流，增进组员间感情交流。

（二）充分利用信息技术，努力上好线上课

为了调动学生线上上课的积极性和参与性，首先，设计了开始的小游戏，火眼金睛识亲子，让学生初步感受课程的轻松活泼。其次，利用希沃白板5的界面设计活动让学生小组竞赛完成判断，问卷星上学生完成班级内性状调查，为了充分认识相对性状，我们又开展组内微信视频会议。为了检测相对性状概念的应用，借助希沃白板5的课堂活动—判断对错，当堂纠错，进一步扫清学生知识盲点。对于转基因实验分析，同学们微信群内讨论交流。最后，为了检测同学们知识掌握情况，问卷星内完成习题，数据呈现及时反馈学习难点。

总之，一节课上完总有遗憾和不足。第一，本节课选材方面完全依照教材，没有创设新情景；第二，对于线上教学的落实情况还是心中存有疑虑，怎么才能更好地运用好平台，方式方法还需要推敲和琢磨。

宋元时期的科技与中外交通

李知红

一、学科指导思想与理论依据

（一）指导思想

习近平总书记提出贯彻落实总体国家安全观，必须既重视外部安全，又重视内部安全，对内求发展、求变革、求稳定、建设平安中国，对外求和平、求合作、求共赢、建设和谐世界。

（二）理论依据

历史课程是落实立德树人根本任务的重要课程，通过发掘人类优秀文化遗产的育人功能，使学生树立正确的历史观、民族观、国家观、文化观。《义务教育历史课程标准（2022年版）》提出，要发挥历史学科的教育功能，以培养和提高学生的历史素养为宗旨。

二、教学背景分析

（一）教材分析

本课是教育部2016年审定统编教材七年级下册第二单元第13课内容，重点介绍宋元时期的科学技术与中外交通。

本课在中国古代史的发展中占有十分重要的地位，上承隋唐时期科技文化与对外交往，为学生学习后面明清时期的科技文化与对外交往的内容起到铺垫作用。

（二）学情分析

知识方面：学生对中国古代科技发明和古代丝绸之路有初步了解。
能力方面：学生有较强的动手能力。
情感方面：学生对学习历史知识的积极性和热情度高，可塑性强。

三、教学目标及重难点

（一）教学目标

唯物史观：引导学生从政治、经济、民族融合、对外交往的角度，探索宋元时期科技发达的原因。

时空观念：引导学生梳理活字印刷术、指南针和火药的发明和应用的历史，引导学生观察元朝交通路线图，了解陆上和海上的交通线。

史料实证：引导学生阅读史料，培养分析史料的能力。

历史解释：引导学生解释丝绸之路，认识丝绸之路是东西方之间交流融合之路。

家国情怀：引导学生认识中华民族对人类文明的杰出贡献，激发民族自豪感。学习科学家勤于探索、勇于创新的精神，树立"科技强国、奋斗有我"的信念。

（二）重点、难点

重点：活字印刷术、指南针和火药的发明、应用及向世界的传播。
难点：充分认识中国古代四大发明对世界历史的影响。

四、教学过程设计

环节一：科技之梦，不懈追求

教师活动：伟大的中华民族对飞天之梦一直在不懈追求，请观看视频，了解"万户飞天"的故事。

学生活动：观看视频了解中国古代"万户飞天"的故事。阅读关于三大发明的材料。

设计意图：生动的视频让学生充分感受中华民族对飞天之梦的不懈追求。

环节二：科技之光，点亮生活

1. 活字印刷术的发明

教师活动：出示图片并介绍唐时期发明了雕版印刷术。为了解决雕版印刷术的弊端，人们一直在不断探索，在北宋有了技术上的突破。请观看视频，了解活字印刷术的发明和演变。展示活字印刷术体验小组的作品。说说活字印刷术有什么妙处？活字印刷术是如何传播到世界各地？活字印刷术对世界产生了什么影响？

学生活动：思考雕版印刷术的优点和缺点。了解活字印刷术的发明。体验活字印刷术作品《静夜思》。学生梳理印刷术的发明时间、传播路线、影响。活字印刷术降低了制书成本，加快了图书的普及和文化的传播，对人类文明的发展产生了重大的影响。

设计意图：活字印刷视频生动形象。小组展示激发学生参与学习的动力。通过活字印刷术的作品展示提高学生的学习兴趣，培养学生的动手能力。通过史料研读提高学生的史料实证能力。培养学生的识图能力、阅读材料能力和口头表述能力。

2. 指南针的应用

教师活动：演示实验，磁铁有指南的特性。观看视频，了解指南针的原理、战国和北宋的指南工具名称及指南针的传播。请同学们体验罗盘指南针，尝试使用罗盘指南针确定方位。请说说指南针的发明经过。人们如何应用指南针呢？指南针是如何传播到世界各地？乘坐中国海船的阿拉伯商人将指南针传到阿拉伯国家，后来又传到欧洲。指南针对世界产生了什么影响？

学生活动：观看演示磁铁指南的实验。观看视频了解指南针的发明与应用。体验罗盘指南针。材料研读小组展示：材料1说明北宋时开始在航海中应用指南针；材料2说明南宋时期指南针广泛应用于航海，非常重要。学生梳理指南针应用、形式、传播路线、影响。指南针应用于航海，大大促进世界远洋航海技术的发展，为郑和下西洋、新航路的开辟和地理大发现创造了条件。

设计意图：通过体验指南针的特性，提高学生的学习兴趣，培养学生的动手能力。通过史料研读提高学生史料实证能力。学习小组展示激发学生参与学习的动力。

3. 火药的应用

教师活动：请观看图片，火药由古代炼丹家发明。请阅读史料，说说火药如何制造？唐朝末年，火药开始运用到军事领域。宋元时期，火药武器广泛用于战争。那时的火药武器有火箭、突火枪和火炮等。请同学根据图片了解宋元时期的火器。介绍枪炮始祖突火枪。介绍火炮前身火铳。小组研讨：请根据刚才所学并阅读教材，说说火药的发明、应用和传播。请大家思考火药的发明有什么重大的历史影响？

学生活动：学生完成学案，梳理火药的发明时间、应用方式、传播路线、影响。在军事上，推动冷兵器向热兵器的转变。火器制造和热兵器作战方式推动了欧洲社会的变革，影响了世界历史发展的进程。

设计意图：通过史料研读，提高学生史料实证能力。通过图片介绍火药的应用，提高学生的军事素养。通过时间轴梳理火药的发明、应用和传播，培养时空观念的学科素养。学习小组展示激发学生参与学习的动力。

环节三：科技之旅，沟通世界

教师活动：观看视频，了解宋元时期的陆路交通和海路交通，了解中外的交流。请同学们根据地图，阅读教材，介绍陆上丝绸之路的路线。请同学们根据地图，介绍海上丝绸之路的路线。请同学们通过课堂活动互动游戏理解中西方科技交流情况。科技成就与交通发达之间是什么关系呢？古有丝绸之路，今有"一带一路"。请观看视频，了解习近平总书记提出"一带一路"战略构想的意义。

学生活动：通过视频了解发达的中外交通。理解陆路和海路畅通使得中西方科技交流十分广泛。思考科技成就与交通发达之间的关系，认识科技成就促进交通发达。交通发达传播科技成就。领会教材内容的逻辑关系。认识"一带一路"续写了古代丝绸之路的新篇章。

设计意图：生动的视频介绍了陆上和海上丝绸之路。阅读地图，培养学生的识图能力和口头表达能力。课堂游戏提高学习兴趣，加深对中西方科技交流的理解。通过游戏结果分析说明了宋元时期的科技在世界上的领先地位，培养学生的分析比较能力。

环节四：科技之思，启迪未来

教师活动：根据材料，结合所学，从政治、经济、民族交融和对外交往等方面说说宋元科技进步的原因。现在中国政治稳定、经济发展、民族和谐、对外交流广泛，我国在科技上也取得了巨大的成就。从古代的四大发明到中国现在取得的科技成就，大家能够感受中华民族的创新精神。

学生活动：小组研读材料，完成宋元科技发达的原因分析。联系当今的政治、经济、民族交融和对外交往的实际，了解中国现在取得的科技成就的原因，增强民族自豪感和自信心，培养家国情怀。理解科技强国的重要性，增强为实现科技强国之梦而努力奋斗的动力。

设计意图：从政治、经济、民族融合、对外交往的角度分析宋元科技进步的原因，提高学生历史解释的学科核心素养。介绍当今中国科技方面的成就，充分体现了军事航天科技特色在教学中的渗透。通过对比古今的科技成就，引导学生认识创新是一个民族进步的灵魂，鼓励学生学习发明家的创新精神。

五、特色融合点说明

（一）科技之梦，不懈追求

通过观看视频，了解中国古代火箭飞天第一人万户的故事，让学生感受中国人民对飞天之梦的不懈追求，体现航天特色在教学中的渗透。

（二）科技之光，点亮生活

学生通过聆听讲解、观看视频、小组展示、史料研读等方式了解印刷术、指南针、火药的发明与运用。通过课前的活字印刷操作认识活字印刷在技术上的突破，通过课上对罗盘指南针的实物体验，培养学生的动手能力。通过认识火药的发明对火器制造和作战方式产生的巨大影响，推动了社会变革，体现军事特色在教学中的渗透。

（三）科技之旅，沟通世界

学生通过识读地图，了解元代的陆上丝绸之路和海上丝绸之路的路线图，体会宋元时期发达的中外交通，认识中外交通与科技进步之间的互相促进关系。通过希沃白板的课堂游戏了解中外科技交流情况，提高学生的学习兴趣，认识古代丝绸之路和习近平总书记倡导的"一带一路"的重要意义。

(四)科技之思,启迪未来

引导学生从政治、经济、民族关系、对外交往等方面分析宋元时期科技发达的原因,认识到科技取得重大成就来源于政治稳定、经济发展、民族和谐、对外交流广泛。引导学生认识创新是一个民族进步的灵魂,树立"科技强国、奋斗有我"的信念,为实现科技强国之梦而努力奋斗,充分体现了军事特色、科技特色和航天特色在教学中的渗透。

六、教学特色分析

(一)体现品牌特色

本课紧扣学校在品牌特色建设"国际视野下的军事航天科技教育"的主题。

国际视野:本课介绍了宋元时期的陆上丝绸之路和海上丝绸之路,强调了习近平总书记倡导的"一带一路"让古代丝绸之路焕发生机,体现了国际视野在教学中的渗透。

军事特色:本课介绍了火药的发明对火器制造和作战方式产生的巨大影响,体现军事特色在教学中的渗透。

航天特色:在本课中,通过万户飞天故事引入和载人航天飞天梦圆为结尾,体现了航天特色在教学中的渗透。

科技特色:本课通过对比古今的科技成就,鼓励学生学习古今科学家的创新精神,树立"科技强国、奋斗有我"的信念。

(二)培育核心素养

本课在教学中充分体现注重培育历史学科五大核心素养。

唯物史观:从政治、经济、民族融合、对外交往的角度,引导学生认识宋元时期政治稳定、经济繁荣、各民族之间经济文化的交流、吸收外来文化、继承隋唐时期文化等,都是宋元时期科技发达的原因。

时空观念:引导学生梳理活字印刷术、指南针和火药的发明和应用的历史,引导学生观察元朝交通路线图,了解陆上和海上的交通线。

史料实证:引导学生阅读《梦溪笔谈》《萍洲可谈》等史料,培养史料分析能力。

历史解释:引导学生解释丝绸之路,了解陆上丝绸之路和海上丝绸之路开通的意义,认识丝绸之路是东西方之间交流融合之路。

家国情怀:颂扬中华民族对人类文明的杰出贡献,激发民族自豪感。学习科学家勤于探索、勇于创新的精神,树立"科技强国、奋斗有我"的信念。

(三)构建融合平台

信息技术与传统课堂教学方式相结合,构成了融合创新的新平台,在教学中发挥重

"云"上智慧
——首都师范大学附属云岗中学智慧教育建设探索

要作用。

信息技术：注重借助信息技术，如希沃白板、视频剪辑、动画演示等，将信息技术应用于各个教学环节之中，紧跟信息时代的步伐，充分发挥信息技术的优势。

传统教学：注重发挥传统教学的优点，如精心设计板书、指导学生进行小组研讨、注重师生之间的情感交流、利用实物教学增强学生的动手能力等。

融合平台：注重信息技术与传统教学取长补短，构建融合平台，全面提高历史课堂教学质量，培养学生的科技素养和人文素养。

课堂教学没有最好，只有更好。在今后的教学中，我将继续勇毅前行，不断提高教学水平，让历史课堂具有思想性、人文性、综合性和基础性，落实立德树人根本任务，培养有理想、有本领、有担当的时代新人。

冬奥之约

程 赫

一、教学设计整体介绍

思政课力求构建学科逻辑与实践逻辑、理论知识与生活关切相结合的活动型学科课程。学科内容采取思维活动和社会实践活动等方式呈现，通过一系列活动结构化设计，实现"课程内容活动化""活动内容课程化"。

培养学生的政治认同，即拥护中国共产党的领导，坚持和发展中国特色社会主义，认同中华人民共和国、中华民族、中华文化，弘扬和践行社会主义核心价值观。

《义务教育道德与法治课程标准（2022年版）》指出，以社会发展和学生生活为基础，构建综合性课程。坚持学科逻辑与生活逻辑相统一，主题学习与学生生活相结合。加强中华优秀传统文化教育。引导学生发现问题、分析问题、解决问题，提升道德理解力和判断力，强化团队合作教育。

中共中央办公厅、国务院办公厅印发的《关于进一步减轻义务教育阶段学生作业负担和校外培训负担的意见》中指出，提高作业设计质量，发挥作业诊断、巩固、学情分析等功能，将作业设计纳入教研体系，系统设计符合年龄特点和学习规律、体现素质教育导向的基础性作业。鼓励布置分层、弹性和个性化作业。加强作业完成指导。教师要认真批改作业，及时做好反馈，加强面批讲解，认真分析学情，做好答疑辅导。

课例背景：2022年寒假期间，恰逢北京举办第二十四届冬季奥运会。北京成为历史上首个"双奥"之城。冬奥会举世瞩目，冰墩墩和雪容融两个吉祥物也迅速"出圈"。后冬奥时代留给国人的不仅是物质财富，更有精神价值。

道德与法治课程紧跟时政脚步，教师布置了3项关于冬奥会的作业：①观看开幕式，并写一写自己的感受；②介绍冬奥项目；③分析举办奥运会的利与弊（图1）。

基于以上，我将开学第一课设为"冬奥之约"，旨在将寒假作业内容进行反馈和交流，引发学生的深入思考，培养学生团队合作和辩证思维能力。

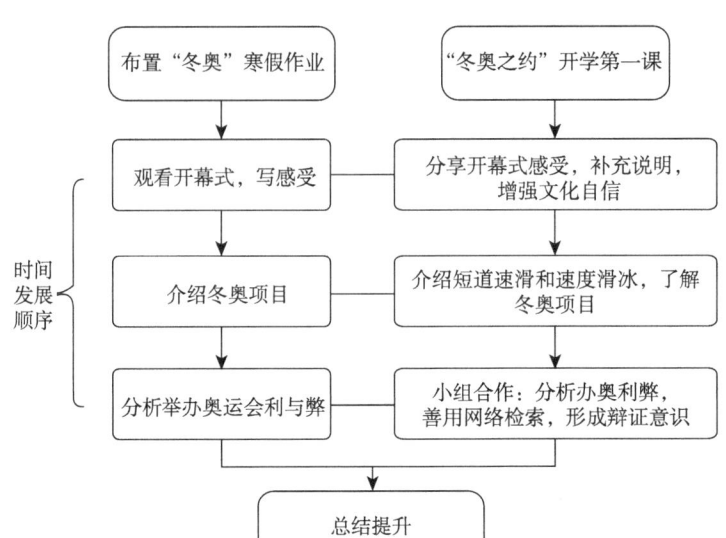

图 1 课程整体设计思路

二、教学过程设计与实施

（一）导入（3分钟）

教师：展示北京冬奥会开幕式倒计时——二十四节气。
提问：张艺谋导演为什么会选用二十四节气来作倒计时？
学生：观看图片，回答问题（预设：因为是第24届冬奥会，二十四节气是中国的传统文化，呼应开幕当天的立春节气）。
设计意图：引导学生迅速进入"冬奥模式"。开幕式倒计时视频在多学科中出现，所以用图片来加快节奏。

（二）活动1：开幕式作业分享（7分钟）

教师：过渡。相信同学们在观看视频后又将思绪拉回到2月4日那个举世瞩目的夜晚，寒假作业中我要求大家观看开幕式并写一写你的感受，哪位同学愿意分享（随机叫3名同学读一读）？
学生：分享自己的观看感受。
教师：点评补充。将"和平鸽""少数民族代表点燃主火炬""各行各业传递国旗""偏远山区合唱团""笔画顺序入场""破冰融合和人类命运共同体"等关键词配图展示给学生。
学生：依据老师给的关键词，补充和感悟开幕式表演所表达和传递的内容。
设计意图：将寒假作业和上课的内容相整合，落实"双减"作业设计的引导。让学生感受作业的意义，借由老师的补充，让学生更加深刻地认识、理解开幕式表演所弘扬

第三单元　基于学科应用的混合教学
冬奥之约

的中华文化，体会国家的发展与进步。

（三）活动2：冬奥项目介绍（5分钟）

教师：随着冬奥会如火如荼地开展，我们看到不少冬奥冰雪项目竞技，假期作业中请同学们去了解冬奥项目，部分项目名称十分相似，让我们眼花缭乱，下面就请xxx同学来为大家介绍。

学生：学生展示短道速滑和速度滑冰的区别。

设计意图：通过项目的分享介绍，推广冰雪运动，同时紧扣寒假作业。为学生搭建展示平台，在制作PPT、剪辑视频等工作中，提升信息技术能力，提升语言表达能力。

（四）活动3：班级辩论赛（10分钟小组活动，15分钟展示）

教师：过渡。随着冬奥会闭幕，我们的寒假也到了尾声。我们留的寒假作业是辩一辩：举办奥运会是利大于弊还是弊大于利？辩论之前我们要做好充足的准备，今天我们就以小组为单位进行辩论备赛。

引导：首先我们分析题目，说明举办奥运有利有弊，我们要全方位多角度地去分析，对举办奥运会的利和弊进行简单地梳理。

小组合作：请小组同学依据自己的假期作业完善鱼骨思维导图（在学生进行到一半时候PPT播放提示事件、为学生分发锦囊）。

学生：聆听，小组合作探索。

请一组同学上台展示，其余组的同学做补充。

学生：上台展示，提出建议。

设计意图：再现寒假作业，为辩论做好铺垫，学生学会总结提炼教师提供的资料"锦囊"，学会筛选信息，锻炼学生的逻辑思维能力和多角度辩证看问题的能力。

教师：引导。成功举办冬奥会，再次证明了我国的大国实力。我们之前分析举办冬奥会存在弊端，分析之后，不难发现这些弊端亦能转换成为价值。例如，举办冬奥会经济投入巨大：换来了对中国新的认识、对中国品牌的信任，对冬奥过后到中国旅行的期待；举办冬奥会破坏生态环境：北京冬奥会是第一个做到"碳中和"的奥运会。举办冬奥会影响市民生活：绝大多数的国人愿意为了奥运作出一些小牺牲，这也是中国得以迅速发展、集中力量办大事的基础。

设计意图：引导学生学会辩证地看待问题，将学生对冬奥的"误解"梳理开，让学生认识举办冬奥会的重要意义和作用。

教师：总结。总览全课，冬奥会是宣传中国文化，彰显大国形象的新平台、新窗口，让世界人民再一次看到举世瞩目的中国。虽然冬奥会结束了，中国前进的步伐却没有停滞不前，泱泱华夏，踔厉奋发。

三、课堂评价和反馈效果

（一）教学实施情况

环节1　简约震撼开幕式

请学生分享了自己观看开幕式的感受，多数同学都能表达发自内心的自豪。老师展示开幕式中的几个亮点，引导学生用"思政"眼光解读开幕式。例如，56个民族各行各业代表传递国旗表现的民族平等，民族团结，各民族共同繁荣；来自山区的马兰花儿童合唱团表现我国脱贫攻坚、乡村振兴、全面建成小康社会取得的巨大成就；借由汉字笔画的入场顺序彰显我们的文化自信；五环的显现和主火炬台的形成，分享"破冰"和"融合"人类命运共同体；由和平鸽汇聚的爱心体现用爱和和平促进全世界的共荣等。

环节2　披荆斩棘赛项目

由学生讲解和展示我国的传统强项短道速滑和逐渐发展起来的速度滑冰。二者在场地、装备、规则中存在较大的差异。介绍冬奥项目，让学生感受冬奥魅力。同时，分享运动员为了取得优异成绩付出的拼搏和汗水；借由男子短道速滑1000米比赛中中国队的团队配合，体现在国家荣誉面前不计较个人得失等。

环节3　一分为二析利弊

冬奥会结束后，北京成为第一座"双奥"之城，结合"展示政治优势""促进经济发展""增强文化输出""提升公民素质"4个维度助力举办冬奥会。反之，在防疫形势严峻、巨大经济支出、破坏生态环境、影响居民生活等存在弊端。让学生小组讨论后进行鱼骨导图梳理，随后进行班级展示（图2）。学生基本上能够结合资料将"利"与"弊"梳理完成。随后教师结合冬奥会的实际情况进行引导。例如，弊端是燃放烟花会造成环境污染，相较于环境的污染，燃放烟花能够烘托现场气氛，彰显大国形象；向学生介绍北京冬奥会是第一个做到"碳中和"的奥运会。例如，弊端是影响市民出行，可以对比2008年在机动车保有量300万辆的情况下实行单双号限行和2022年在机动车保有量600万辆的情况下只是实行短时、部分地区限制，感受交通管理能力在这14年间的提升等。再如，弊端是举办奥运会需要投入大量的人力物力资源，首先从盈利上来说，北京冬奥会不仅没有亏损，甚至带来巨大收益；冬奥会的举办为中国品牌提供了展示的平台，提升了中国企业在国际市场中的竞争力；通过对北京冬奥会的正向报道，外国人迅速感受到中国的魅力所在。让学生认识到，举办冬奥会虽然存在一些弊端，但是相较于巨大的"利"来说，这些弊端是可以化解、理解的。借由14年奥运会变化，感受祖国近年的巨大变化，进而激发学生的爱国之情、报国之志。

第三单元　基于学科应用的混合教学
冬奥之约

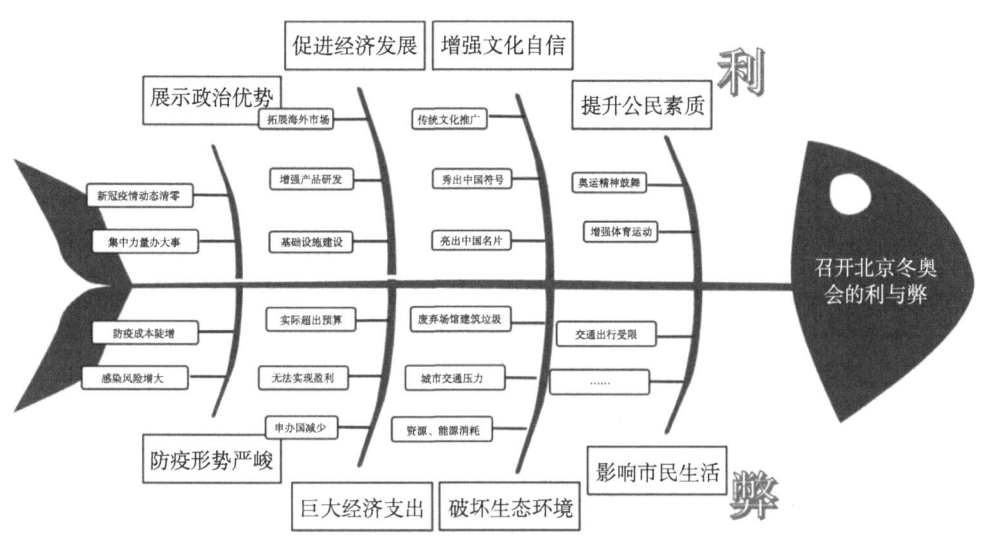

图 2　活动鱼骨图学案

（二）活动效果分析

1. 感受文化魅力

学生通过回顾冬奥会开幕式的精彩瞬间，再次感受举世瞩目的奥运盛会。感受中华传统文化，如二十四节气、古诗词的意境、汉字笔顺等，感受中华文化的魅力所在。

2. 增强体育教育

"3亿人上冰雪"是举办冬奥会提出的目标，当看到在冰上翩翩起舞宛若仙子的花滑运动员；当看到仿佛踩上风火轮的速滑运动员；当看到武林大侠般上下翻飞的滑雪运动员……更快、更高、更强、更团结的奥运精神跃然闪现。受到冬奥会的影响，更多人走近冰雪、走上冰雪。

3. 搭建展示平台

学生通过小组合作和分享，上台展示举办冬奥会的利弊分析。提高小组合作能力，为学生搭建展示的平台，学生能够发言展示小组的讨论成果，形成交流互鉴的学习模式，对问题开展探究和思考。

4. 强化辩证思维

在搭建平台的基础上，让学生感受事物是普遍联系的。要学会对立统一地看待问题。事物有其自身的两面性，要综合分析考量利弊。不可单一地就某一方面对事物进行评价，强化辩证思维。

四、网络信息的优势和使用注意事项

《中国互联网络发展状况统计报告》中显示，截至2022年12月，我国网民规模为10.67亿人，同比增加3.4%，互联网普及率达75.6%。其中，城镇网民规模为7.59亿人，农村网民规模为3.08亿人，50岁及以上网民群体占比提升至30.8%；全年移动互联网接入流量达2618亿GB。

调查显示初中生接触网络比较早，沉迷于网络游戏、短视频等也是屡见不鲜，但要一分为二地看问题。网络的优势不容忽视。学生可以借由网络查询历史相关的资料信息，随时可以反复观看比赛视频、查询比赛日程，还可以检索到不少"大咖"对于"双奥"的想法和评价。网络就真的像是一张大网，包罗万象。

在布置任务的过程中，注意以下事项。

（一）明确问题指向，不能大海捞针

现在用海量信息已经不足以形容信息爆炸的网络世界了。在为学生布置检索任务时一定要明确具体问题，否则学生可能花费大量时间都在浏览，但最终一无所获。任务可以是关键词，也可以是问题链，让学生能够有的放矢。

（二）鼓励信息整合，不是复制粘贴

庞杂的信息"迷人眼"，学生复制、粘贴几下就完成了作业任务。他们不曾深入地思考，甚至连看都没看。因此，对任务的布置应注意整合部分。如要求字数限制、图文并茂等，让学生检索信息能够为己所用。

（三）建议任务分工，不是单打独斗

引导学生分组的目的不是组长包揽，可以分问题去检索，最后再进行整合排版，千万不要把这样的任务变成了"电脑好"的学生的作业，这样就失去了活动的初心。在交流展示的过程中不断提升学生的信息素养。

如今冬奥之约已赴，学生作为青少年还有一场未来之约，建设社会主义现代化强国重任在肩。科技创新驱动发展，让我们乘着网络信息技术的翅膀，做新时代的弄潮儿！

信息环境下道德与法治学科培育家国情怀的实践

——以《构筑中国价值》为例

贾 婧

家国情怀是每一个中国人的信仰，初中道德与法治课堂是培养学生家国情怀的主阵地。笔者立足《构筑中国价值》的教学实践，通过多种信息技术、多种活动、多种教学方法培育和践行社会主义核心价值观，能够更好地构筑中国精神，中国价值，培育家国情怀。

一、教学设计整体介绍

（一）指导思想与理论依据

立德树人是中国特色社会主义教育事业的根本任务。道德与法治课程以社会主义核心价值观为指导，引导学生践行和弘扬社会主义核心价值观，坚定理想信念，厚植爱国情怀，用理想之光照亮奋斗之路，用信仰之力开创美好未来。

《义务教育道德与法治课程标准（2022年版）》在课程目标上提出，要培养学生学科核心素养，培养学生政治认同，使学生能够自觉践行和弘扬社会主义核心价值观，坚定共产主义远大理想和中国特色社会主义共同理想，增进中华民族价值认同和文化自信。

（二）教学内容分析

本课时内容是九年级上册第三单元第五课第二框第二目内容，本教材以社会主义核心价值观国家层面的价值要求为主线，第三单元"文明与家园"主要讲文化建设，它是"五位一体"总体布局中的重要组成部分。上一目学习了民族精神，社会主义核心价值观是当代中国精神的集中体现，本目重在培育和践行社会主义核心价值观。本课时在前面学习内容的基础上，使学生理解生而为中国人，我们有自用而不觉的价值观。

（三）学情分析

从教学对象讲，九年级的学生思维活跃、求知欲旺盛，正处于价值观形成的关键时期。从知识准备方面讲，通过七八年级的学习，学生已经对社会主义核心价值观有一定的了解，但还停留在认知、记忆层面，对其具体内容的内涵和意义思考不多，理解较浅。从能力准备方面讲，九年级学生受心理发展水平、认知能力及辨别是非能力的限制，缺乏对中华传统文化价值的认识。

（四）教学目标

本节课通过回顾已知和阅读经典名言，使学生理解社会主义核心价值观的内容和形成。通过学习英雄人物事迹，聆听父辈故事，使学生理解社会主义核心价值观的意义，提高政治认同的核心素养。通过思考并分享如何在生活中践行社会主义核心价值观，将社会主义核心价值观内化于心、外化于行，培养责任意识。通过齐诵少年中国说，升华情感，树立民族自信心和自豪感。教学重难点是培育和践行社会主义核心价值观。

二、教学过程设计与实施

《构筑中国价值》教学过程分为5个环节，分别是新课导入、环节一认知篇、环节二感悟篇、环节三践行篇及课堂总结。通过品传统文化、学英雄事迹、听父辈故事、辨观点正误、诵《少年中国说》等活动培育家国情怀提高政治认同（图1）。

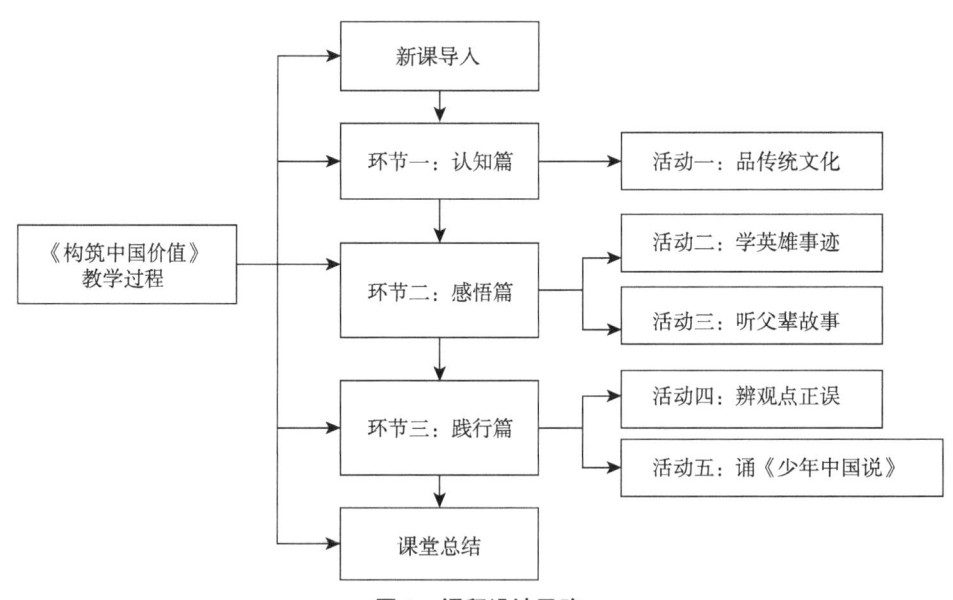

图1 课程设计思路

（一）新课导入

课堂导入对课堂教学质量有至关重要的影响。笔者借助互联网搜索关于国庆假期升旗仪式的视频，学生重温当时情景并请同学们结合视频说说感受。依托学生观看视频并回答问题。通过观看视频，瞬间拉近了英雄人物与学生的距离，引发学生对本节课探究的兴趣和愿望，导入本课内容，润物细无声地把学生带入课堂中。

（二）新课讲授

教学环节一：认知篇

活动一 品传统文化

教师提出问题，梳理并了解培育和践行社会主义核心价值观的必备知识。比如，提出问题，社会主义核心价值观的基本内容是什么？这些内容包含哪些方面？学生通过回顾已知并自主梳理教材知识点，对本节课必备知识有宏观的把握，通过师生对话加深学生的知识理解。接着利用PPT的方式展示文字材料："格物致知，诚意正心，修身齐家治国平天下"，中华文化强调"天下兴亡，匹夫有责"；强调"专心致志，以事其业"；强调"一诺千金"；强调"人之初，性本善"。接着播放《平语近人》节选视频。教师提出问题：社会主义核心价值观与中国传统文化之间有什么联系呢？学生观看视频，增强学生课堂参与感，深入理解社会主义核心价值观的内涵，为后面解决问题和应用迁移奠定学科基础。

教学环节二：感悟篇

活动二 学英雄事迹

教师借助互联网和大数据，精选素材，升华课堂，提升红色文化感召力。中华文化源远流长，博大精深，中华民族是一个英雄辈出的民族，呈现近百年来中华民族精神在中国共产党领导我国各族人民进行革命、建设和改革的伟大实践中的丰富与发展（表1）。学生在课前查找关于中国共产党精神谱系的具体内容，教师介绍每个时期的时代特点，学生在4个时期中的每一时期选一种精神并介绍和思考其中的变与不变，其他同学聆听并从中寻找共同点，共同点为无论是战争年代还是和平时期，不变的是他们对祖国的热爱、为了祖国发展无私奉献的精神，为了实现中华民族伟大复兴而奋斗的精神。

表1 各个时期的精神

时期	精神
新民主主义革命时期	红船精神 井冈山精神 长征精神 抗战精神等
社会主义革命和建设时期	大庆精神 雷锋精神 焦裕禄精神 "两弹一星"精神等
改革开放时期和社会主义 现代化建设新时期	抗洪精神 载人航天精神 抗震救灾精神等
中国特色社会主义新时代	抗疫精神 脱贫攻坚精神 新时代北斗精神等

活动三 听父辈故事

在初中道德与法治教学中，教师将生活故事融入教学中，唤醒学生的生活经验，促进学生强化体验，促使他们进行知识内化。英雄的伟大来自平凡，学生在生活中也会受身边平凡人物的影响。由于课前已做了问卷、探寻和采访，通过现代信息技术问卷星和互动学习平台收集了父辈的故事，请3个小组的同学讲他们父辈们的故事（表2）。在课堂中，教师提出问题：这些故事中体现了社会主义核心价值观中的什么品质？结合父辈故事谈谈，为什么他们要弘扬社会主义核心价值观？学生回答：他们讲述的父辈故事中体现了敬业、友善、诚信、公正、民主的品质。他们在各自的岗位上兢兢业业，实现了自己的人生价值，在工作中获得了荣誉感和幸福感，在工作中提升观察、分析、解决问题的能力及人际交往能力，提升道德境界。所以，弘扬社会主义核心价值观促进了个人的全面发展和社会进步。学生通过采访父母，讲父辈故事，感悟社会主义核心价值观的力量，学会向身边的榜样人物学习，培养学生热爱家庭、热爱祖国的情感。

表2 父辈们的故事

故事	内容
故事一	我的父亲是一名环卫工人。他坚守在道路街巷，不惧骄阳，不畏严寒，用双手守护着城市的洁净。 一天中午，一位女士着急地找到我父亲，她说：前天在家收拾的时候，误把2000元的红包当作垃圾扔掉了。看到她着急的样子，我的父亲蹲在垃圾中用手翻找，没有喊一声累，也没有停下来休息，最后财物被找回。助人为乐、待人友善是中华民族的传统美德，我们要继续传承和弘扬下去。
故事二	我的父亲是一位村委会工作人员。2020年防疫工作期间，他主动站岗执勤，日夜奔忙。他坚持办事公正，村委会的每一笔开支，他都会认真审核。同时，他和村民们一起通过公正公平公开的形式，推选优秀团员加入党组织。十几年如一日，他坚守岗位，尽心尽力，任劳任怨，为乡村振兴奉献着自己的力量。
故事三	我的父亲在中铁六局工作。2016年，为了保证在国庆假期结束之后地铁顺利运行，他带领团队不分昼夜地奋战在现场，最终保证了节后第一天13号线的顺利通车，获得了市民的赞誉。在我们看不见的地方，地铁建设者们舍小家为大家，默默为我国的基础设施建设奉献力量。

教学环节三：践行篇

活动四 辨观点正误

前面环节学生已经认识核心价值观，理解核心价值观，其实最重要的是践行核心价值观。课前利用相机提前拍摄短剧，通过无人机的全景镜头进行拍摄，对视频进行处理后，对话内容如下：

PPT出示：听完同学们讲的父辈故事，4位同学进行了讨论。

第三单元 基于学科应用的混合教学
信息环境下道德与法治学科培育家国情怀的实践——以《构筑中国价值》为例

甲：听完这些父辈故事后，我真的有被感动到！

乙：父母那一代人条件艰苦，咱们现在生活条件好了，不用那么辛苦了吧！

丙：你说的不对，如果没有他们兢兢业业的工作，哪有我们的今天啊，我们也应该为国家和社会做出自己的贡献，至于为国家和社会做贡献，长大以后再说吧！

丁：你说的也不对，我们应该珍惜他们的劳动成果，但是我们做好自己不就行了吗？

乙：这还不简单，我背了，考试会写了，不就是在践行吗？

教师课前组织学生表演自己对培育和践行社会主义核心价值观的不同看法，学生课上进行短剧表演展示。借助短剧表演，学生通过真实情景辨析不同观点，自觉将社会主义核心价值观与自己的日常行为结合起来。教师提问：你同意他们的看法吗？请说说理由。我们应该如何在生活中落实社会主义核心价值观呢？学生谈理解，进行归纳整理，再将这些内容与教材中提出的怎么做的要求联系起来。最后教师和学生共同小结。

活动五　诵《少年中国说》

随着网络信息技术的发展，歌曲在互联网中的传播速度和广度是传统时代无法比拟的。学生紧跟配乐，诵读《少年中国说》，体会情感，理解诗歌背后的爱国情怀，学会珍惜幸福生活，努力学习，以实现中华民族伟大复兴为己任，以实际行动爱国、报国。

（三）课堂总结

教师进行课堂总结，现在是价值观形成和确立的关键时期，抓好这一时期的价值观非常重要，这就像穿衣服扣扣子一样，如果第一粒扣子扣错了，剩余的扣子都会扣错，所以人生的扣子从一开始就要扣好，希望大家在今后的生活中将核心价值观落细、落小、落实，让社会主义核心价值观像空气一样无处不在。因此，培育和践行社会主义核心价值观，要与日常生活紧密联系起来，做到落细、落小、落实。少年强则国强，少年有志则国振兴。通过总结本目内容，让学生对本目内容有全面整体的把握。

（四）作业设计

作业内容为向全校师生发出"践行社会主义核心价值观，弘扬载人航天精神"的倡议。通过这一作业，使学生更加深刻理解社会主义核心价值观，并自觉弘扬和践行社会主义核心价值观，重在培养学生树立并宣传社会主义核心价值观的意义，明晰并掌握宣传核心价值观的形式和方法。

三、课堂评价和反馈效果

本节课以学科核心素养培育为目标，彰显了思政课独特的育人价值，以综合性、活动性为抓手，凸显了思政课的特色。本节课以"英雄事迹—父辈故事—学生"的主线展开，由认知核心价值观、感悟核心价值观和践行核心价值观三大板块构成，思路清晰，脉络通畅，培养了学生积极参与小组合作与学习探究，能够进行协作学习，达到"内化于心外化于行"的教学目标。通过信息技术的使用、灵活的互动交流，呈现很好的教学效果，教学目标完成度很高。课程在不断地改进过程中，学生有了真思考、真讨论、真想法，也有了真行动。本节课主要通过过程性评价和终结性评价相结合、个体评价和小组评价相结合的方法，对学习效果进行评价。

四、课堂教学中应用信息技术的优势

在教学过程中使用信息技术，在实施过程中有以下优势：第一，以可视化的教学内容助力沉浸式理论教学，使学生以直观的方式观察、感受、领悟教学内容。比如，在导入环节和在教学环节一中体现得非常明显。第二，以在场感的教学场景助力沉浸式实践教学。学生的亲身感受是驱动知识从认知转化为认同、上升转化为信念的重要依托。在教学环节三活动四中提到培育和践行社会主义核心价值观的不同看法，课前利用相机提前拍摄短剧，通过无人机的全景镜头进行拍摄，对视频进行处理后，在课堂中播放，打造具有极具氛围感、代入感和现场感的教学场景，让学生身临其境，产生情感的共鸣与思想的共振。在教学环节三的活动五中，学生诵读《少年中国说》，通过互联网搜索相关的视频、音乐等方式营造特定的爱国氛围，调动学生对祖国的情感，激发学生的爱国热情。

信息环境下道德与法治学科培育家国情怀的实践，能够落实本学科道德修养和责任意识的核心素养，培育家国情怀。培育家国情怀不仅仅是几节课就能完成的，后续还需要我们思政教师在教育教学过程中持续关注学生的思想和行动，逐步渗透品德教育。

参考文献

［1］ 李文桥.学思践悟正青春 家国情怀显担当［J］.中学政治教学参考，2021（38）：8-9.

［2］ 秦尊军.在深度探究中厚植家国情怀［J］.中学政治教学参考，2021（26）：11-13.

［3］ 杨小虹.家国情怀融入初中道德与法治课堂的教学策略［J］.福建教育学院学报，2023（8）：4-6.

第四单元 基于人工智能的多元教学

混合人工智能辅助的英语阅读教学实践探索

——以外研社八下 Module 4 Unit 2 为例

马慧楠

在英语阅读教学过程中，常常会出现教学内容的碎片化和思维培养的浅表化，导致环节割裂，不能调动学生的学习兴趣，在过程中对学生的学习支架提供不足，学生在最后的语言输出环节，对任务不感兴趣，更不知道如何评价。随着各种人工智能产品的出现，问卷星、希沃白板、投票器的出现可以辅助教师在课堂上解决不了解学情、学习支架不清晰、评价不直观的问题。笔者通过本节课，结合以上人工智能的各自特点，有效地辅助了课堂教学实施和课堂评价。

一、教学设计整体介绍

《普通高中英语课程标准（2017 年版 2020 年修订）》中指出，学生在主题意义的引领下，通过学习理解、应用实践、迁移创新等一系列体现综合性、关联性和实践性等特点的英语学习活动，使学生基于已有的知识，依托不同的语篇，在分析问题和解决问题的过程中，促进自身语言知识学习、语言技能发展、文化内涵理解、多元思维发展、价值取向判断和学习策略运用。

《义务教育英语课程标准（2022 年版）》中提出了注重"教—学—评"一体化设计与实施的课程理念，要求教师梳理"教—学—评"的整体育人观念，注重各教学要素相互关系的分析，实现目标、活动、评价相统 的教学（教育部，2022）。

基于以上理论支撑，进行本课的文本分析，在模块主题意义的引领下，关注健康生活，改进生活方式。本课以发现健康问题解决问题为主线，分别由 4 个主人公自述的方式，介绍其选择的不同锻炼方式。学生通过完成层层递进、相互联系的问题，保证学生多层次、多角度理解文本的主体意义和内涵精神，学生通过为 Richard 提建议，同时反思自己的生活方式，通过完成有关健康生活方式的调查问卷并采访、全班展示的方式综合运用语言，实现实践应用、迁移创新的目的，有效地提升语言能力和思维能力。

(一)教材分析

本课是外研版初中英语教材八年级下册 Module 4 的 Unit 2,本模块话题涉及"人与自我"——生活与学习主题群下子主题 2 健康的生活方式、积极的生活态度。本模块以"健康生活"为主要题材,围绕就医经历、个人锻炼经历等内容,使用现在完成时,开展听、说、读、写各项学习活动。

【What】本节课是一节阅读课,围绕话题 Healthy living 展开,介绍了 Anna、WangWei、Thomas 和 Richard 4 个人选择不同锻炼方式的文章,并描述了从事这项锻炼的原因、过程和结果。

【How】文章采用总分结构,标题和正文形式,4 个自然段围绕标题介绍了每个人的情况,每段都以锻炼方式—原因—过程—结果的形式展开;在描述过程时使用现在完成时与时间状语 for 连用的形式表达了进行锻炼的持续时间。

【Why】通过本节课的学习,学生能够反思自己日常的锻炼,引导学生对自己和身边人的健康习惯进行反思和评价,并且给予合理化的建议。促进形成锻炼有益于身体健康的意识。

(二)学情分析

基本情况:

授课对象为本校八年级 3 班学生,本班学生英语基础中等,两极分化,多数同学课上能积极参与课堂活动。

已有基础:

(1)学生通过本模块第一课时的学习,对身体健康状况和日常锻炼习惯的话题比较熟悉,对于相关表达也有了一定的掌握,能够简单表达自己的身体状况,如 I feel ill;能够表达自己的锻炼习惯,如 I haven't done much exercise since I got my computer.

(2)学生在本学期模块二和三对于现在完成时的意义和用法有了一定的学习了解。掌握了结构 have/has done,意义为在以前某个时间已经发生的行为或曾经做过的事对目前的影响,并且可以和 just、already、yet 连用加强说明。能够理解和简单使用现在完成时表达相关意义。

(3)学生在本节课所需理解的词汇上,即对于表达体育运动的名词和表达健康状况的形容词都有涉及。

存在问题:

(1)文本信息量较大时,学生自主梳理和整合信息有困难。

(2)描述选择某种锻炼的原因的表达方式单一,缺乏逻辑。

(3)对于健康的生活方式,对于锻炼对生活的影响,缺乏思考。

(4)学生的英语水平参差不齐,在内容的获取上会存在差异,在最后的口头表达部分会存在一定的困难。

第四单元　基于人工智能的多元教学
混合人工智能辅助的英语阅读教学实践探索——以外研社八下 Module 4 Unit 2 为例

解决措施：

（1）由问题链引导学生分步获取并理解主线信息，通过各种形式的提问、追问，帮助学生理解，推进阅读进程。

（2）在梳理信息的基础上，归纳总结语篇内容，引导学生发现文中主人公表达自己运动经历的方式是从锻炼方式—原因—过程—结果这4个方面来表述，板书示范，并通过语用活动内化所学创设情境，学生小组交流讨论，内化所学。

（三）课时教学目标

在本节课后，学生能够：①获取并梳理安娜、王薇、托马斯和理查德4个人选择某种锻炼的原因、过程和结果；②分析评价 Richard 所选的锻炼，给予适当建议，自身反思；③综合运用所学，结合自身情况，推荐锻炼项目和锻炼小贴士。

二、教学过程设计与实施

环节一　学习理解：感知与注意

通过呈现问卷星健康生活方式调查的结果，展示本班学生相关情况和健康建议引入本课话题，激发学生学习兴趣，自然过渡到课文阅读。

环节二　获取与梳理：文章大意理解

通过利用希沃白板的蒙层功能，学生进行获取文章大意的阅读，在获取文章大意后发散思维，思考谈论体育锻炼会从哪些角度，阅读课文验证猜测。

环节三　获取与梳理：文章细节理解

通过利用希沃白板的思维导图功能，学生进行有关 Anna 体育锻炼的相关内容的获取和梳理，获取谈论锻炼经历的不同方面，即原因、过程和结果，在获取之后提问学生体育锻炼对 Anna 的影响是什么？学生进一步思考体育锻炼对人的影响，归纳概括后板书呈现。依照 Anna 段为例，自主阅读完成其他内容。

环节四　应用实践：分析与判断

通过希沃白板思维导图功能，在学生分析 Richard 是否应该继续跑步问题上提供思考角度，拓宽学生思路，学生思考 Richard 感受的深层次原因，引导学生对于身体健康的重视，通过给 Richard 提供建议的方式引导学生思考解决办法；通过学生跑步视频的呈现，激发学生关注体育锻炼对人在意志品质方面的帮助，即助人、坚毅，引导学生在锻炼中遇到困难要勇于坚持。

环节五　应用实践：内化与运用

通过希沃白板的思维导图功能，在朗读课文后归纳文中有关谈论体育锻炼的语言表达。同时，通过借助板书的生成，引导学生归纳谈论锻炼经历的角度，并让学生结合自身经历发散思维思考更多的角度。

环节六　迁移创新：想象与创造

基于问卷星调查的结果，设计运动健康手册，根据健康调查结果，分组完成运动健康手册内容：0～5分学生结合自身锻炼成功经验推荐同学适合的运动；其他分数段学生结合运动经历提出运动方面的小贴士，实现应用实践本课所学，提升思维能力。

环节七　迁移创新：批判与评价

通过使用"按按按"投票器，即时直观呈现评价结果；学生按照评价量化进行评价，实现评价的多元化。

三、课堂评价和反馈效果

本节课评价设计依据课时教学目标，以过程评价和量化评价为主。主要通过提问、小组讨论、综述观点、互评这些方式，辅以问卷星的结果、希沃白板的蒙层、思维导图的功能、"按按按"投票器这些人工智能混合使用来对学生课堂的学习表现进行评价。通过以上方式的使用，学生对课堂任务的投入度高、兴趣浓，对任务的理解和完成表现好，教学目标达成度高。

四、混合人工智能的优势和使用注意事项

（一）问卷星助推学情深入了解，希沃白板使用优化教学活动

在开展本节阅读教学的过程中，教师立足于提升学生思维能力，以学生为本，关注学生学习参与的实际获得。要想使教学设计具有较强的实效性，学情分析是做好教学设计必不可少的环节。因此，在开展教学设计之前，教师采取观察和问卷的方法了解学生，关注并树立学生开展本课内容的已有基础、存在困难和突破措施，从而通过教学设计积极创设以学生为中心的课堂氛围。本节课的主题为健康生活方式，教师设计了中英文的问卷星调查问卷对学生生活方式和有关锻炼的相关经历进行了调查，也对学生在词汇上做了铺垫。通过调查问卷的方式对于学生对本课话题的了解有所掌握，并基于日常教学观察发现学生存在的问题：①自主梳理和整合信息有困难；②表达选择锻炼的原因角度单一缺乏逻辑；③对于锻炼对生活的影响缺乏思考；④学生水平差距大。基于以上问题，制定了以下解决措施。①使用问题链和可视化的思维工具来引导学生获取理解信息；②使用板书引导学生归纳总结；③评价 Richard 的锻炼经历并给予建议，评价同学跑步的视频引导学生反思自身；④采用小组讨论，师友互助的方式加强生生交流。

（二）使用"按按按"，直观反馈学生的评价，以评促学

在语言输出的环节，学生在展示后，教师采取生生互评、教师补充点评的方式，但是由于时间限制，不能表达学生的全部想法。因此，利用按按按可以很好地即时统计所有学生的反馈，给展示的同学一个反馈，接着再选择学生来评价更有针对性，教师也能对学生的情况有所掌握。为了"按按按"的反馈情况更具体，学生会根据评价量规来选择，这样的结果能反映学生更具体的问题。

（三）以问卷星数据为基础，以终为始，导入输出相辅相成

导入具有触发课堂注意、激发学习兴趣、唤醒已有知识、及时诊断学情、揭示语篇主题和营造课堂氛围的功能。输出环节是一节课学生综合运用所学的体现。因此，本节课把导入情景与输出任务贯彻始终，让学生利用调查问卷的结果为区分、输出环节进行基于自身不同特点的输出。呈现调查问卷结果、提供健康建议、激发动机输出活动以问卷结果为基础，推荐锻炼项目，总结锻炼小贴士，有效地结合了导入和输出。

（四）深度挖掘文本，探究锻炼对学生生活的影响

本节课在引导学生发掘文章内涵上做了很多设计，从读书环节中，学生从获取文章大意到了解文章细节再到深入思考为3个层层深入的活动层次。使用层层深入的语言支架即思维导图引导学生梳理整合本文内容。特别是在深层理解阅读时，评价 Richard 的锻炼并且提出建议，从而引导学生思考并发现锻炼时总会遇到问题和困难，如何处理需要学生针对自身特点来思考，并且要克服畏难情绪。

人工智能助力英语听说教学

——以 Journey to space 单元教学为例

胡京蕊

一、教学设计整体介绍

《义务教育英语课程标准（2022年版）》指出，教学内容的组织以主题为引领，以不同类型的语篇为依托，融入语言知识、文化知识、语言技能和学习策略等学习要求，以单元的形式呈现。同时，教师要重视教育信息化背景下英语课程教与学方式的变革。充分发挥现代信息技术对英语课程教与学的支持与服务功能，合理使用、创新使用数字技术和在线教学平台，开展线上线下融合教学，为满足学生个性化学习需要提供支撑，促进义务教育均衡发展。

Journey to space 单元以培养学生"航天精神"这一大概念为核心，以听、说、读、写、看、演等系列学习活动为抓手，引导学生梳理、呈现人类探索太空历程，运用话题词汇、一般过去式和现在完成时讲述中国航天故事，表达对天文知识的好奇之心和对航天科技工作者的崇拜之情。通过科大讯飞听说考试系统智能教学平台、E听说练习 App、希沃白板、PowerPoint、微信学习群等平台学习交流，学生逐步实现由学习理解向应用实践、迁移创新的语言技能、思维品质等综合提升。

学生对航天知识有一定了解，在前期学习中借助各种信息技术媒介完成过听力、阅读获取细节信息和口笔头表达任务，对人工智能应用软件支持英语学习的工作流程有一定的认知和运用能力。

二、教学过程设计与实施

在课堂教学活动中，教师将 Journey to space 单元大目标分解为3个单元小目标（图1），即初步了解火星月球探索、深入了解太空探索成就、全面了解航天人航天梦。以单元小目标为引领，结合学校"中国航天日"庆祝活动，设计3个小活动贯穿"校园航天日"产品制作的项目式学习活动，充分利用互联网支持下的科大讯飞听说考试系统智能教学平台、E听说练习 App 等人工智能教学系统开展系列听、说、读、写、看、演的教学活动，并通过个性化、多样化作业设计，将课内外学习活动融合。

第四单元　基于人工智能的多元教学
人工智能助力英语听说教学——以 Journey to space 单元教学为例

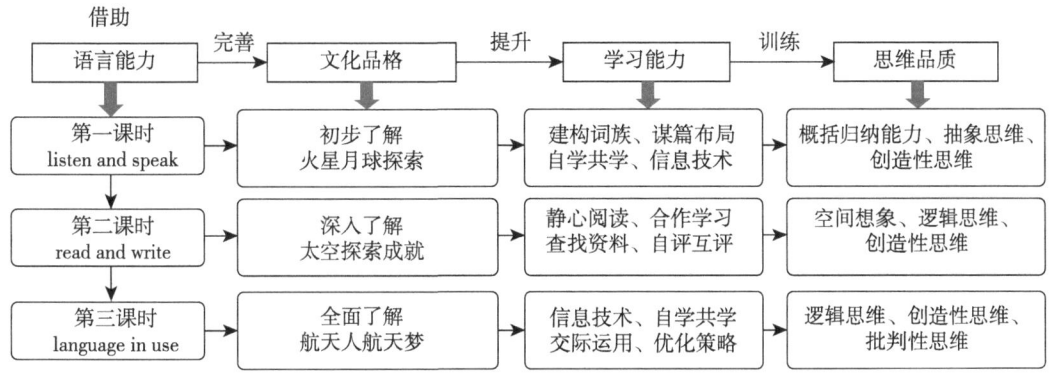

图 1　单元教学目标及课时安排

活动一：撰写航天主题演讲稿

通过听说实践课的课堂活动，学生运用科大讯飞智能听说教学系统听并获取人类月球、火星等探索的时长及收获；在此基础上合作完成有关太空探索的英文演讲素材准备，包括使用 word 撰写英文演讲稿、使用 PowerPoint 制作演讲用幻灯片、使用网络浏览搜索幻灯片配图等。课后，学生根据自身学习特点、能力水平，利用 E 听说练习 App 进行课本跟读或角色扮演，实现课本知识的巩固与内化。同时，继续完善演讲素材。

活动二：制作航天主题手账

通过阅读写作课的课堂活动，学生阅读文本，获取人类太空探索的努力、成就与希冀；在此基础上，小组合作完成为集群幼儿园小朋友绘制航天知识手账的素材准备，包括使用绘图软件绘制星际示意图或设计手账、利用网络查阅并制作英文单词卡等。课后，学生利用 E 听说练习 App 完成宇宙间常见星系名称的拓展学习，有能力的同学可以选择拓展完成该话题下的影视片段配音活动。

活动三：排演航天主题课本剧

通过项目活动课的课堂听力环节，学生借助科大讯飞智能听说教学系统，听后记录并转述 3 位航天员太空探索的经历、感受及愿望；在此基础上，小组合作编演包含 4~5 个话语轮的"航天人·航天梦"课本剧。课后，学生利用 E 听说练习 App 完成航天探索话题相关听说或配音练习，进一步拓展中国航天知识。同时，从英文演讲、手账、课本剧中任选一项进行完善，为参加校级航天日庆祝活动做好准备。

三、课堂评价和反馈效果

本单元评价设计主要是过程性评价，重点是学生通过课堂活动，利用学习平台即时生成个性化反馈，在班级展示环节通过自评、他评、师评 3 个维度对学习成果进行评价。课堂实施过程中教师选择平台中的优秀作品进行展播，旨在鼓励学生大胆自我表达；引导学生对错误率较高的词句进行再学习，培养学生积极利用个性化反馈信息促进学习能力提升。

"听说实践课"和"项目活动课"上，学生利用科大讯飞听说考试系统智能教学平台开展听说练习，教师适时关注学生单词朗读、听后选择、听后回答问题、听后转述和角色扮演的情况，保证学生能够根据个性化学习需要开展学习。

在反馈环节可以看出，学生100%能够在教师设定的时间内完成学习活动，并根据系统提示对自己得分偏低的词句文进行反复练习，以提高自己的得分（图2）。

图2　某班学生试题完成"三分两率"情况即时报告

针对听后选择、听后记录信息等练习内容，教师可以根据数据反馈，针对错误率偏高的试题进行讲解，并可以通过邀请学生发言或私下访谈等方式关注学生的错因，在"知其然"的同时更关注"其所以然"，才能针对性更强地生成课堂讲授内容。

在听后复述、词句文朗读部分，教师可以充分利用平台实时评价和录音的功能，展播学生优秀录音作品，在班级中营造良好的学习氛围。

单元学习完成后，教师可以将任课班级与全校、全区同一题型的情况进行对比分析，并根据得分率设计、布置拓展类教学活动。结果显示，该班级朗读单词和听后复述得分明显低于学校平均分和区平均分，教师在课后拓展练习中可以侧重这2个题型进行布置。

同理，针对每个学生的个性化、过程性评价数据经过一个学习单元、一个学期的积累，便形成了该生独有的个性化过程性评价，助力学生个性化学习发展。这是本单元教学评价与反馈中最利于师生共同进步的保障。

四、人工智能听说教学系统的优势和使用注意事项

人工智能支持英语听说教学相较于传统英语听说教学具有明显的优势：资源丰富、反馈及时、练习具有针对性、符合语言习得规律。然而，如果教师不能引导学生正确处理大数据信息，将会给学生的学习增加困扰。因此，必须处理好3个关系，即人机关系、线上线下关系、课内课外关系。只有这样，人工智能教学平台才能真正助力英语学科的教与学。

（一）人工智能听说教学系统的优势

1. 人工智能听说教学系统资源丰富

相较于传统教学设备，人工智能支持的听说教学平台拥有课内外、各种版本的资源，内容涵盖各学段"人与自我""人与自然""人与社会"下各子话题，且活动形式多样，

包括听后选择、听后回答问题、听后记录信息并转述、朗读回答问题、单词或句子朗读、情境对话、趣味配音等多种形式。教师根据教学目标，分析校情、学情后筛选资料，为学生提供个性化学习资源，还可以根据需要补充相应的学习资源，形成个性化学习资料包。

2. 个性化反馈促进学生有效学习的发生

人工智能听说教学系统最大的优势是根据学生答题情况实时生成个性化评价反馈报告，通过打分、重难点色彩变化为学生提供个性化反馈，学生可以选择针对自己学习中的重难点进行复练，形式包括模仿朗读、独立朗读等。教师布置学习任务时，可以根据平台提供的难易度参考数据设定练习时长、练习次数等，为学生自主学习提供保障。

3. 人工智能保障英语学习活动延展性

英语作为学生的第二语言，在习得的过程中需要良好的环境给予足够的强刺激。人工智能听说教学系统保障了学生课后继续听、说、看英语等学习活动持续进行。教师通过在 App 上布置听说、配音、角色扮演等学习任务，在微信学习群分享点评优秀听说作品等教学行为，向学生提供课后投入更多时间、精力提高英语学习的平台和机会。

（二）人工智能听说教学系统使用注意事项

人工智能支持英语听说教学是众多教学形式中的一种，教师在进行教学设计时要始终秉持以"英语活动观"为指导、以学生为中心的教学理念，帮助学生在真实情境的任务驱动下通过听音频、看视频、查资料、做海报/手账、编演剧本、做点评等活动发现问题、思考问题、解决问题，从而完成项目式学习。在使用人工智能开展教学的同时，要处理好人工智能与教师智能、线上教学与线下学习、课堂练习与课后巩固的关系。

1. 教师智能与人工智能的关系

人工智能教学平台的最大优势在于资源丰富，教师在面对纷杂的资源时，应该在分析学情的基础上确定教学主题和教学目标，据此对资源进行筛选、改编、节选，将最适合学生的学习材料布置给学生，切忌不加筛选地随性布置。同时，教师应该充分利用大数据信息和实时反馈信息，引导学生理性看待反馈数据，学会使用数据支持个性化、针对性学习。

2. 线上教学与线下学习的关系

人工智能听说系统的使用在一定程度上保证了学生线上学习的效果，实现了课堂学习活动的延展，保留了学生部分学习成长轨迹，但其不能替代线下学习活动。听力材料中出现的单词、词块、语法项目，听后复述文段的落实都离不开学生线下预习、学习、复习活动的保障。教师在充分使用信息技术保障线上教学的同时，应该将听说活动与读写活动相结合、语法教学与听说活动相融合，借助纸笔媒介将学生成果物化落实，形成丰富的学生学习成长档案袋。笔记、学案、海报、剧本、演讲稿、手抄报、计划书等均可以成为学生线下学习的过程性档案。

3. 课堂练习与课外巩固的关系

教师在利用人工智能听说教学、练习系统时，应该处理好课堂练习与课外巩固的关系。课堂练习内容的选择以话题为主线、涉及多个活动形式、词句文为最佳。这种操作辅以师生之间的互动，有利于学生主题意义的建构和思维能力的提升。课外巩固的布置要适情况而分：当以课堂知识、文化内容延展为目的时，教师可以继续选择同话题下的练习内容；当以知识能力、语言技能提升为目标时，教师可以根据题型选择练习内容，且持续开展一段时间的专项训练。再者，练习布置的层次也要"内外有别"，不能"一碗水端平"。课堂练习因为要保证课堂活动顺利开展，学生课堂学习能力均衡发展，教师布置的练习任务最好内容、形式、时长、评价标准统一。但是，课外巩固练习是以促进学生找准自己的知识生长点为目的，练习内容、形式、时长、评价标准均可分层处理。学有余力的学生可以适当扩展学习资源，完成趣味配音、听后记录并转述的内容，且达标分数可以设定在85%以上；基本达标的学生以听后选择、朗读回答问题等内容为主，达标分数可以视情况设定为75%～80%；学习困难的学生应注重预习（如单词识读、朗读）和课内复习作业（如短文跟读、句子背诵）为主，达标分数可以视情况设定为60%～75%。这样的"内外有别"既能保证学生课堂学习的顺利开展，又能保证学生课后巩固的个性化开展，为学生的英语学习提供适合的脚手架。

人工智能支持英语听说教学经过一线教师的实践和研究，已经初见成效。然而，如何能让学生在人工智能的助力下，通过教师的智慧设计沉浸式完成英语课内课外、线上线下的学、习、用，还值得我们不断认真思考和深入研究。

基于跨学科视角下英语线上线下混合听说教学设计与实施

——以外研版八年级下 Module 3 为例

王 颖

1981年，英国学者福莱提出了"跨学科"一词。跨学科学习是指学生在学习的过程中，针对本学科出现的知识点和生活问题，联系并应用其他学科知识来加强对本学科知识点的理解应用。实现英语跨学科主题学习的困难在于所跨学科的目标词汇繁冗、学科内容晦涩。这些障碍削弱了学生的探索热情，迫使他们放弃英语跨学科的深度学习。

线上学习可以帮助学生解决这些困难。首先，线上教学可以解决学生的词汇困难。利用多媒体技术可以将文字、动画、声音有机结合起来，为学生提供词汇的音、形、意，创设一定的语境，激发学生的兴趣，让学生在逼真的画面环境中探索主题含义。同时，线上的智能测评可以精准定位学生的知识薄弱点，制订个性化学习方案，并按照每个人的学习特点推送个性化的知识。

一、教学过程设计与实施

（一）学情分析

1. 教材分析

本节课是外研版教材八下 Module 3 Journey to space 的一篇课外拓展学习课，也是一节听说课，围绕话题 Journey to space 展开，介绍了太阳系的四大行星，即水星、金星、火星、木星。本节课的学习材料是一篇科普文章，结构清晰，内容严谨。文章从星球的形态、大小、大气、卫星、地表、温度、肉眼辨识度等方面对四大行星进行了系统的介绍。同时，每个星球又各具特色。水星的公转速度最快，金星通常在日出日落的时候最明显，火星可能成为人类移民星球，木星上的风暴大红斑持续了两百年。学习本课后，学生能够对太阳系各行星有更加深入的了解，同时尝试在夜空中找到这几大行星。

2. 学生分析

授课对象为初二（5）班的32名学生。本班学生学习态度认真，学习积极性高，求知欲强。通过模块3的学习，学生能够了解关于太空探索的话题并提取信息，读懂以太空为主题的简单文章并能识别细节，能够简单介绍人类在太空探索领域取得的成就。但是，本课所学内容无论从太阳系知识的深度和广度上都不能满足学生的求知欲望和探索欲望，同时，与学生求知欲和探索欲反差极为明显的是学生的语言能力，学生在语言输入和输出方面面临着很大的困难。太阳系的话题词汇与生活联系并不紧密，且学生的背景知识储备并不丰富，这些会给本节课的教学带来极大的挑战。

（二）教学目标

在本节课结束后，学生能够正确朗读辨认有关太阳系的话题词汇，获取并梳理太阳系中水星、金星、火星、木星的常识知识，用英文介绍四大行星的基本情况，能够在夜空中找到四大行星并用英文阐述理由，同时感悟中国航天在太空探索中取得的伟大成绩。

（三）活动设计

1. 利用人机互动陪练模式，帮助学生学练习话题词汇

活动1：在英语听说智能教学系统网站上，学生进行话题词汇的朗读练习，自查自纠单词发音、含义。

活动2：根据网站反馈的结果，对得分不高的新单词进行重新复练，并通过图片巩固新词汇含义。

【设计意图】利用教考平台上的单词朗读及语音识别功能，精准的为学生展示他们的错误发音，让学生跟读复练，满足学生的个性化需求。扫除听说学习障碍。同时，学生在朗读新单词的时候，系统会呈现与意思匹配的图片，这些图片能够帮助学生记忆词汇含义。

【智慧教育创新点】利用教考平台上的单词朗读及语音识别功能。

2. 线上观看水星英文纪录片，探索水星

活动1：学生观看英文水星纪录片，了解水星的形态、大小、大气、卫星、地表、温度、肉眼辨识度。

活动2：完成关于水星知识的线上练习，巩固有关水星所学。

活动3：教师核对答案，生成有关水星常识的思维导图（图1）。

活动4：根据思维导图的提示，学生在英语听说智能教学系统上完成水星口语介绍，第一时间获取评价分数。

活动5：教师陈列评价标准，让学生根据评价标准，评判自己的口语作品。教师播放优秀学生作品，学生学习鉴赏。

【设计意图】获取有关水星的基本信息。通过线上评测，检测学生对水星的了解情况。利用英语听说智能教

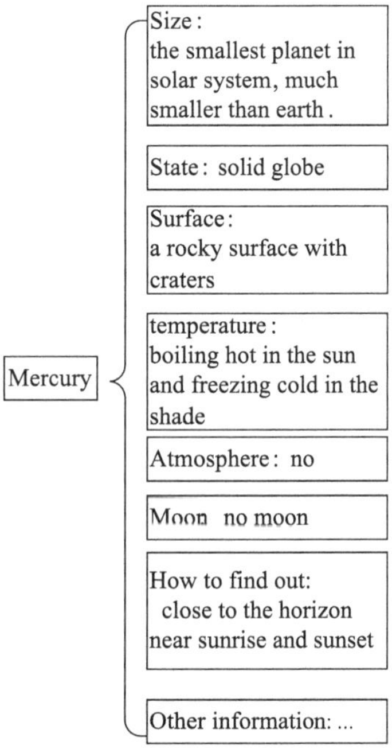

Mercury
- Size: the smallest planet in solar system, much smaller than earth.
- State: solid globe
- Surface: a rocky surface with craters
- temperature: boiling hot in the sun and freezing cold in the shade
- Atmosphere: no
- Moon: no moon
- How to find out: close to the horizon near sunrise and sunset
- Other information: ...

图1 水星常识思维导图

第四单元　基于人工智能的多元教学
基于跨学科视角下英语线上线下混合听说教学设计与实施——以外研版八年级下Module 3为例

学系统的数据分析功能，在课堂上分析学生的普遍错误，提高课堂效率。思维导图能够帮助学生系统化建构所学知识。学生利用英语听说智能教学系统的人机交互功能，根据思维导图复述水星的基本常识，实现人际语音互动，提高口语水平，深化认知。教师要引导学生根据评价标准，进行自评及生生互评。同时，学生可以根据反馈结果，针对自己的错误实现个性化学习。利用英语听说智能教学系统上的优秀作品线上展示功能，实现学生生生互评，提高学生口语表达能力。

【智慧教育创新点】利用英语听说智能教学系统的数据分析功能。

3. 分小组探究金星、火星及木星

活动1：每个小组分别获取自己的行星听力任务，同时完成线上任务测评，巩固加深本小组所负责行星的基本信息的理解记忆。

活动2：听力任务完成后，小组成员核对答案，同时生成各行星基本信息的思维导图。

活动3：在教师确认思维导图无误后，学生根据本小组生成的思维导图，利用英语听说智能教学系统上的人机交互功能，各自介绍本组的行星。同时系统给每个学生打分，反馈学生的学习成果。

【设计意图】利用英语听说智能教学系统的机房练习功能，实现分组任务探究。利用英语听说智能教学系统的人机交互功能，实现语音的输入，深化本组行星的认知，同时提高学生口语水平。

【智慧教育创新点】使用了英语听说智能教学系统的机房练习功能及人机交互功能。

4. 利用信息差，各小组展示探究成果

活动1：教师在金星小组中选择得分最高的学生，为其他行星小组科普金星基本信息。

活动2：听完金星介绍之后，教师选择两个非金星小组的成员进行有关金星知识的线上竞答。

活动3：教师在火星小组中选择得分最高的学生，为其他行星小组科普火星基本信息。

活动4：听完火星介绍，所有非火星小组同学进行火星知识的线上抢答。

活动5：教师在木星小组中选择得分最高的学生，为其他行星小组科普木星基本信息。

活动6：学生听完木星介绍，所有学生在线进行有关木星的口语问答。

【设计意图】利用信息差，实现全体成员的知识循环互动。在真实的语境下，进行听说互动交流。同时，巩固各行星知识。每个小组在介绍自己的星球研究成果之后，其他各小组会有一个星球知识的竞答活动。活动方式分为双人对战和全班抢答，以及人机交流对话，拟在通过这些方式激发学生的学习兴趣。同时，没有抢答到的学生可以通过电脑广播的形式，在自己电脑上观察别人的做题过程，进行行星知识的二次学习。教师通过英语听说智能教学系统回答问题的功能，检测学生的学习情况。同时，学生利用英语听说智能教学系统的再次练习功能，纠正自己的错误。

【智慧教育创新点】使用了英语听说智能教学系统的回答问题功能。

5. 学以致用，观星辨星赞成就

活动1：教师利用Stellarium观星软件，播放四大行星同时出现的动态星空视频。星空定格后，让学生根据每个行星的特征，辨认水星、金星、火星、木星，并说出判断依据。

活动2：让学生在电脑上介绍自己最喜欢的行星。

活动3：教师播放纪录片，学生了解中国在太空探索中取得的成就，并谈论自己的感受。

【设计意图】利用Stellarium观星软件，重现五子连珠的星空，在星空中辨识各个行星，将本节课所学知识进行应用。学生利用英语听说智能教学系统的人机交互功能，谈论自己喜欢的星球，并说明原因，提高学生口语水平，深化所学内容，实现所学知识的迁移创新。理解中国在太空探索中取得的伟大成就，激发学生的爱国热情。

【智慧教育创新点】利用Stellarium观星软件及英语听说智能教学系统的人机交互功能。

二、课堂评价和反馈效果

（一）学科深度融合促学生核心素养发展

跨学科视角下初中英语课堂教学实践，拓宽了教学思路，解决了传统教学缺乏真实语境的问题。跨学科主题教学能够深入挖掘文本的内涵与外延，使学生能够多维度、多方向地了解教材文本所传递的真实信息，拉近学生和真实世界的距离。以英语为中心主体，在其他学科内选择某个主题进行加工和设计，运用其他学科知识全面使用语言，从而加深学生的学习印象，提高学生思维能力。

线上英语跨学科的主题单元教学并非各学科的简单关联，而是充分利用主题合力作用，实现各学科的深度联系，培养学生获得超越知识的高阶思维能力。教师利用英语同其他学科的契合点，创设真实语境，倡导学生合作学习，从而培养适合其终身发展的核心素养。

（二）线上学习模式助跨学科主题教学

人工智能背景下的线上线下教学模式对跨学科主题学习起到了助推的作用。在混合教学中，教师利用线上教学平台，为学生提供更多的学习方式与形式多样的学习资料，如观看视频进行英语听说学习等。教师可以在网络平台中布置多种形式的学习活动，如小组探究、全班抢答等听说教学活动，降低跨学科教学难度，丰富学生学习方式，激发学生的学习兴趣。

同时，线上线下混合教学为学生提供了充分的互动机会，包括媒体交互、师生互动、生生互动等。学生与多媒体设备和系统进行交互的过程中，系统会动态记录学生全程的学习过程。同时，教师根据学生现场生成的学习反馈，及时提供相应的指导，以解决在跨学科方面的学科理解认知困难与语言障碍。

三、英语智能线上教学的优势和使用注意事项

英语智能线上教学主要有以下几方面的优势：

（一）实现个性化教学

智能教学系统可以根据每个学生的学习速度和能力提供个性化的内容和资源。例如，对于接受能力强的学生，系统可以提供更高级或更复杂的材料；对于需要额外帮助的学生，系统可以提供补充材料和练习。

（二）实时反馈

通过智能教学系统，学生可以即时获得关于他们答案正确性和解题方法的反馈，从而迅速纠正错误和不足。系统可以分析学生的学习数据，为教师提供关于学生的进度、优势和短板的详细报告，从而帮助教师更有效地支持学生。

（三）资源的丰富性

在线平台通常配备丰富的教学资源，如视频、互动测验、模拟器等，使得学习更为生动有趣。一些在线学习平台也支持学生间的互动和合作，使得学生可以从全球范围内的伙伴中互相学习和合作。智能教学系统的快速发展，线上教材和课程可以迅速更新，以反映最新的研究和发展。

尽管人工智能线上教学有很多优势，但也存在一些挑战。在人工智能线上教学中也需注意一些问题：缺乏人际互动。在线学习可能会减少师生和生生之间的直接交流，这可能会导致学生感到孤独和隔离。对英语学习而言，口语练习和交际能力的培养尤为重要，线上学习难以提供真实的对话环境。对一些学生而言，没有一个固定的学习环境和时间可能会导致学习拖延和缺乏动力，没有直接的教师监督可能会使学生更容易分心。线上平台虽然提供了大量的信息和资源，但是可能会让学生感到不知所措，无从下手。学生可能过于依赖智能教学工具的反馈和建议，而忽略了自己的直觉和判断。

尽管存在上述挑战，但许多问题都可以通过适当的策略和工具得到缓解。对学生和教育机构而言，关键是找到线上学习和传统学习之间的平衡，充分利用各自的优势，以促进数字学习环境下的师生共同发展。

技术支持的英语听说教学的组织实施

——以"北师大必修二 Unit 4 Information Technology 听说课"为例

于书颖

当前,线上线下混合式教学已成为必备教学能力的背景下,教师应充分发挥线上教学平台在教学管理、腾讯会议等系统操作设计灵活且成本低等优势,避免或减少多班或个性化教学中规划不够系统、师生互动不够灵活等方面的弊端,提高教学设计和操作流程上的系统设计,确保学校开展线上线下教学的随时切换。通过调查问卷显示,大部分学校的教师采用腾讯会议平台,以让学生全员开摄像头的方式开展线上教学。教师通过观察学生的上课状态和查阅笔记来判断学生的学习情况,调控学生的学习活动。其中,学生开麦回答问题为主要的课堂互动方式。

信息科技、劳动技术等注重互动、动手操作的非中高考科目,采用上述线上教学方式,实施难度非常大。笔者在近期两个月人工智能内容的线上教学实践中发现,只要用好了工具和平台,这类课程的教学互动性因为不受教室设备和环境制约,比线下教学的方式更加丰富、更加灵活。

一、教学设计整体介绍

《普通高中英语课程标准(2017年版2020年修订)》将高中英语课程目标凝练为由语言能力、文化意识、思维品质和学习能力构成的学科核心素养。核心素养目标着眼于全面育人,而不仅仅单纯把语言作为知识或技能来教学。学校应在日常教学中分阶段、分层次、有侧重地培养学生的英语学科核心素养。北师大2019版新教材高一英语必修二"Unit 4 Information Technology"的一节听说课,涉及的主题语境为"人与社会"下的信息技术、App功能及网络应用。学生通过对3段听说材料的学习,了解应用软件的功能和用途,感受科技带给人们生活的便利,认识到科技对于改变人们生活的意义和价值。同时,要客观看待网络对生活的影响,合理利用网络,提高网络安全意识。

二、教学过程设计与实施

本节课采用网络授课环境,利用科大讯飞英语听说智能教学系统平台,模拟高考人

第四单元 基于人工智能的多元教学

技术支持的英语听说教学的组织实施——以"北师大必修二 Unit 4 Information Technology 听说课"为例

机对话考查形式，充分利用平台即时反馈、即时评价、点读纠错、同伴竞争等个性化自主学习与合作学习方式，实现课堂容量和学习效果的提升。

课前环节：利用问卷星和词云小程序，精准分析学情。

利用问卷星和词云小程序，设计完成调查问卷及数据统计，了解学生对本课主题 "Information Technology" 相关的背景知识、实际应用、批判与创新思维等方面的学情。

课中环节：设计了以学情调研为基础并环环相扣的多层次学习活动。

学习活动一：观察调查问卷结果，调动已知，展开思考，激发兴趣。

Activity 1. Lead in

Ss get the information from the questionnaires and talk about the Apps that they often use.

Questionnaires：

※ 1. Please list three Apps you are using most frequently and the reasons.

学习活动二：朗读单词，学习新知，为口语输出奠定基础。

Activity 2. Read Time

Read online in the system and learn the language.

➢ book tickets
➢ book accommodation
➢ order food
➢ find directions
➢ learn a language
➢ check the weather
➢ look for popular restaurants
➢ subscribe to newspapers and magazines

学习活动三：完成听后记录，提高听的能力和词汇准确拼写能力。

Activity 3. Listen and Fill

Listen to the dialogue and complete the notes in the table.

App	Reasons for Use
Music App	I listen to songs when I can't sleep or feel __1__. It really helps me __2__.
Apps for the news	Get __3__ with the news all day long.
Apps for different __4__	Use different avatars because they let me explore different personalities.
App called "Alarm Clock"	A bell rings to __5__ me that my time is up.

学习活动四：内化并运用听力文本中相关语言谈论生活中最常用的应用软件的功能和特点。

Activity 4. Learn to Express

Read the listening material and learn to express your preference of Apps and your reasons.

Pair Work：

Make a dialogue about your favourite App with your partner.

You may start like this：

Example：

A：What kind of App do you like using？

B：I like ... App because ... How about you？ Which App ...？

A：I enjoy ... Do you have any recommendation？

B：Oh，yes！ You can download ... It's my favourite.

A：Wow！ That sounds cool！

学习活动五：基于有关"如何设计一款 App 来解决你生活中的实际问题"的调查问卷结果，引发思考，完成听后选择。

Questionnaires：

※ 2.Are the existing Apps able to meet the needs in your real life？

※ 3.What kind of App do you want to develop to solve your real life problem？ Why？

Activity 5. Listen and Choose

1. Why are Apps so popular according to the woman？

A. Because they are very challenging.

B. Because they are very useful.

C. Because they are easy to use.

2. What can students do with educational Apps？

A. Find popular schools.

B. Enjoy the same learning materials.

C. Choose their online teachers and subjects.

3. What does the woman think is the most difficult thing in developing an App？

A. Solving real-world problems.

B. Finding out what people need.

C. Using the latest technologies in Apps.

学习活动六：内化并运用对话文本材料，与小组同伴展开讨论并有逻辑地表达观点。

Activity 6. Learn to Express

Read the listening material and answer：Why and how to develop Apps to solve your real life problem？

学习活动七：基于有关"上网时间"和"网络对发展友谊有利还是有害"的调查问卷结果，引导学生分析并评价网络对生活的影响。

Activity 7. Discussion and Presentation

What's your opinion about "the internet helps or harms friendships"？ Why？

学习活动八：朗读文段材料，读后纠正发音。

Questionnaires：

※4. How many hours do you spend on the internet every week？

※5. Do you think internet harms or helps friendships？

※6. Why do you think internet harms friendships？

※7. Why do you think internet helps friendships？

Activity 8. Reading Time

Read a passage about different attitudes towards the Internet on friendships.

Show the evaluation standard.

Let Ss know how to get high marks in speaking test.

学习活动九：内化并运用文本中有关网络对影响友谊的语言，准确、流畅、完整地阐述观点。

Activity 9. Show Time

Voice your opinion.

课后环节：学生完成线上听说练习，并基于本节课主题意义探究的综合表达，完成书面表达类的输出任务。

Homework：

Finish the listening and speaking online homework.

Write a passage and upload it to www.pigai.org.

Requirement：You must choose at least one from the following topics：

（1）Recommend your favourite App to your friends and tell the reasons.

（2）Describe the App that you want to develop to solve your real life problem.（what, why, how）

（3）Express your view about "Internet harms or helps friendships"？ and tell your reasons.

三、课堂评价和反馈效果

本节课基于学情，巧妙选择学习材料，精心设计学习活动，充分利用多种信息技术手段，辅助学生进行与新高考考查形式一致的听说训练，最大程度地实现与教材同步的单元主题下语言学习内容与人机对话形式的统一，使学生在自主学习、合作学习的过程中感受学习的进步和交流的快乐，最终促进学生能力、文化意识、思维品质和学习能力及信息素养的提升，为其终身发展奠定坚实的基础。

四、信息技术应用于听说教学的优势和注意事项

利用信息技术应用于听说教学与常规教学相比有着不容忽视的优势。

（1）利用问卷星小程序对学生开展学情分析，解决教学目标设计缺少科学性和针对

性的问题。课前，利用问卷星和词云小程序，开展基于本节课主题意义的学情调研和分析，了解学生已知和未知，有利于教师有的放矢地设计教学目标和教学活动。同时，问卷设计了与学生生活密切相关的问题，激发了学生对本课主题"信息技术及应用软件的使用"的学习兴趣。

（2）利用科大讯飞教考平台和教学系统，在语言教室的网络环境下，解决传统听说训练中无法实现的人机对话和数据即刻生成与分析的难题。课中，以问卷中的问题和分析结果的呈现作为贯穿整个课堂教学活动的依据和衔接，起到承上启下、一以贯之的作用，使得整个教学设计和课堂教学活动逻辑连贯，清晰明了。利用科大讯飞听说考试系统和教学系统开展与新高考考查形式一致的听说训练，"怎么考，就怎么教"，学生对自己的优势和不足非常清楚，有利于今后自我目标规划。同时，充分利用系统提供的即时生成的数据分析和评价反馈开展具有针对性的个性化学习，每位学生都有自己的学习报告，明确知道自己哪道题做错了，为什么错，如何纠错等，解决了常规听说教学课堂上很难解决的个性化问题。而系统生成的数据对于学生的共性问题也能够即时呈现，有利于教师有针对性地了解并解决学生的共性问题，并为今后的教学改进提供依据。

（3）教师通过演示文稿的设计与制作，利用精心挑选的学习材料和设计的学习活动，组织学生开展基于探究学习与合作学习的多种课堂学习模式，利用网络环境支持学生创造性学习与表达、展示与交流，提高口语表达的准确度、流畅度和完整度，真正实现深度学习。

当然，所有的技术都有两面性。技术上我们过多依赖科大讯飞提供的资源，对教学应用素材的数量和质量教师有更高的期待，受软硬件使用等各方面制约，师生的需求无法得到满足。但目前的应用软件五花八门、参差不齐，使用效果得不到保障，也存在网络安全等方面的问题，对教师造成选择障碍，对学生造成应用软件过度使用等问题，影响了学生的学习效果和身心健康。对此，教师要寻求其他途径进行弥补。

AR 增强现实技术在物理教学中的组织实施

——以"直流电动机"一课为例

王晓琳

电动机的工作原理是通电导线在磁场中受力。学生在观察物理实验现象的基础上，在头脑中容易形成通电直导线的电流方向、磁场方向、受力运动方向的模型建构，但是通电线圈在磁场中受力并实现连续转动的三维模型构建就比较困难。教学中利用 AR 增强现实技术解决学生模型建构的关键问题，从思维上给学生提出了新的思路：通过问题导引及 AR 增强现实技术模块的展示，带领学生经历了一个电动机模型建立的整体过程。教学过程中将科学思维和模型建构完美融合：本节课并没有把成套的实验材料直接给学生，而是通过问题导引及任务驱动，根据学生的思维发展，引导学生改装材料、制作电动机模型。AR 增强现实技术在"直流电动机"的教学过程中，帮助学生进行模型建构，针对物理现象进行科学猜想、推理进而利用器材进行设计论证，培养学生的科学思维。AR 增强现实技术在本节课中直观生动地开展科学性、互动性强的课堂教与学活动，从技术层面及实用效果来看，都有着重大的意义。它能改变传统教学模式，可以让学生同时接受"教与学"过程，领略物理实验实质性内容，加深理解，从而促进教学效果，提升学生学习能力，同时，引导学生运用所学知识分析和解决实际问题，培养学生正确价值观和社会责任感。

一、教学设计整体介绍

《义务教育物理课程标准（2022 年版）》提出，物理教学应发挥不同教学方式独特的育人功能；教师应依据学生发展阶段、教学内容特点、教学资源等的情况，灵活选用教学方式，促进教学目标的有效达成；教师要充分发挥信息技术的优势，将信息技术有效融入物理教学，创新教学方式，提升教学效率。当一些物理现象很难真实呈现，有些物理实验无法通过传统实验器材完成，或很难达到预期的效果时，可借助信息技术手段，通过数字实验设备等完成，以便更好地发挥物理实验的育人功能。

"直流电动机"一课主要是理解电动机的工作原理并制作电动机模型，分别以 AR 增强现实技术课程模块和探究实验作为载体，通过演示实验、问题导引、实验探究，让学生在利用所学知识制作电动机模型的过程中，感受 AR 增强现实技术帮助进行物理模型构建的作用。通过问题导引为学生提供一个交流、合作、探索、发展的平台，促使学生在问题解决中主动运用知识，掌握技能，发展创新思维。

学生在物理学习中已经熟悉并掌握实验探究的过程：发现、提出问题，作出猜想与假设；设计实验方案、收集证据、分析论证得出结论；交流合作、评估反思。学生已经学习了通电导体在磁场中受力的知识，不难理解磁场对通电线圈也有作用力，因此，学生能够分析线圈在各个位置的受力情况，在头脑中容易形成通电直导线的电流方向、磁场方向、受力运动方向的模型建构。但是，通电线圈在磁场中受力并实现连续转动的三维模型构建就比较困难，这也是电动机中重要部件换向器的作用，特别是对于电动机通过换向器才能让线圈实现连续转动，学生较难理解。

二、教学过程设计与实施

本课从小魔术入手，激发学生的探究欲望。通过演示实验、学生动手实验、AR增强现实技术等，利用学过的物理电磁知识，引导学生设计制作电动机模型，在理解"电动机工作原理"的同时，激发学生学习兴趣，体现"从生活走向物理"的理念，这样使学生更加容易接受物理知识。用Pad线上教学平台进行互动展示、分享和作业收集及评价。

环节一　演示魔术，情境引入

教师表演魔术：意念螺丝。螺母非常"听"老师的话，可以实现按老师的命令沿着螺栓向上旋转、向下旋转。学生观察螺母的运动，思考螺母真的会随着老师的意念而动吗？本环节设计意图是用生动有趣的物理魔术来创设课堂情境，提升学生对物理现象的关注，激发学生对物理现象进行探究的兴趣。

环节二　演示实验，问题导引

通过让学生观察演示实验：通电导体在磁场中受力运动，思考以下进阶问题：①分析通电导体运动时的能量转化。②通电导体在磁场中受到的力的方向与什么因素有关？③通电导体会掉下轨道的原因是什么？④怎样能让导体在磁场中受力而不出去？⑤在磁场有限、导轨长度有限的情况下如何让导体在磁场中受力而不滑出轨道？学生根据实验现象及所学知识，利用给出的长漆包线、转轴、磁场、电源等器材进行思考并作出猜想、假设。本环节的设计意图是通过观察实验现象，学生根据进阶问题的导引能够进行猜想和假设，实现将直导线变成线圈，变直导线的平动为线圈的转动。

环节三　AR展示，情景模拟

学生将线圈、转轴、磁场组装好，接通电源后观察到线圈在磁场中不动。引导学生分析交流线圈接通电源后在磁场中不动的原因：漆包线外皮绝缘，即使接通电源，但是线圈中没有电流通过，因此线圈不动。改进：将漆包线的两头绝缘漆全部刮掉。测试：将改进后的线圈放入磁场，接通电源，观察线圈的运动。现象：线圈动了，但不转。利用AR增强现实技术分析通电线圈在磁场中受力。学生通过观察AR展示的动画及图片分析，发现通电线圈转动的原因及停止的原因：由于线圈中电流方向不变，导致线圈受到的安培力由原来的动力（图1甲），变成阻力（图1乙），最终停止在平衡位置（图1丙）。

第四单元 基于人工智能的多元教学
AR 增强现实技术在物理教学中的组织实施——以"直流电动机"一课为例

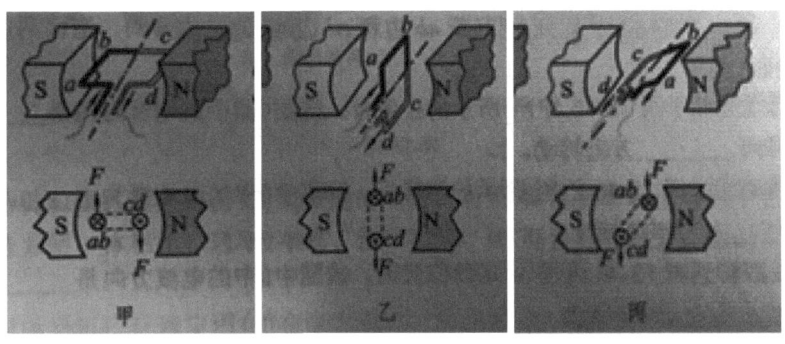

图 1 线圈中安培力

本环节设计意图是通过 AR 增强现实技术课程模块的展示,将直导线的平动转换成线圈的转动,帮助学生在头脑中将导线中的电流方向、磁场方向、受力运动方向抽象成直观物理模型并实现二维到三维的模型构建,引导学生思考解决线圈实现持续转动的办法,即当线圈到达平衡位置时更换电流的方向。进一步进行电动机模型建构,提出科学猜想,利用现有器材及实验进行推理、论证。

环节四 引发思考,实验改进

学生竞赛:限时 1 分钟手工换线圈中的电流方向。以次数最多的为优胜者。道具:AR 增强现实技术课程模块。通过竞赛的过程和结果引发学生思考:手动转换电源方向或磁场方向都可以实现线圈在磁场中的连续转动。但是线圈转速太慢,在现实中无应用价值。学生进一步观看 AR 增强现实技术课程模块展示的动画(可进行慢动作播放和动作暂停),分析通电线圈在磁场中持续转动的原因:在线圈转到平衡位置时,就更改电流方向,使线圈获得持续动力(当线圈转到平衡位置时,线圈中的电流方向不变,磁场方向也不变,而线圈受到的力就由原来的"动力"变成了"阻力",由于这两个力大小相等,方向相反,且作用在一条直线上,所以会由于惯性和受到阻力而静止在平衡位置)。问题导引:要想让线圈继续转动,在现有器材的情况下应该怎样办(怎样消除线圈后半圈的阻力)?学生利用 AR 增强现实技术模块对实验进行理论改进、模拟测试、利用现有器材操作验证。

改进:将线圈一头的漆包线只剥半圈。测试:线圈可以实现连续转动。

本环节的设计意图是通过观察 AR 展示的动画及图片分析通电线圈转动的原因及停止的原因。针对现象原因,进行电动机模拟模型建构,提出科学猜想,进而利用现有器材及实验进行推理、论证,最终找到初步解决方案。

环节五 学习新知,拓展提升

进阶问题:若要让线圈在磁场中转得更快,每个半圈都有动力,怎样实现?学生通过上述课程的学习,已经明确要每个半圈都获得动力,唯有在线圈每转过平衡位置时,能自动地更改线圈中的电流方向,这样就能为线圈提供持续的动力而不停地转动下去。学生结合探究实验的过程和结果,对于换向器的作用就比较容易理解。本环节的设计意图是通过整个探究实验的过程和结果，培养学生创新意识，体会科学技术在生产生活中的应用，帮助学生树立更为远大的理想。

环节六　小组合作，验证成果

各小组推选出一个成功作品（图2）参与电动机模型作品展示，学生利用Pad进行评价。本环节的设计意图是通过展示交流及评价，鼓励学生充分发表见解，调动学生在探究活动中的积极性和主动性，能初步体会物理研究是在观察和实验基础上的创造性工作，通过作品展示产生成就感。

图2　学生作品

环节七　归纳总结，学以致用

教师引导学生总结本节课的学习内容，并提出问题：揭秘意念螺丝的物理原理。本环节的设计意图是帮助学生回顾本节课的学习内容，归纳总结，形成知识体系。通过魔术揭秘物理原理，引导学生进行理性思考，注重"知行合一、学以致用"，体现物理课程基础性、实践性等特点。

三、课堂评价和反馈效果

本节课评价设计主要是过程性评价，重点是学生通过参与课堂活动，利用学习平台上讨论、拍照和投票等功能对学习成果进行评价。课堂实施过程中，教师应表扬交流、发言优异的同学。同时，借助线上课堂的优势，使学生能够实时进行互评，完成更多的学生作品和观点在课堂中的展示。更换通电线圈电流方向的竞赛以鼓励为主，激发学生参与课堂活动的积极性。

全班学生分成7个小组，在每人都制作电动机模型的前提下，每组上交一个代表作品参加评选。整节课以展示学生的学习过程和成果为主线，通过学习平台的有效衔接、灵活的互动交流，呈现出很好的教学效果，教学目标完成度得到有效提高。

四、AR 增强现实技术在本节课中的优势和注意事项

利用 AR 增强现实技术教学于常规教学相比有着不容忽视的优势。

（1）AR 增强现实技术，在物理实验中，可以真实模拟实体物体的实际运动状态，如通电线圈在磁场中的受力转动，在现实中此转动速度快，学生很难理解线圈的受力情况及转动情况。利用 AR 增强现实技术可以实现将实验现象随时放慢及暂停，可以帮助学生更直观地理解实验现象。

（2）基于 AR 技术开展物理实验能够提升教学质量，可以增强视觉效果，引导学生理解未知物体的物理形态和状态，使学生在虚拟的空间中了解、学习物理实验，并搭建出适当的实验模型。此课例中实现通电导线在磁场中受力运动的二维画面到通电线圈在磁场中受力转动的三维画面的模型构建，这对学生的物理模型建构能力的培养具有重要的影响。

当然，所有的技术都有两面性。义务教育物理课程是一门以实验为基础的自然科学课程。课程理念提到"遵循初中学生身心发展规律，贴近学生生活，关注学生生长点，以具体事实、鲜活案例、生活经验和基本概念等引导学生进行理性思考"。"物理实验是落实物理课程育人要求的重要载体，因此要规范物理实验教学，引导学生自主进行实验，鼓励学生用生活中常见物品做实验。要让学生在实验中锻炼操作技能，培养学生解决问题的能力和创新精神。关注实验原理的科学性、方案的可行性、实验器材的合理性、操作的安全性和规范性；指导学生真实、全面记录实验数据，关注与预设结果相矛盾的信息；引导学生针对实验活动中的困难或错误自主分析原因，积极思考并努力解决；引导学生对实验活动进行总结和评价，促进学生交流、评估、反思能力的提升。重视发挥课程实践活动的综合育人功能"。因此，在学生的学习生活中，AR 增强现实技术更是体现了利弊相生的特点。如何更好地吸引学生专注于学习，如何更好地利用 AR 虚拟技术开展教学也是所有教师必须关注的问题。

一是 AR 增强现实技术课程模块的选用原则：抽象概念、微小实验现象放大、快速实验现象的实时暂停、较为危险的实验等。

二是 AR 增强现实技术实验课程模块不能代替物理实验。该做的演示实验、分组实验、探究实验不能用 AR 代替。

物理教学需要教师采用灵活的教学方式发挥学科独特的育人功能。教师要充分发挥信息技术的优势，将信息技术有效融入物理教学，重视对学生科学探究能力的培养，关注实验探究对培养学生物理观念、科学思维、科学态度与责任，引导学生运用综合知识分析和解决问题，培养学生正确的价值观和社会责任感。

在虚拟现实中辨别方向

张晓旋

《义务教育课程方案和课程标准（2022年版）》"地理课程标准"明确提出：地理实践力的培育，有助于学生在真实环境中运用适当的地理实践活动方式，观察和认识地理环境。

在生活中辨别地理方向，可以利用虚拟现实技术模拟实际发生的户外地理教学，以弥补无法满足户外地理教学的缺憾。VR虚拟现实技术正是适应这一要求，满足学生探索、认识人类活动与地理环境关系的学习环境。虚拟现实技术的实施使地理课堂教学方式呈现出多样性、创造性，极大地促进了地理课堂教学改革。

一、教学过程设计与实施

本课时，学生应学会在生活中辨别方向的方法，习得该技能一般基于地图和地理事物或现象。教学流程（图1）展示了具体方法和过程。

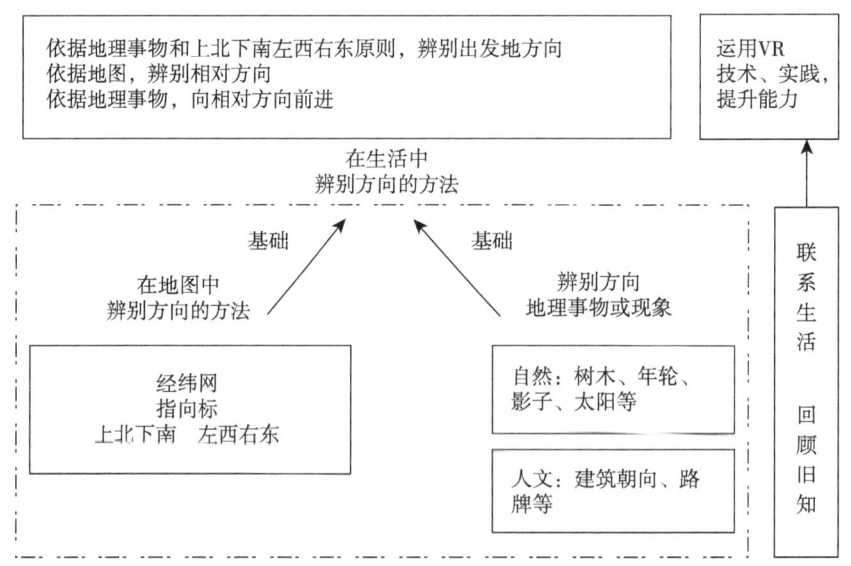

图1　教学流程

第四单元　基于人工智能的多元教学
在虚拟现实中辨别方向

课前准备：VR 使用方法培训。

学生初次使用 VR 设备（图 2）学习，需要提前培训，应注意以下事项。

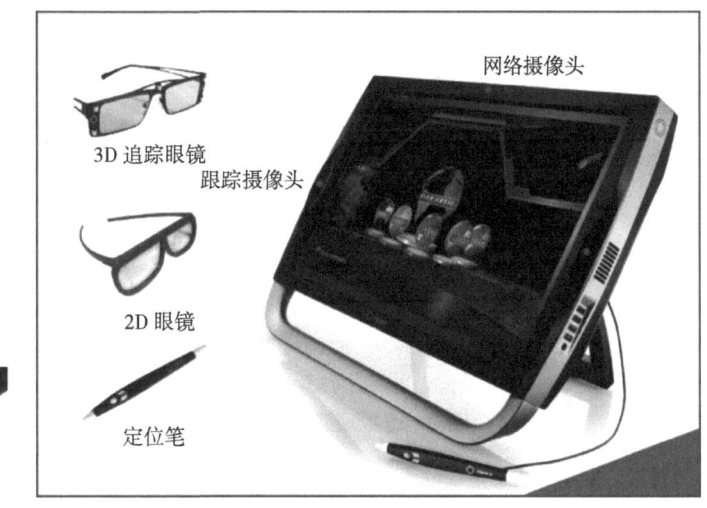

图 2　VR 虚拟现实教学设备硬件

（1）定位笔使用是关键：通过定位笔，实现在虚拟现实中行走，方向键用于方向调整，调节幅度较大，也可以使用微调键进行微调，保证方向的准确性。本次课题是在虚拟现实中辨别方向，因此，这两个按键的使用尤其重要。另外是速度键，在学生熟练掌握了辨别方向的方法之后，可以使用速度键加快速度，更高效地完成学习任务。

（2）在使用过程中，需要戴 3D 眼镜，在虚拟现实中沉浸式辨别方向。

学生反馈，起初对定位笔不熟悉和对虚拟现实的陌生感，设备操作起来难度加大，需要多次练习，熟练设备。

教学环节一：在地图上辨别地理方向的方法

教师开门见山，提出问题：同学们，地图有三要素，而其中辨别地理方向，是常识也是生存技能。学生回忆思考，旨在引出本节课主题，意识到辨别地理方向的重要性。

为了巩固提高在平面地图上辨别方向的能力，也为在现实中辨别方向奠定基础。学生要独立思考以下问题，并小组合作完成学案活动一。

（1）说出在地图中辨别地理方向的方法。

（2）依据地图，（　）（面/背）对火车站，你前面（上）北，后面（下）南方，左侧（左）西，右侧（右）东。依据地图，启星中学在火车站的（　）方向。

活动一：规划绘制路线

任务：小组合作，在指向标地图（图 3）中，规划绘制火车站到启星中学路线并重点标注方向。

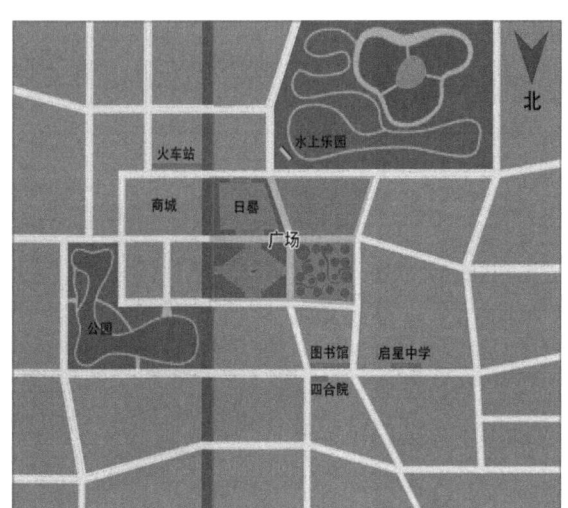

图3 虚拟现实教学用指向标地图

在实施教学过程中，学生高效完成了以上活动，说明对在平面地图上辨别方向有一定的认识；在生活中，如何辨别方向呢？教学进而顺利过渡到环节二。

教学环节二：在生活中辨别地理方向的方法

首先，学生独立思考并回答以下问题：①说出在日常生活中，你使用过哪些辨别方向的地理事物或现象。②指图说出如何依据下列地理事物或现象辨别方向。通过视频、图片引导学生联系生活实际，梳理如何依据生活中地理事物或现象辨别方向。其次，教师和学生一起总结归纳：以北半球中高纬度为例，生活中可以辨别方向的地理事物或现象基本可以分为两大类，即自然和人文，如植物趋光性、动物巢穴、影子、太阳和北极星等，再如建筑的朝向、路牌站牌等。最后，运用所学，进行实战演练，引导学生通过VR设备虚拟现实生活，小组合作，完成学案活动二的内容。

本环节旨在增强学生在生活中辨别方向的能力，提高学生地理实践力和区域认知能力；增强读图绘图能力和辨别方向能力。

活动二：在虚拟现实中辨别地理方向

任务：①小组合作，在任务单（表1）上，记录火车站至启星中学的漫游路线。
②小组合作，在任务单中完善路线——在路口拐点依次标注字母、街道名称、辨别方向的地理事物或现象。

表1 任务单

路口拐点	即将行走的方向	辨别方向的地理事物或现象（画出简图）	行走的街道名称
火车站			
A			

续表

路口拐点	即将行走的方向	辨别方向的地理事物或现象（画出简图）	行走的街道名称
B			
C			
D			
E			
启星中学	×	×	

备注：①虚拟现实时间：早晨。
　　　②辨别方向的地理事物或现象填写得越多越好。

活动三：展示环节

该环节主要是学生以小组为单位，展示成果、思考回答问题并进行小组互评。展示成果包括以下内容。

任务单与规划图对比展示如图4所示。

【问题】①依据任务单和地图，使用丰富的地理信息，描述路线。

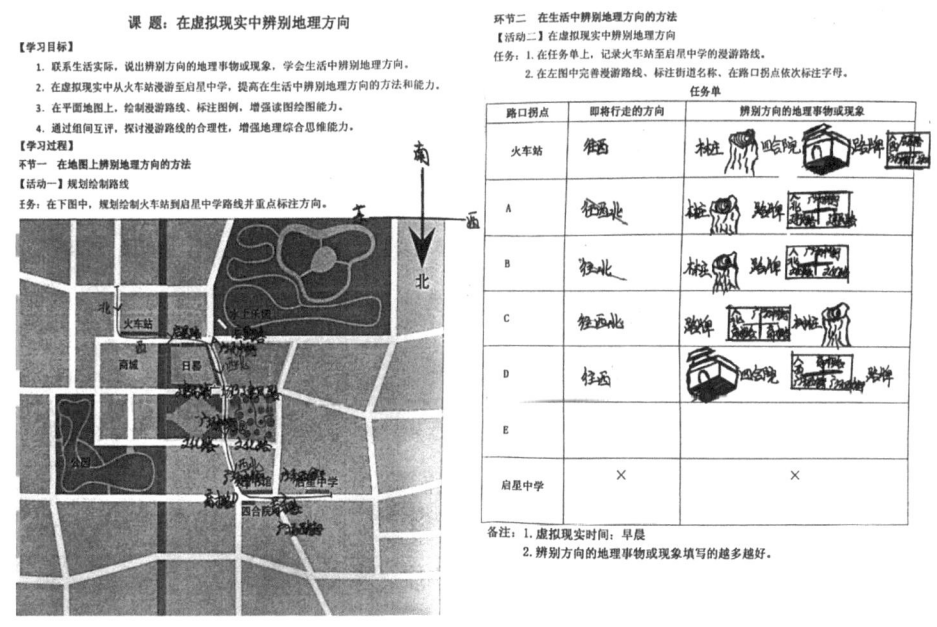

图4　学习任务单与规划图

②观察任务单和地图，哪两个方向是主要行走方向并说明理由。
③观察任务单和回忆体验，哪种地理事物辨别方向最方便快捷。

规划图和漫游图对比展示。

【问题】哪一组二者路线不一致，找出原因。

不同组漫游图对比展示。

【问题】探讨漫游路线的合理性，并说明理由。

本环节设计意图，旨在通过任务单和规划图对比展示，锻炼学生的观察和语言表达能力；通过规划图和漫游图对比展示，培养学生的观察和综合思维能力；通过不同组漫游图对比展示，组间互评，探讨漫游路线的合理性，提高学生地理综合思维能力和人地协调观理念。

教师与学生一起梳理在生活中辨别地理方向的方法：①依据上北下南的原则和地理事物或现象辨别出发点周围的方位；②在平面地图上判读出发点与目的地的相对方位；③依据地理事物或现象，向着相对方向前进。

三、课堂评价和反馈效果

本节课评价设计主要是过程性评价，重点是小组分工明确，积极参与课堂活动：规划绘制路线图，通过 VR 设备漫游，参与任务单填写等。

为增强课堂竞争性和趣味性，落实本节课教学重难点，在虚拟现实中从火车站漫游至启星中学，小组可以实时提交漫游路线图，教师通过投屏，全班可以看到小组的提交速度和成果。

借助实时上传功能，学生以小组为单位，展示并对比规划图、任务单、漫游图等学习成果，同时进行互评。教师对学习成果进行积极鼓励性评价：熟练掌握 VR 设备操作，能够合理利用地理事物在现实中辨别方向，漫游路线的合理性等。

四、本节课的特色亮点

使用 VR 设备，在虚拟现实中辨别地理方向是本节课的亮点，学生足不出户便能亲身经历去感受，增强在生活中辨别方向的能力，在保证教学效果的前提下，节约了成本、打破了空间、时间和不可控因素导致的无法线下学习的限制。

专家点评

一线实践中的教育数字化转型示范与引领

2024年两会期间，教育部部长怀进鹏指出，要积极拥抱科技与产业的变革，主动拥抱智能时代，把人工智能技术深入到教育教学和管理全过程、全环节。当推动这些理念落地时，学校在一线教学中，特别是在课堂教学中，需要实际开展教师与学生之间的数字化学习活动，才是有效推进智能时代信息化教学的实践方式。

学校在结合自身条件探索智慧教育应用的各种场景及实践方法时，能够充分体现出学校教育工作者的教育智慧和融入数字时代的各种思考。首都师范大学附属云岗中学更是在营造学校全面的智慧教育生态体系方面作出了有益的探索，在学校的课堂教学和学科应用中，借助数字手段实施对学生个体关注数据分析和人工智能支持，努力营造一个比较完善的智慧教育体系。

教育数字化转型为学校的发展带来了新的机遇，对老师的教学、学生的学习，以及学校的管理带来了新的挑战，努力迎接这份挑战，将会成为学校发展的新动力，也将会推进学校成为新优质学校提供宝贵经验与发展支持。

当前的课程改革着力推动学生开展自主学习和探究式学习。数字时代的学生借助移动终端开展移动学习，能够更有效地在一线课堂中落实学生自主探究，更容易落实学生的个性化成长及思维发展。首都师范大学附属云岗中学在移动学习方面，能够发挥移动终端与平台带来的学科教学与学生交流，综合应用学科知识，引导学生产生思维发展的充分思考。结合大数据分析，更能够让智能系统有效发现学生的问题，捕捉学生的个性发展需求，产生对学生个体的关注。从这本书中可以看到，这所学校在利用大数据和移动终端的教学方式下，充分关注学生个体，真正为学生营造了一个教育公平的学习空间。

数字技术作为一种工具、意识，更作为一种素养，将成为学生今后在数字社会生存的必备能力。依托数字技术解决具体问题，特别是学科问题，可以有效促进学生理解数字技术的价值，比以往的课堂更深入地挖掘学科内容本质和学科应用。在学科教学的数字课堂中，首都师范大学附属云岗中学能够展现出教师们的教育智慧，从课堂的多个环节中借助数字技术引发学生思考，在展现新课程标准中学科核心素养及学生学习能力方面，更是看到了对知识的深入挖掘和综合应用。在这所学校里，借助数字手段，学科知识不再是孤立的一个个死记硬背的概念，而是变成了鲜活的思维迸发的解决生活实际问题的支持和保障，从而借助数字技术让学生更加理解学科学习的真实价值。当我们重新去阅读课程标准中对学科核心素养的理解时，在这所学校看到了更加直白的、鲜活的教学内容。

"云"上智慧
——首都师范大学附属云岗中学智慧教育建设探索

在数字技术中,人工智能技术带来了对学生更个性化、更人性化的关注与支持,让学生能够通过人工智能技术加强学习过程中的体验感,以及对学生智能化的反馈和交互。人工智能技术让我们更看到了未来教育的价值。思考怀部长关于"把人工智能技术深入到教育教学和管理全过程、全环节"这句话的实施,在这所学校,我们看到了学科教学中结合人工智能的虚拟现实技术,让学生从真实感受中进一步思考问题和解决问题;人工智能的语言能力给了学生语言学习的个体支持。人工智能技术在学校的课堂里,真正呈现出让学生多了一位经验丰富的"智能老师",给学生营造具有真实体验感的学习环境和空间,同时,随时关注着学生的个体发展,关注着学生学习的每一个细节并给予反馈指导,让我们的学生都有了更细致的教学指导和教学关注。

回想我们对智慧教育的愿景,特别是在当前教育数字化转型下我们对数字教育产生的期望,大概就像首都师范大学附属云岗中学一样,能够通过课堂的每一个环节,借助各种技术,像一个有经验的教师每天全神贯注关注着每个孩子的成长一样,让每个孩子在技术环境下茁壮成长。思考习近平总书记提出的建设"人人皆学、处处能学、时时可学的学习型社会"要求,我们再去看待首都师范大学附属云岗中学的智慧教育环境,在移动学习和大数据环境下,为学生营造了一个人人皆学的氛围,通过平台及数据分析,为学生营造在超越教室环境下处处能学的学习状态,通过人工智能和学科资源的供给,给学生创造了时时可学的空间环境。

首都师范大学附属云岗中学在拥抱智能时代的过程中,不断探索和实践新的教学模式,利用人工智能技术的优势,为学生提供了更加丰富多彩、高效、个性化的学习体验。通过这些创新教学模式的实施,学校不仅提升了教育教学的质量和效率,还为学生的全面发展和未来创新能力培养奠定了坚实的基础。

期待这所学校在数字教育发展的大潮中,能够持续探索出新的方法和经验,持续发挥引领数字教育一线实践的排头兵作用,为数字教育发展构建新的典型示范。

马 涛

正高级教师　北京市特级教师　北京教育学院丰台分院副院长

第三部分　创设人工智能课程

基于移动学习的普通初中人工智能教学的设计与实施
初中人工智能校本系列课程

杨琳玲　张　拓　高丹丹　李永松

一、课程建设背景

（一）时代背景

2017年7月，国务院发布了《新一代人工智能发展规划》，人工智能已上升为国家战略，在《新一代人工智能发展规划》中明确提出，支持开展形式多样的人工智能科普活动，鼓励广大科技工作者投身人工智能的科普与推广，全面提高全社会对人工智能的整体认知和应用水平。实施全民智能教育项目，在中小学阶段设置人工智能相关课程，充分发挥各类人工智能创新基地平台等的科普作用，鼓励科学家参与人工智能科普。2018年1月，教育部发布了《普通高中课程方案和语文等学科课程标准（2017年版）》，正式将人工智能、物联网、开源硬件、算法等划入新课标。2018年1月，《教育部教师工作司2018年工作要点》强调，支持部分学校引入人工智能教学实验，推动教师主动适应信息技术变革。2018年4月，教育部印发《教育信息化2.0行动计划》，要求落实"信息素养全面提升行动"，"将学生信息素养纳入学生综合素质评价"，"充实适应信息时代、智能时代发展需要的人工智能和编程课程内容"。

一系列的政策推出都把人工智能作为信息技术的更高发展阶段，这毫无疑问会深层次推动信息技术教育教学改革与创新发展。教学中应更加侧重培养学生的创新性思维、批判性思维、结构化思维、创造力、协作力、表现力等多方面能力，帮助学生在新的社会就业体系和人生价值坐标系中准确定位自己。教育目标、教育理念的改变将加速推动培养模式、教材内容、教学方法、评价体系、教育治理乃至整个教育体系的改革创新。

当前，人工智能已悄然走进千家万户，当学生使用手机等智能移动终端时，其中已经装载很多人工智能的应用，了解并更好地使用人工智能，对学生的学习和成长都有益无害。因此，开展人工智能教育，是一项宜早不宜迟的教育责任，让学生更清楚地认识他们身边正快速发展的技术，认识到技术发挥的巨大作用，形成人工智能意识，对于他们确立正确的发展方向，更加努力地学习，更有效地运用人工智能技术提升学习效果，更好地适应社会等，都具有重要的价值。

（二）学校概况

云知·云创——学生能力发展的课程实施以立德树人为根本任务，在学校"云文化"的引领下，以"求知求真、创新实践"为关键能力提升重点，坚持"适合教育"原则，遵循学生身心发展规律，尊重学生的生活体验，拓展学生的认知领域和探索领域，为他们提供自主探索、想象和表达的空间。

学校在"科研引航、文化立校"战略的基础上，加入"特色兴校"，并将"科研引航、文化立校、特色兴校"作为学校的办学思想，之后随着王佐镇世界地热博览园及农业高科技园区资源开发，立足学校"特色兴校"办学方向，结合学校自身所在区域特点，积极探索开发并创建了以"航天科技、军事科技、农业科技"为核心的特色校本课程体系，从挖掘内部潜力入手，将传统文化与现代科技有机结合，突出课程的多样性和选择性，为每一位同学提供了适应信息时代成长的科技课程及活动。

在人工智能课程开发方面，学校克服了经费有限的困境，信息资源中心以"科研引航"的办学思路为引领，申请区级科研规划课题"基于移动学习的普通初中人工智能教学的设计与实施"，在基于移动学习的人工智能教育方面作出了比较有特色的尝试，分别对信息技术课进行二次开发，设计了一系列人工智能通识课：智能工具处理信息、认识智能语音技术、认识人脸识别技术、人工智能编程初探；同时设计了初中年级的校本选修课"超·有·趣的人工智能"，从超出想象的通用常识、富有内涵的实践体验及趣味十足的智能化编程几个方面，以10节课引导七年级学生体验人工智能学习的基础课程；在高阶提升方面，学校在智能机器人社团中，加大对具有视觉识别和语音处理功能的智能机器人的教学力度，在原有的社团项目中创新开展了机器人创新研究，提升了学生深度学习和思考机器人技术的兴趣。学校目前已具备从七年级开始开设人工智能必选课程的师资水平和课程开发能力，同时以此为切入点能够很好地开阔学生对信息时代智慧生活的眼界。

1. 初步体验平板电脑及人工智能教学

2005年，首都师范大学附属云岗中学开始开展智能机器人教育。2014年9月，学校正式将"技术搭建与机器人创意设计"纳入新初一的常规课堂学习中，从入学开始培养学生的机器人创新实践能力和动手能力，学校在机器人教育方面有着较丰富的课程建设经验。随着国家和当地教育部门对人工智能教育的重视，学校也对初中阶段开设人工智能课程进行了探讨。课题负责人在初中信息技术课中进行了移动学习下的人工智能通识教育和单一技术的教学实践探索，学生学习兴趣浓厚，相关教学设计在北京市教学设计比赛中荣获一等奖，并在全国初中信息技术优质课教学比赛中荣获特等奖。

2. 开设智能控制和社团课程

2017年9月，学校为初中学生开设了"智能控制"课外活动课程，课程总计20次，每次1.5小时，上学期以智能控制创意套件为核心开展智能控制相关教学，下学期以树莓派为核心开展Python编程教学，这也是学校初步尝试基于移动设备开展人工智能教学的基础，在课堂中发现基于树莓派的教学课堂学习更加灵活，不受机房的空间制约。

"云"上智慧
——首都师范大学附属云岗中学智慧教育建设探索

2018年9月，学校引进了中鸣机器人开发的EV5机器人套件，在套件中集成了人工智能语音识别功能，以云端数据库对获取的语音进行识别，准确率非常高，可使用云端、本地数据库分析，亦可使用连续发送对录音信息进行采集。学生通过移动设备使用BlocklyLab App对控制界面进行编程，结合中鸣机器人实现编程学习，对开展创新实践提供了很大的帮助。这是在社团中开展移动学习的初步尝试，也让社团活动在设备管理和教室配备方面减轻了压力。

2019年3月，社团活动课程主要以中国科协人工智能科普活动资源包作为套件，利用A-RCU和中鸣JMD图形化编程软件实现传感器的基本应用编程，设计了15次课的学习任务，学生也在这一过程中完成了创意作品的设计。因这一套件价格低廉（500元/套），课题组还在集群内进行了设备的发放和教学推广，邀请了中鸣公司的专业教师对集群老师进行培训，为集群学生学习人工智能基础作出了一定的贡献。在教学中发现该套件人工智能的核心技术涉猎不多，主要以智能控制为主，做基础培训和创意搭建还可以，但是进行深入的人工智能教学就有点牵强。

2019年9月，为解决社团活动人工智能技术学习不深入、展示不丰富和教室空间不足问题，课题组老师通过多方调研，最终确定了Alpha Ebot人形机器人、机甲大师S1两个项目进行课程设计和实施，两门课程均为15学时，内容涵盖机器人的基本知识、人工智能的语音、视觉识别及传感器控制等方面，通过解决问题和案例学习的方式，学生合作探究完成了众多较为复杂的学习任务。虽然初次开设课程参与学生较少，但是学生的反响非常好，从开始的老师引导到后续的学生自主探究，最终学生在校庆交流活动中进行了精彩的展示。

2020年9月以来，社团课程主要开设的内容为Alpha Ebot人形机器人创"艺"学习、玩转机甲大师S1、无人机图形编程与人工智能、无人机Python编程与人工智能，分机器人、无人机两个社团课外活动班开设课程，课题组3位老师进行教学，其中，以机器人为核心的课程已经开展过一轮实施，主要以与小E互动和军事打击两项活动开展编程和交流，其中涵盖表演、互动、视觉识别等功能，教学在上一轮的实施基础上更加注重学生的实际获得和具体操作。以无人机为核心的课程则是从操控和图形化编程入手，逐步升入人工智能技术与Python编程相结合的深入课程。

3. 开设校本选修课"超·有·趣的人工智能"

2019年3月，技术组在七年级开设人工智能校本选修课，课程一经发布受到了同学们的欢迎，开始选课后仅用1分钟就选满20名同学，足以证明同学们对人工智能的喜爱程度。选修课每周二开设，共8次课，第一次开设授课教师明显经验不足，虽然学生兴趣浓厚，但是到5月24日结课时，实际实施只完成了人工智能的概念与应用、图像与文本识别技术、智能语音技术、机器翻译及认知AI的程序设计；在选修课内容设计上，只有2课时用的移动设备，学生充分体验了智能语音和机器翻译，而其他内容则是在机房完成，深入设计的机器学习内容并没有得到很好的实现。学生账号登录和教师作品反馈方面出现一些难度，在一定程度上影响了学习进度，但总的来说，学生学习反馈还是比较积极，完成度也很高。

2019年9月7日，通过选课26名同学进入了人工智能课程的学习，因有了上一轮的教学经验，课程更加注重学生的应用体验和人工智能编程，通识部分使用移动学习体验平板上的App，编程部分利用编程猫未来教室功能完成AI聊天机器人、认知AI、AR体感活动及聪明的笨鸟4项任务。本轮实践使用了编程猫的未来教室功能，因此上一轮出现的登录问题和反馈问题得到了很好的解决。通过一轮尝试，教师发现同学们在新技术的接受方面有很多可喜的亮点，常规课堂上学习积极性不高的学生会追着老师问，会努力试错；大家会因程序完成人脸识别而小小地惊喜，也会因帮助同桌答疑而高兴不已，虽然还做不到深层原理的理解，长代码的编写，但真正体验到了"超·有·趣"的人工智能。

4.层次清晰的人工智能校本课程开设体系

2020年9月，课题组结合课题研究进展，根据学生认知情况不断修改教学内容和呈现方式，以达到教学的最优化。

人工智能校本必修课程：结合《人工智能》必修教材在七年级开设校本必修课程，内容涵盖通识、应用、编程和开发，课时为每两周一课时共18课时。将计算机教室学习和平板电脑移动学习相结合，采用基于问题和基于项目的教学方式。

人工智能校本选修课程："超·有·趣的人工智能"在八年级开设，内容为人工智能通识、程序设计。采用基于项目的教学方式，以计算机教室学习为主。

社团活动课程：在原有的机器人社团活动课的基础上增加无人机课程，均为每学年26次课。结合场地的要求，均为基于移动设备的移动学习。

（三）建设意义

1.为学校人工智能创新教育研究提供基础

人工智能是首都师范大学附属云岗中学"云创"科技教育特色中的重要组成部分，教师队伍有市区级骨干教师各1名，总计教师5人。随着国家和当地教育部门对人工智能的重视，学校最先在初中信息技术课中尝试进行了移动学习下的人工智能通识教育、智能语音技术及四轴飞行器的教学，学生学习兴趣浓厚。结合国际领先人工智能企业核心技术、高等院校前沿教育理论及优秀的教育教研师资力量，在人工智能实验室建设、人工智能的创新课程开发、人工智能教师队伍建设方面，提供完善的实验平台、成套的软硬件设备，是创新研究的基础。

2.培养学生人工智能素养，提升教师人工智能教学能力

人工智能创新教育的建设，可以帮助学生以有趣的方式，由浅入深地了解深奥的人工智能相关知识，满足学生走近科学、了解前沿科技的需求，提升学生对人工智能的认识，培养编程思维、计算思维和创新思维。同时，学生能够在任务挑战和项目式学习的过程中，充分锻炼自己的沟通能力、协作能力、创新能力、实践能力等核心素养，助力学生未来发展。

对于教师，人工智能时代下应该具备更优秀的科学素养、更丰富的知识储备、更多样的教学思路、更有效的授课能力，从而适应时代的发展和学生对于接受人工智能相关

教育的需求。通过开展人工智能创新教育及配套的师资培训工作，能够有效促进教师自身的不断学习和逐步完善，帮助教师成为学生认识人工智能的领路人和 AI 教学专家，有利于教师个人职业发展，体现教育价值。

3. 满足学校创新发展、不断引领的定位需求

人才培养的关键在于教育，中小学生是祖国的未来，其肩负着建设伟大祖国的历史使命，只有大力实施中小学生创新教育，才能为国家的战略发展、民族振兴、创建创新型国家提供根本动力和全面保障。同时，当传统的应试教育遭遇瓶颈，学校更需要以素质教育、创新教育为抓手，着眼未来，打造特色，开创新时代下人工智能教育的领先水平和辐射效应，打造丰台区、北京市甚至全国的人工智能教育创新前沿示范校。

4. 促成高效、规模性的社会经济效益

首都师范大学附属云岗中学的人工智能课程建设将会促进云岗教育集群人工智能教育的蓬勃发展，有效拉动与人工智能相关的设备制造、人才培训、科研发展等领域的共同发展，助力全社会形成人工智能创新创业的良好氛围，培育一批具备人工智能创新和应用能力的新型人才，促进一批人工智能领域相关企业的发展。结合学校集群项目组织云岗教育集群无人机编程教育活动，为每所中小学、幼儿园配备用于教学或展示的无人机套装组成，拟定开展无人机编程培训及竞赛活动，将由线下和线上的培训，以及集群无人机竞赛展示活动组成，目前已经完成集群无人机项目师资培训两次。

二、课程目标

人工智能教育课程旨在促进学生形成正确的价值观念、必备品格和关键能力，突出体现在增强学生的人工智能意识、技术创新思维、应用实践能力和智慧社会责任。

通过感知体验、案例分析、实践探究、项目设计等方式，引导学生拓展思维，向学生展示和剖析典型的人工智能应用，让学生了解和体验人工智能的特点，感受人工智能技术对生活与学习带来的影响，初步探究人工智能的基本原理和应用，进一步激发学生学习和探究人工智能技术的积极性，提高他们综合应用信息技术的能力。

（一）人工智能意识

通过课程的学习，让学生逐步形成如下认识。

1. 人工智能技术的应用具有广泛性

人工智能的触角已经延伸到工农业生产和生活等诸多领域，极大地提高了生产效率和生活的便利性，并将随着技术的不断发展而发挥更加巨大的作用。

2. 人工智能技术还处于发展阶段

人工智能在很多方面的应用尚不成熟，还需要人类不断开发和创新，拓展其应用领域和功能。

3. 人工智能技术具有巨大潜力

很多传统技术方法难以解决的问题，可能在人工智能面前迎刃而解。

4. 借助人工智能可极大地提升学习工作效率

能自觉、主动地借助人工智能技术，更高效地获取信息、处理信息、生成信息，让人工智能成为人类的好帮手。

（二）技术创新思维

通过课程学习，让学生认识到计算在人工智能技术中的关键作用，并促进学生创新性地在信息活动中采用计算机可以处理的方式界定问题、抽象特征、建构模型、组织数据；通过判断、分析与综合各种信息资源，运用合理的算法形成解决问题的方案；总结利用计算机解决问题的过程与方法，并迁移到与之相关的其他问题解决中。学会观察、思考、发现和提出有价值的问题，并运用所学的人工智能知识和技术，大胆想象、积极探索、积极实践、突破常规，创造性地解决问题，形成具有创新特点的方案和作品。

（三）应用实践能力

人工智能技术的应用具有超出想象的创新空间，人工智能课程对促进学生创新精神发展的重要价值。通过课程学习，学生能逐渐增强探究新技术应用的积极性，提升综合应用技术的能力。在动手动脑实践中，提升技术应用水平，加深对知识的理解和掌握，学以致用、融会贯通。培养严谨细致、不畏困难的工作态度和作风，树立劳动观念，增强安全意识、合作意识。

（四）智慧社会责任

人工智能技术的应用对社会发展发挥了强有力的推动作用。通过课程学习，学生能形成遵守信息社会的道德，增强维护社会的信息安全责任，注意防范人工智能技术不合理应用带来的负面效果，有志于运用人工智能技术促进国家的强盛、人民生活水平的提高，服务于人类的发展。

三、实施策略

（一）初中人工智能校本课程教学框架

人工智能课程开设年级为七年级和八年级

人工智能普及教学课程：七年级信息技术课程，普及基础知识、学科整合内容。

人工智能校本特色课程：每两周一课时，建议在七年级5、6班开设，或全年级统一开设。主要包含通识知识、技术实践体验和实践创新3个部分内容。

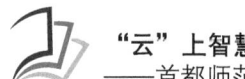

人工智能社团活动创新课程：七、八年级课外活动课学生创意能力进阶提升，内容为创意设计和竞赛辅导（表1）。

表1 人工智能校本课程教学框架

实施途径	课程名称	教学内容	课时安排
人工智能通识知识	初中：智能工具处理信息	智能工具处理信息认识智能语音技术人工智能编程初探（App应用）	8
		逐梦航天展示前沿科技魅力（Tello App）	8
人工智能技术实践体验	校本必修	通识知识技术实践体验创新应用（畅言智AI编程猫虚拟机器人软件）	18
	校本选修	超·有·趣的人工智能：智能化编程	8
人工智能创新应用	人工智能传感器应用入门基础课程	基于中鸣图形化编程软件的Arduino开源硬件编程	15
	Alpha Ebot人形机器人创"艺"教学	群舞编排机器人控制编程学习	15
	玩转机甲大师S1战车	机甲大师编程、控制、人工智能实现	15
	无人机 图形编程与人工智能	Tello EDU益智编程无人机开发奇妙的人工智能应用	15
	无人机Python编程与人工智能	Tello无人机基础理论及操控Tello Talent Python编程Tello Talent人工智能与多机编队	15

1.人工智能通识知识（校本必修课程）

人工智能的基本概念，人工智能的基本特征，人工智能的起源和发展历程，人工智能对个人生活和学习的重要作用；人工智能技术的主要研究领域，常见人工智能技术的原理及其作用；通过原理平台学习机器学习和机器翻译的基本原理；人工智能的优势和局限及其发展趋势；人工智能对人类和社会发展的影响。

2.人工智能技术实践体验（校本必修课程）

（1）基础应用

智能终端拍照，美颜软件美化头像，开放人工智能教育平台中的人脸识别功能，图像识别技术对科学实践和生活的影响。使用软件将图片转为电子文本，手写输入与文本识别的相同点和不同点；使用智能语音技术工具，人工智能技术支持的人机交互方式，语音识别技术对社会生活的意义。利用语音合成技术将文本信息转化为语音效果输出，语音识别技术对社会生活的影响；使用机器翻译技术帮助语言学习，机器翻译的优势和不足。

（2）综合应用

图形化编程，智能家居的工作原理及信息智能推送的工作原理。设计未来家居，人工智能对生活品质的作用。借助智能搜索帮助自我学习提升；基于理解引导系统和自动收费系统相关知识，设计未来的智能购物方案；人工智能给生活学习带来的便利。

无人驾驶技术实现，运用导航系统、远程预定服务、ETCP业务指定智能家庭出游方案；防盗报警系统、视频监控报警系统、出入口控制报警系统，用图形化界面编程实现无人驾驶，对无人驾驶的发展前景有初步认识。

人工智能在工业自动化、农业生产、物流领域、金融领域及医疗服务中的应用，认识人工智能对不同领域的影响（文章、诗歌、绘画、音乐创作等的影响）；借助人工智能技术支持学习，人工智能对国家安全的重要作用。

3. 人工智能创新应用

（1）智能化编程（选修课程）

计算机程序和人工智能技术的关系，使用图形化编程工具编写简单程序，如体验编写认知AI、虚拟现实和无监督学习游戏，学习相关算法原理；二维数据和坐标的关系，简单的人工智能线性回归的概念和作用。

（2）智能机器人开发（社团课外课程）

视觉传感器和普通传感器的区别，传感器在智能机器人系统中的作用，根据需求选用不同的传感器实现智能机器人或智能系统；搭建可交流、可进行军事活动的机器人和有视觉识辨及编程功能的无人机，其算法的原理。利用图形化编程工具和Python编程工具，控制机器人或无人机完成规定的任务，并认识人工智能在安全领域的应用价值。

（二）初中人工智能校本课程实施途径

利用学校现有移动学习教室，通过师与师配合、学科交叉、师生配合等多种实践方式，注重在拓展课程与社团活动中引发学生产生问题，鼓励学生想象与思考，小组解决问题，促进学生理论与实践相结合，不断反馈总结。课题组成员明确了学校人工智能的实施途径，即基于项目、问题与案例开展信息技术课、校本课程及社团课外活动的人工智能教学。

社团课外活动课程，则以具有视觉识别和语音处理功能的智能机器人作为工具开展基于案例的教学。

1. 基于项目学习开展信息技术国家课程

人工智能教学应以创新的教学方式和组织方式展开，基于项目学习是以活动方式展开的一种探究性的、任务驱动性的学习模式。信息技术课上结合智能工具处理问题一章进行二次开发，开展基于项目或单元的通识学习，主要以地区特色文化航天教育和智能语音技术通识两项任务开展活动。

2. 基于问题学习开展校本课程

问题的解决与人工智能具有天然的密切联系，教学中可提出问题引导学生思考利用人工智能如何解决问题，进而介绍人工智能的基本方法和原理，并将其与学生的解决方案进行比较，学生亲历问题解决的过程获得人工智能课程的基础知识和基本技能，感受人工智能的丰富魅力。课题组设计了基于问题学习的校本必修课程和选修课程，校本必修课程是基于智能创作、无人超市、无人驾驶等问题，结合通识知识、技术实践体验和创新应用3个部分内容开展初阶的综合性学习；校本选修课以富有内涵的实践体验及趣味十足的智能化编程两方面基于问题驱动开展应用编程学习。

3. 基于案例教学开展课外活动

人工智能教学的目标是培养学生掌握基本原理、方法，提高学生利用人工智能技术解决实际问题的能力。案例教学法以大量案例加深学生对知识的理解和应用，激发学生的创新思维，使得学生学会分析问题、解决问题。案例教学法结合实例进行人工智能的讲解与分析，采用案例教学法使学生直观体验算法的原理与应用，选择难易适中、趣味性强的案例，选择学生看得见、摸得着的人工智能实际应用问题作为案例展开教学。在人工智能课外活动中，以具有视觉识别和语音处理功能的智能机器人作为工具，开展如与机器人交流、互动、视觉识别、闪电战及漂移等方式的基于案例式的学习。

（三）初中人工智能校本课程内容选择

作为资金相对有限的学校，在开展人工智能教学方面，经济因素是学校选择课程内容的重要因素，这就要求课题组在选择内容时要配备的标准。在课题实施期间，课题组成员经过多方比价，在硬件上选择了大疆、中鸣、优必选3家的硬件设备，在软件方面选择的是硬件配备的App或者免费的App，而平板电脑则是选择学校配备教学的云课堂和畅言智慧教室（表2）。

表2 硬件配备价格

序号	名称	品牌	人工智能应用	单价/元	数量/个	合计/元	年份
1	人工智能科普活动资源包	中鸣	Ardinuo主板，5种常用传感器及显示屏和红外遥控器，编程可以用米思奇和Scratch	500	20	10 000	2018
2	机甲大师S1	大疆	视觉标签识别、拍手识别、线识别、姿势识别、准心识别 编程平台：robomaster	3450	10	34 500	2019
3	人形舞蹈机器人Alpha	优必选	教学用途的编程人形机器人，新一代数字舵机具有安全可靠的MCU，声音识别和合成 编程平台：Alpha1	2700	10	27 000	2019

续表

序号	名称	品牌	人工智能应用	单价/元	数量/个	合计/元	年份
4	Tello 无人机	大疆	专属教育版 App，可以在手机或平板上实现遥控飞行模式、编程飞行模式，支持视觉识别配套任务卡。可编程扩展板	1999	10	19 999	2020
5	平板电脑	讯飞畅言	除具备一键同屏、白板等基础功能，平板中内置了专门针对人工智能创新教育教学的畅言智AI教学软件	4500	21	94 500	2019
	总计			—	—	185 999	—

依托以上设备和平台开展了系列化的校本课程，教学内容设计课时安排如下。

1. 智能工具处理信息

主题：逐梦航天——四轴飞行器编队飞行表演。

本项目学习以逐梦航天展示前沿科技魅力为主题，以大疆四轴飞行器为硬件，利用 Tello 编程平台，组织学生以小组为单位完成四轴飞行器编队飞行表演（表3）。

表3 四轴飞行器编队飞行表演教学流程

环节	时间	教师活动	学生活动	目标
课前准备	预习	提供四轴飞行器的相关概念及工作原理的资料	学生预习有关四轴飞行器的概念及工作原理	了解四轴飞行器的概念及工作原理
项目前期	第1课时	提出问题，如何以小组为单位完成四轴飞行器编队飞行表演，展示本次项目学习的计划和评价方式；引导学生通过微课学习体验 TELLO EDU App，直观地展示四轴飞行器的编程和现场展示；引导学生讨论音乐的选择、动作及图案的初步设计	了解确定项目学习方案，包括主题、内容、目标、人员分工及时间表阅读项目学习评价方案；体验 TELLO EDU App，展示学习成果，示范操作简单的单机飞行表演；头脑风暴，完成音乐的选择、动作及图案的初步设计，并简单地交流展示	明确项目的主题任务、学习过程及评价方式；初步掌握四轴飞行器的图形化编程软件使用；初步完成四轴飞行器编队表演的主题及动作设计
项目中期	第2课时	四轴飞行器表演的音乐选择与节奏把握	通过视频观看及音乐类型相关知识的学习，学会选择四轴飞行器表演的音乐，并明确音乐节奏与动作之间的关系	学会选择四轴飞行器表演的音乐，并明确音乐节奏与动作之间的关系

续表

环节	时间	教师活动	学生活动	目标
项目中期	第3、第4课时	飞行积木、逻辑积木、变量与运算逻辑、感应积木的学习与使用	通过简单任务体验学习飞行积木、逻辑积木、变量与运算逻辑、感应积木的学习与使用的基本方法和用途，进行初步试飞	初步学会飞行积木、逻辑积木、变量与运算逻辑、感应积木的学习与使用的基本方法和用途
	课后2~3学时	布置任务，引导学生利用课余时间熟练掌握飞行积木、逻辑积木、变量与运算逻辑、感应积木模块	使用TELLO EDU App的体验功能，熟练掌握飞行积木、逻辑积木、变量与运算逻辑、感应积木的使用方法	熟练掌握逻辑积木、变量与运算逻辑、感应积木的使用方法
	第5课时	组织简易版python多机编队软件的使用，并进行简要动作的示范	学习简易版python多机编队软件，尝试设计动作	学会简易版python多机编队软件
项目后期	第6课时	多机编队动作脚本绘制与造型	在教师的指导下，能够绘制出符合项目主题的动作脚本和造型	学会多机编队动作脚本的绘制与造型
	课后2~3学时	布置动作设计任务，引导学生完成多机编队动作程序设计	完成多机编队动作程序设计	熟练掌握多机编队动作程序设计
	第7课时	引导学生进一步完善多机编队表演的动作程序设计，提出修改完善意见	进一步完成多机编队表演的动作程序设计，分享阶段性成果，并完善动作	完成多机编队表演的动作程序设计
	课后1~2学时	布置学生舞台飞行表演测试，表演背景制作，视频录制，并布置学生根据展示要求制作项目学习成果展示演示文稿	录制飞行表演视频，表演背景制作，制作项目学习成果展示演示文稿	体验利用多媒体手段梳理项目学习的过程和成果
	第8课时	组织交流展示，引导使用评价量规开展自评	组织各组多机编队表演的分享展示	学会对作品进行解说和展示

2. 校本选修课程

"超·有·趣的人工智能"完成了3轮的教学，通过课程学习，学生可以了解和体验"超·有·趣"的人工智能：超出想象的通用常识、富有内涵的实践体验及趣味十足的智能化编程，从而成为人工智能达人。调整后的课程更加注重学生的应用体验和人工智能编程，通识部分使用移动学习体验平板上的App，编程部分利用编程猫未来教室功能完成AI聊天机器人、认知AI、AR体感活动及聪明的笨鸟4项任务（表4）。

表4 校本选修课程对比

调整前的学习内容	调整后的学习内容
第1课：人工智能的概念与应用 第2~3课：图像识别技术 第4课：智能语音技术 第5课：机器翻译 第6~7课：语音控制小家电 第8~9课：聪明的笨鸟	第1课：人工智能的概念与应用 第2~3课：智能语音技术 第4~5课：图像识别技术 第6课：体验虚拟现实程序设计 第7~8课：聪明的笨鸟

3. 校本必修课程

校本必修课程"人工智能"，以九年义务教育地方教材《人工智能》为蓝本，结合学校设备设施实际开展教学，每学期8次课，内容融合了在前期设计的信息技术学科二次开发的内容、教材应用内容及人工智能虚拟平台的使用内容。课程内容开设得非常紧凑，并进行了相应的取舍和拓展，也进行了一系列的尝试和创新，如融入了讯飞智AI学习机器学习、Python编程实现词频分析、虚拟智能驾驶挑战赛等项目（表5）。

表5 校本必修课程教学内容一览

上学期	下学期
第1课：人工智能的应用	第1课：人工智能的优势与局限
第2课：挖掘数据"金矿"	第2课：电子警察
第3课：智慧创作	第3课：智能音乐家
第4课：慧眼识人	第4课：智能穿戴
第5课：机器诗人	第5课：智能物流
第6课：探秘机器学习	第6课：设计我的无人超市
第7课：无人驾驶学院	第7课：创意智能机器人
第8课：云计算与人工智能	第8课：人工智能的未来

4. 社团课外活动课

（1）人工智能传感器应用入门基础课程

社团活动课程主要以中国科协人工智能科普活动资源包作为套件，利用A-RCU和中鸣JMD图形化编程软件实现传感器的基本应用编程，设计了15次课的学习任务，学生在这一过程中完成了创意作品的设计（表6）。

表6 人工智能传感器应用入门基础课程教学计划

序号	教学主题	课时数	学习目标
1	第一课：电报机	1	①了解电报机的工作原理，选择适合的传感器进行模拟； ②能够正确连接触碰传感器，并利用传感器信息进行相应的控制； ③掌握选择语句"如果……那么……否则"的使用
2	第二课：噪音检测仪	1	①了解噪音检测仪的工作原理； ②了解板载声敏传感器的工作原理，使用LCD显示模块进行噪音输出； ③能够正确连接LCD显示模块和Arduino控制器，并根据输出信息进行相应的编程
3	第三课：光控路灯	1	①了解光控路灯的工作原理； ②掌握光敏传感器的使用及输出，正确连接传感器与控制器； ③能够使用光敏传感器控制LCD显示模块显示不同内容； ④尝试使用光敏传感器控制板载LED灯的亮灭与颜色
4	第四课：调速风扇	1	①了解电位器的工作原理； ②了解马达驱动的工作原理； ③通过制作调速风扇，掌握电位器的使用方法
5	第五课：打鼓器	1	①熟练掌握触碰传感器、电位器的使用方法； ②通过制作打鼓器，体验多种传感器结合控制的神奇，激发学生的学习兴趣
6	第六课：移动小车	1	①学会改变马达速度，实现小车进行"前进、后退"等； ②理解马达速度不同，小车的运动状态不同
7	第七课：触碰车	1	①使用触碰传感器制作触碰车，熟练掌握触碰传感器的使用； ②通过编写程序，探究如何使触碰车躲避障碍物继续行进
8	第八课：测量车	1	①通过马达编码器读取数值，进行小车行进距离的测量； ②通过使用LCD显示模块显示出测量车行进距离，熟悉LCD显示模块的使用，激发学生探究能力
9	第九课：声控车	1	①了解声音传感器的工作原理，熟练掌握声音传感器的使用； ②通过编写程序，探究如何使声控小车随着声音行进或停止
10	第十课：光电车	1	①了解光电传感器的工作原理； ②通过使用光电传感器制作光电车，使小车遇黑线停止动作
11	第十一课：追光小车	1	通过使用光敏传感器制作追光小车，了解光敏传感器的工作原理
12	第十二课：旋钮小车	1	①熟练掌握触碰传感器，电位器的使用； ②通过制作旋钮小车，对比触碰传感器与电位器的优缺点； ③结合多种传感器进行自主探究，激发学生的学习兴趣

续表

序号	教学主题	课时数	学习目标
13	第十三课：遥控车	1	①了解红外接收传感器的工作原理，制作遥控车； ②通过自主探究过程，在遥控车的基础上，尝试增加其他传感器实现更过功能
14	第十四课：搅拌车	1	①通过使用红外接收传感器制作搅拌车，熟练掌握红外接收传感器的使用； ②通过改变速度设置，实现搅拌车的变速特性
15	第十五课：步行机器人	1	①了解循环模块和等待模块； ②掌握编码盘和红外遥控进阶应用，提升动手能力与电子制作能力

（2）机器人社团活动课程

Alpha Ebot 人形机器人、机甲大师 S1 两个项目进行课程设计和实施，两门课程均为 15 学时，内容涵盖机器人的基本知识、人工智能的语音、视觉识别及传感器控制等方面，通过解决问题和案例学习的方式，学生合作探究完成了众多较为复杂的学习任务（表7、表8）。

表7　Alpha Ebot 人形机器人创"艺"教学安排

序号	教学主题	课时数	主题概述
1	第1课：初识"小E"	1	学生通过阅读教材和上网检索信息，了解机器人的不同形态、发展历史与分类；认识 Ebot 机器人的硬件与软件，学会通过蓝牙连接平板与 Ebot 教学重点：Ebot 的身体与 App 软件 教学难点：蓝牙连接与网络配置
2	第2课：与"小E"聊天	1	学会与 Ebot 进行语音对讲，简单了解语音交互技术原理 教学重点：与 Ebot 语音交互，使用语音指令控制 Ebot 执行任务；语音交互技术流程 教学难点：语音交互的实现环节与流程
3	第3课："小E"做动作	1	学生通过平板操控"小E"，体验"足球员"和"格斗家"两个功能模块的应用；组织小型足球比赛 教学重点：使用 App 自带动作库，体验多台机器人的配合使用 教学难点：合理调用现有动作完成任务
4	第4课："小E"动作 Show	1	学习利用 App 自定义设计 Ebot 动作，配背景音乐，让动作与音乐节拍相匹配 教学重点：App 动作设计功能的基本操作 教学难点：动作与音乐节奏的匹配

续表

序号	教学主题	课时数	主题概述
5	第5课:"小E"打太极	1	了解太极拳文化,使用PC端软件设计太极拳招式 教学重点:使用PC端软件编辑Ebot太极动作 教学难点:动作流畅
6	第6课:群舞表演	1	学习使用集控装置编辑Ebot群舞动作 教学重点:集控板操控机器人群舞的流程和方法 教学难点:集控装置的工作原理
7	第7课:能测距的"小E"	1	了解Blockly编程界面,学会编程的基本流程与方法 掌握Ebot根据障碍物的距离远近执行"抱抱"和"大笑"的功能,掌握基本的编程逻辑 教学重点:编程逻辑语句(顺序、选择结构)的常见使用方法;红外测距传感器 教学难点:红外测距传感器的工作原理
8	第8课:触控行进的"小E"	1	实现Ebot根据触摸传感器的信号反馈自动实现走和停的任务 教学重点:变量的作用及使用方法,循环结构的编程及触摸传感器 教学难点:变量的含义、触摸传感器的工作原理
9	第9课:感重力"小E"	1	使Ebot根据平板倾斜状态不同作出不同动作 教学重点:编程逻辑语句(顺序、条件、循环)的常见使用方法;重力传感器 教学难点:重力传感器的工作原理
10	第10课:知冷暖"小E"	1	学习使用温湿度传感器 教学重点:编程逻辑语句(顺序、条件、循环)的常见使用方法;温湿度传感器 教学难点:温度传感器工作原理
11	第11课:感光线"小E"	1	学习使用亮度传感器 教学重点:编程逻辑语句(顺序、条件、循环)的常见使用方法;亮度传感器 教学难点:亮度传感器的工作原理
12	第12课:全能"小E"	1	学习同时运用两种传感器,了解非与或3种逻辑运算,学习使用函数 教学重点:非与或的理解与应用,函数的建立与调用 教学难点:非与或的理解
13	活动课——助力科技节	3	以Ebot为主角,设计一台科技节舞台表演 教学重点:任务分解与进度控制;角色分工 教学难点:适合的节目编排

表 8 玩转机甲大师 S1 教学安排

序号	单元	内容	目标	课时
1	基础篇	第1课：初识机甲大师 S1	认识机甲大师 S1，使 S1 向前行走	1
2	基础篇	第2课：变速移动和回马枪	变速移动：控制底盘以不同的速率进行旋转，底盘持续向前平移，云台在底盘后侧来回扫射	1
3	基础篇	第3课：识别靶心和 S 形倒退	机甲大师 S1 识别到靶进行射击，控制底盘以"S 形"轨迹倒退	1
4	基础篇	第4课：流光溢彩和倒车入库	流光溢彩：底盘的所有 LED 灯熄灭 1 秒之后，分别闪烁不同的 LED 灯 倒车入库：在 S1 进行倒车入库时，底盘后侧的 LED 灯闪烁 4 秒进行示意 旋转计时：获知底盘旋转 1 圈所需用时	1
5	基础篇	第5课：云台灯光秀	云台灯光秀：云台上的 LED 灯进行灯光表演。流水灯：Robomaster S1 云台的 LED 灯全部熄灭后，流水亮起 1～8 号灯	1
6	演练篇	第6课：摇摆和扭腰反击	摇摆：控制底盘左右旋转的同时，控制云台运动并发射水弹 扭腰反击：机器人底盘和云台分别向相反方向旋转，从而降低机器人受到攻击的概率	1
7	演练篇	第7课：挨打反击	挨打反击：S1 装甲受到攻击，云台迅速转向攻击侧发起反击	1
8	演练篇	第8课：拍手唤醒和前进	拍手唤醒：底盘和云台 LED 保持熄灭状态。当识别到两次拍手后，底盘所有 LED 红光闪烁，云台 LED 呈红色跑马灯特效 拍手前进：行人站在距离机器人约一米远的地方，拍手召唤机器人前来	1
9	演练篇	第9课：急流勇退和漂移甩尾	急流勇退：底盘左侧装甲板受到攻击，机器人向右平移撤退；如果底盘前侧装甲板受到攻击，机器人向后平移撤退，控制机甲大师 S1 漂移掉头	1
10	演练篇	第10课：定点打击	编写程序使机甲大师按顺序瞄准视觉标签数字 1、数字 2、数字 3。机器人视野中出现数字 1、数字 2、数字 3 3 个视觉标签时，机器人会按数值从小到大瞄准、记录视觉标签位置，而后依次打击	1

续表

序号	单元	内容	目标	课时
11	演练编	第11课：闪电突袭	制机甲大师S1向左前方和右前方交替平移，实现闪电走位 通过设备模块编写程序实现对底盘的体感控制	1
12		第12课：多边形走位和"8"字形运动	让Robomaster S1依次走出正三角形、正四边形、正五边形和正六边形的轨迹，Robomaster S1机器人绕"8"字形路径运动	1
13		第13课：人机猜拳	输入你的答案，和机器人产生的随机值比较大小。如果你的答案大于或等于机器人的答案，云台以跑马灯特效庆贺；如果你的答案小于机器人的答案，云台会"垂头丧气"	1
14	侦察篇	第14课：遥控拍照	Robomaster S1识别到拍照手势，会在"倒计时开始"音效播放完毕后进行拍照；如果未识别到拍照手势，Robomaster S1会边播放"扫描中"音效边旋转搜寻手势指令	1
15		第15课：视觉标签跟随	使用列表存储视觉标签，并将位置信息通过变量在FPV窗口显示出来 控制云台根据视觉标签的位置变化进行转动，保证视觉标签始终处于视野中心	1
16	竞技篇	第16课：RoboMaster机甲大师赛	机甲大师赛：使用合理的技能，淘汰他人的机甲大师，夺取胜利	1

（3）无人机社团课程

无人机为核心的课程则是从操控和图形化编程入手，逐步升入人工智能技术与Python编程相结合的深入课程（表9、表10）。

表9 无人机图形编程与人工智能教学安排

序号	单元	课题名称	课时数	课程安排
1	第一部分：任务出击——实战飞行	飞行学校——你好，特洛创造力无人机！	1	①无人机（空中机器人）的定义 ②熟悉无人机的分类 ③了解无人机的历史 ④了解无人机的原理 ⑤认识特洛无人机 ⑥了解特洛无人机各部分结构及组成（传感器、飞控、执行器） ⑦配合平板App与手柄控制飞机完成一次起降练习 ⑧拓展练习："弹跳飞行"

续表

序号	单元	课题名称	课时数	课程安排
2	第一部分：任务出击——实战飞行	首飞任务——机场巡逻	1	① 掌握无人机安全飞行的相关法律法规 ② 了解行业级无人机安全双目视觉系统、多冗余系统、红外传感器的安全特性 ③ 掌握特洛无人机的飞行前、飞行中、飞行后的安全飞行要求 ④ 学习功能操控：上升、下降、左偏航、右偏航、左侧移、右侧移 ⑤ 练习在第三视角下熟练控制无人机运动的技巧 ⑥ 尝试多种飞行条件下调整飞行姿态 ⑦ 拓展练习：完成机场"五边"和"八边"飞行任务
3		无人机航拍——我的美丽校园！	1	① 了解无人机在航空拍摄领域的应用 ② 了解并掌握"一键飞远模式" ③ "一键360模式"学习 ④ "一键环绕模式"学习 ⑤ "全向翻滚模式"等多种趣味飞行模式 ⑥ 尝试第一视角下的飞行练习 ⑦ 学习基本航拍技巧 ⑧ 拍摄学校教学楼各方位照片和学生站位照片 ⑨ 拓展练习：综合运用各种无人机航拍技巧拍摄校园场景片段并制作宣传短片
4		实战飞行！——穿越障碍地形	1	① 教师课前搭建错型场地、布置地图 ② 综合运用之前所学的各项飞行技巧在场地中完成障碍场地穿越任务，熟练无人机操控技巧 ③ 功能操控熟练考核：上升、下降、左偏航、右偏航、左侧移、右侧移 ④ 航拍技巧熟练考核 ⑤ 拓展练习：穿越障碍地形飞行评分考核
5	第二部分：智慧飞行	与特洛对话——使用图形化编程软件操控特洛	1	① 初步了解图形化编程软件 Mind+ 的界面布局，体验小程序 ② 掌握特洛无人机与 Mind+ 的连接方式 ③ 理解空间和坐标网络及有头模式飞行 ④ 使用顺序结构完成无人机的固定路线起飞航行及降落 ⑤ 掌握"正方形"航线的编程方法 ⑥ 拓展练习：掌握"多边形"航线的编程方法

续表

序号	单元	课题名称	课时数	课程安排
6	第二部分：智慧飞行	农场主的委托——固定路线巡航	1	①了解特洛的无头模式，初步认识挑战卡，使用挑战卡辅助定位 ②使用顺序结构和循环结构完成曲线飞行相关程序 ③综合运用曲线飞行和直线飞行的编程方法，完成复杂固定路线的巡航 ④学习变量的使用方法，综合变量和循环结构完成倒计时的程序 ⑤应用倒计时的程序完成特洛的定时起落 ⑥拓展任务：校园操场完成跑道巡逻
7		地质勘探小帮手——传感器数据监测	1	①学习特洛无人机上的相关传感器功能 ②掌握使用 Mind+ 实时监测传感器数值的方法 ③学习使用选择结构完成无人机过高就自动返航 ④拓展任务：学习使用选择结构完成电量过低无人机自动降落的任务
8		空中圆舞曲——Mind+ 音乐模块配合飞行	1	①运用 Mind+ 软件初步体验编队飞行 ②计算好每个动作的时间，与音乐节奏点配合完成无人机的圆舞曲 ③使用星球卡，让特洛的舞姿动作更加丰富 ④拓展练习：尝试两个"特洛"一组，跟随自己选定的音乐编排舞蹈

表10 无人机 Python 编程与人工智能教学安排

序号	单元	课题名称	课时数	课程安排
1	第一部分：Tello 无人机基础理论及操控	1.1 初识无人机应用与基础操控入门	1	①无人机的定义 ②无人机的应用场景 ③Tello 飞行注意事项 ④Tello 的启动及连接 ⑤无人机基础飞行动作演示 ⑥练习单杆操纵
2		1.2 无人机为什么能飞起来？控制飞行方向的"魔法"力的合成与无人机进阶操控 I	1	①阐述物体无法漂浮的原因 ②克服重力才能飞行 ③教授使用气压进行飞行 ④用纸、吸管和螺旋桨证明伯努利定律的存在 ⑤Tello 实现悬停、上升和下降 ⑥Tello 实现前后左右飞行 ⑦正浆和反浆之分 ⑧Tello 实现左右旋转

续表

序号	单元	课题名称	课时数	课程安排
3	第一部分：Tello 无人机基础理论及操控	1.3 如何飞出驼峰航线 运动的合成、选择最佳的飞行路径飞行航线与无人机进阶操控Ⅱ	1	① 回忆上节课的菱形飞行与螺旋上升 ② 平行四边形/三角形法则 ③ 航线定义、航线规划流程与注意事项 ④ 实现不同斜率的爬升和俯冲 ⑤ 练习驼峰航线
4		1.4 相互协作的零件无人机的部件结构	1	① 了解四轴无人机的结构设计思路 ② 螺旋桨、马达、控制器、电池等 ③ 从电能到动能和重力势能的转化 ④ Tello 飞得稳的原因 ⑤ 采用某种航线实现某种拍摄效果 ⑥ 练习刷锅航线与圆航线和智能飞行模式
5	第二部分：Tello Talent Python 编程部分	2.1 无人机火星探测计划通过编程向无人机发送指令	1	① 火星巡航、岩洞探索、视觉测量 ② 计算机科学与编程语言导论 ③ 特点优雅易读、简单易学、灵活丰富 ④ 下载相应版本的 Python ⑤ 编辑与管理程序文档 ⑥ 用 Python 向火星上的 Tello 发送一个远程指令
6		2.2 火星上的首次飞行测试 Python 基础知识Ⅰ	1	①Hello，I'm Tello ② 报告火星天气 ③ 快速检查 Tello 的装置 ④ 可以起飞了吗？ ⑤Every thing Ready？ Go！
7		2.3 寻找失联的"机遇号" Python 基础知识Ⅱ	1	①Tello 的飞行技能 ② 飞一个正方形 ③ 用 input 函数取得输入 ④ 让程序更友好 ⑤ 以正方形航线绕陨坑飞行，每条边长加速25%
8		2.4 给分数评级条件语句的使用	1	① 小测试 ② 分数的评级 ③ 完成评级程序 ④ 更细分的评价 ⑤ 同时考虑多个条件

续表

序号	单元	课题名称	课时数	课程安排
9	第二部分：Tello Talent Python 编程部分	2.5 猜猜Tello最想去哪里for循环与while循环Ⅰ	1	① 猜猜Tello想去哪里 ② 猜猜看小游戏 ③ 改进小游戏
10		2.6 为火星上的峡谷绘制地图for循环与while循环Ⅱ	1	① 太阳系中的巨型峡谷"水手谷" ② 无人机测绘常用的蛇形航线 ③ 使用循环语句写出蛇形航线并试飞 ④ 巡检、搜救、喷洒农田、绘制地图等
11		2.7 收集阿尔西亚火山的数据自定义一个多边形飞行的函数	1	① 太阳系中已知最高的山（珠穆朗玛峰的3倍高） ② 自定义一个正六边形飞行的函数 ③ 正多边形的内角计算规律 ④ 围绕火山做正N边形飞行
12~13	第三部分：TelloTalent人工智能与多机编队	3.1 玩一玩！趣味编程项目飞进火星的地下洞穴	2	① 神秘的地下「黑洞」 ② ToF（Time of Flight）原理介绍 ③ 模拟飞入地下洞穴，搭建纸箱模拟场地、编程试飞 ④ 挑战卡原理和用法介绍 ⑤ 穿越地下迷宫 ⑥ 拓展Tello穿越赛
14~15		3.2 做Tello战队的指挥官多机编队飞行	2	① 团结就是力量 ② 大家准备好了吗？ ③ Tello战队起飞 ④ Tello之小兵操 ⑤ Tello之精准编队 ⑥ 完成Tello华尔兹

（四）人工智能教学策略

作为初中阶段的人工智能教学，可以利用平板电脑上的应用App、互动平台、原理学习平台及编程平台开展学习。可以通过任务驱动、游戏、头脑风暴及交流展示等方式，从学生生活、学习实际出发，通过具体情境的设计，引导学生进一步提升对人工智能在社会生活中应用的理解能力和创新实践，引导学生利用人工智能解决生活、学习中实际问题的能力。

目前，中国在人工智能各领域发展非常迅速，在教学中一般多使用国内的人工智能相关应用开展教学，以激发人工智能创新中国的民族自豪感。

1. 通识学习："智慧课堂平台＋应用"App

头脑风暴：提出人工智能能帮助人类解决哪些问题为主题，请同学们进行头脑风暴，说出足够多的人工智能的优点，可以在智慧课堂的白板上提交信息，能够很便捷地看到其他同学的想法，很好地进行互动。

自主和合作探究：通过教师提供的一些实例，引导学生查阅资料，分析现有的人工智能技术可能会出现的问题。教师让学生先体验某一种人工智能应用App，如语音识别，组织学生分析识别的过程，从而进一步了解模式识别的概念，再加以引申体验其他模式识别的应用，以帮助学生深入理解模式识别。

辩论赛：辩论主题如人工智能能否全面超越人类，让学生自己选择正方或反方开展辩论，可以用平板电脑及时收集资料，以便更好地进行辩论。

2. 原理学习："智慧课堂平台＋AI原理"平台

利用智慧课堂平台开展教学，教师能够在课堂教学过程中很融洽地与学生形成互动，互动大屏、教师终端和学生终端三者有机结合，实现了技术体验的即时性、原理总结的直观性和课堂秩序的规范化。课堂过程中使用畅言智AI，可以将游戏和实验探究用同一个相对简单有趣的问题情境连贯起来，系统封装后的简单原理实验体验，将复杂的程序过程以简单的修改实验参数的方式直观呈现出来，过程清晰，学生容易理解，循序渐进的操作极大降低了学生掌握原理的难度。AI平台中集成带有机器人硬件支持的编程平台，不仅降低了学生操作上的麻烦，也使编程变得可检测和有趣。

3. 编程活动："平板电脑编程App＋机器人"等硬件

情境创设：教师可以先用平板电脑控制多个设备进行表演，激发学生的兴趣，提出可以讨论的问题，学生在平板电脑上写出自己的思考并与其他同学交流。

算法设计：编程平台的App通常会提供一些任务或者备件的基本算法供不同层次的学生自主学习，教师可以根据学生不同程度布置一定的任务，鼓励学生进行自学和探究。同时，可以通过投屏功能进行展示，以便更好地开展活动。

任务实现：利用编程平台的灵活操作，可以随时连接机器人设备调试程序，不受空间的制约完成任务，学生之间的交流也可以更加多元。

交流展示：可以在空旷的教室内直接开始展示，不用受教室设备和场地大小的限制。

四、课程评价

对学生的评价基于人工智能学科核心素养展开。本课程要求突出评价对学生的发展价值，强调评价对学生学习的激励、诊断和促进作用，发挥评价的导向功能。

（一）评价原则

1. 结合人工智能教学特点，突出过程性评价，适当弱化终结性评价

本课程教学目标重在激发学生学习兴趣，培养人工智能意识，重视实践、体验、应用、创新。提倡采用质性评价方式，避免将评价简化为分数或等级。将学生在学习活动中的各种表现和活动成果作为分析考察课程实施状况与学生发展状况的重要依据。

2. 综合运用多种评价手段，促进学生发展

人工智能课程内容类别多样，学习方式多样，单一的评价方式难以有效反映学生整体学习状况。在教学中采用作品评价、合作交流与经验分享、小组竞赛等方式对学生学习成就进行综合评价，做到评价主体、客体多元化。学生在课程练习中，需要加入适量的综合实践、作品设计与制作、社会调查、作品展示等内容。

3. 发挥定性评价优势，提高评价实效

人工智能课程学习过程中主观感受性内容相对较多，主要采用定性评价方式。定性评价更关注教育目标及学习结果，强调观察、分析、归纳、描述、判断，对学生的种种表现试图作出具有教育学、心理学意义的解释与推论。

4. 利用学生作品，反映学习成就

对学生信息技术作品的评价，要重视学生作品设计的思路和过程，不只是单一评价作品的优劣，还要根据作品的不足提出改进建议。人工智能课程中的作品分析大多比较耗时，在实际教学中应适当组织学生遵循统一规范的标准开展自评或互评。在教学过程中，评价学生作品主要突出展现学生学习成就。作品评价标准在学生制作作品之前应给予明确，评价标准中的具体要求根据作品内容、学生实际水平、作品规模等实际情况适当进行调整。

（二）评价标准

1. 项目学习评价标准

（1）评价时间线

项目学习前进行调查问卷前测；项目学习过程中通过闯关体验对学生的技能掌握程度进行评价，同时对学生的探究和参与情况进行自评；项目学习完成后对作品进行综合评价。

（2）评价计划

基于问题或案例的课堂学习评价标准：由学情前测、课中过程成果提交和评价量规及课后学习效果测试3个部分组成。教师及时收集课堂不同阶段的数据，对课堂进行及时的调整。评测均在云课堂评价模块完成，过程成果提交则在白板功能中提交。

以"认识智能语音技术——复刻我们的声音"为例，学情前测为问卷；过程性评价为推送白板、评价量规；形成性评价为课后小测。

学情前测：问卷

① 家里是否有能上网的计算机？（　　）【单选】

A. 是　　B. 否

② 你使用过智能手机或平板电脑等移动终端吗？（　　）【单选】

A. 经常　　B. 偶然　　C. 从不

③ 您知道人工智能吗？（　　）【单选】

A. 知道，并且非常了解　　B. 知道，但不是很了解　　C. 不知道

④ 你接触过以下哪些智能产品？（　　）【多选】

A. 语音助手（如 Siri、Google now、百小度、灵犀等）

B. 机器翻译（如百度翻译、Google 翻译、有道翻译、晓译翻译等）

C. 图像识别（如支付宝人脸登录、淘宝拍照识别功能等）

D. 指纹识别（如手机解锁、指纹支付等）

E. 机器人

F. 以上应用均接触过

⑤ 您对全世界大力发展人工智能的态度？（　　）【单选】

A. 支持，并对人类与人工智能的和睦共处有信心

B. 支持，但对人工智能威胁论存忧

C. 反对，相信人工智能威胁论

D. 保持中立

过程性评价：评价量规（表 11）

表 11　过程性评价

评测标准		教师作品 （1～5分）	个人音库朗读 （1～5分）	配音作品（1～5分）			
				自	1	2	3
相似度							
自然度							
错误率							
段落总体感觉	愉悦感						
	停顿节奏						
	重读						
	声调						
	情感						
	耐听性						

"云"上智慧
——首都师范大学附属云岗中学智慧教育建设探索

形成性评价：课后小测

① 以下哪项不属于自然语言理解的应用？（　　）【单选】

A. 语音识别　　　B. 机器翻译　　　C. 人脸识别　　　D. 语音合成

② 关于机器翻译，下列说法中错误的是（　　）。【单选】

A. 机器翻译进行不同自然语言之间的相互转换

B. 当前机器翻译已完全能替代人工翻译

C. 常见的中文翻译软件有百度翻译、科大讯飞等

D. 有的翻译软件能发出语音

③ 在智能手机上，有一些阅读类的App，可以将文本形式的小说用语音朗读出来，轻松实现闭上眼睛去听书，它采用的技术是（　　）。【单选】

A. 虚拟现实技术　　B. 语音合成技术　　C. 智能代理技术　　D. 多传感交互技术

④ 下面哪两项是语音合成的技术方法？（　　）【多选】

A. 参数合成　　　B. 文本合成　　　C. 波形合成　　　D. 音效合成

⑤ 在互联网时代背景下，哪几项技术帮助人工智能技术实现了从量变到质变的转变？（　　）【多选】

A. 大数据

B. 新型高性能计算架构

C. 编程技术

D. 深度学习

⑥ 下面哪项是致力于人工智能发展的民族企业？（　　）【多选】

A. 百度　　　　B. 科大讯飞　　　C. 谷歌　　　D. 腾讯　　　E. 微软

课外活动课评价方式：以课后小问题、作品呈现和学生反思结合的方式呈现，以第一课初识"小E"为例。

① 下列哪一项不属于机器人？（　　）

A. 海绵宝宝　　　B. Cruzr　　　C. Walker　　　D. 机械手臂

② 按照用途分，下列哪一项属于机器人的分类？（　　）

A. 服务型机器人　　　　　　　　B. 娱乐机器人

C. 教育机器人　　　　　　　　　D. 操作机器人

③ 关于人形机器人的知识，以下说法错误的一项是（　　）。

A. "小E"属于人形机器人

B. 所有人形机器人都是由生命系统、造型解质、肌肉、人造皮肤组成

C. 人形机器人，又可以叫做仿人机器人

D. 人形机器人擅长做起卧、武术表演、翻跟斗等杂技动作

④ 在学习机器人的过程中，你都遇到了什么问题？你是如何解决的？

五、实施效果

（一）教学效果

基于移动学习的人工智能教学到课题结题时已经在三届学生中不同程度地开展了实施，课题组对各年级参与基于移动学习的学生进行了问卷调查，收到问卷186份，其中有效问卷183份，得出以下数据结果（表12）。

表12 调查问卷数据结果

问题	统计选项	七年级	八年级	九年级	总数
参与问卷人数/人		61	63	57	183
性别分布/人	男/女	29/32	28/35	28/29	87/96
常用进行移动学习的设备	智能手机	93.44%	96.83%	96.49%	95.63%
使用移动设备学习时的注意力	难以集中	3.28%	4.76%	10.53%	6.01%
你的移动设备能满足你对移动学习的需求	符合以上	80.33%	88.89%	84.21%	84.15%
家长支持您使用移动设备进行学习	符合以上	49.18%	73.01%	63.16%	61.2%
我经常使用移动设备完成学习任务	符合以上	45.9%	79.37%	64.92%	62.85%
你更喜欢使用移动学习方式进行学习	符合以上	65.57%	80.95%	70.18%	71.58%
你觉得移动学习能提高你的学习效率	符合以上	55.74%	63.49%	61.4%	60.1%
你在生活中经常使用智能技术	没接触过	1.64%	1.59%	3.51%	2.19%
人工智能课程上课状态	认真听讲	91.8%	96.83%	89.48%	92.9%
人工智能课程作品的完成度	60%以上	88.53%	76.19%	84.21%	83.06%
日常生活中运用所学人工智能知识解决问题	会这么做	67.85%	77.78%	73.68%	73.22%
我对人工智能课程感兴趣	符合以上	67.22%	84.13%	73.68%	75.41%
平板电脑上的互动工具能够帮助我更好的参与课堂	符合以上	77.05%	84.12%	78.95%	79.78%
平板电脑上的人工智能应用能够帮助我学习	符合以上	72.13%	84.12%	78.95%	78.68%
相比在计算机上学习我更喜欢在平板电脑上学习	符合以上	67.21%	74.6%	73.68%	71.04%
比起独自完成任务我更喜欢小组合作学习	符合以上	73.77%	80.95%	73.68%	75.41%
我喜欢尝试一些具有挑战性的学习任务	符合以上	70.49%	80.95%	80.7%	77.05%
回家后我经常使用人工智能课应用的App	符合以上	36.06%	74.61%	70.18%	60.11%

"云"上智慧
——首都师范大学附属云岗中学智慧教育建设探索

从问卷数据来看,绝大多数学生都有移动学习设备,移动设备对学习注意力的影响不大,有一定影响的也是根据学习内容和环境而产生的,移动学习目前在低年级中家长支持度不高,但学生对移动学习方式的兴趣还是超过了2/3。尽管很感兴趣的学生只有2/3,但人工智能课程的上课状态认证的能到90%以上,作品完成度也是比较高的,2/3以上的学生更喜欢在平板电脑上学习人工智能课程。总的来看,尽管人工智能课程在初中阶段教学中属于校本化开设,但是学生对于课程的认可程度还是比较高的,同时,使用移动设备开展学习能够更好地满足学生的需求,解决课堂中的问题,也能够帮助学生更好地将学习的知识迁移到实际生活中应用。

在延期开学期间,如何利用移动学习开展人工智能教学,引导学生利用所学技术更好地居家学习和生活是课题组探索的一大主题,将原来计算机上的应用软件操作迁移到手机 App 中,深入理解人工智能技术解决生活实际问题的方法和理念,转变技术使用思想。

(二)学生成果

在社团教学方面,为了真正将人工智能教学在首都师范大学附属云岗中学开展起来并惠及到广大学生,我们在几年的活动中不仅总结经验教训,也一直在积极尝试把社团的活动课程化。社团成员从基础开始学习智能控制创意相关知识,如通过学习 STEM+ 智能创意,对 STEM+ 智能创意领域有了全面的认识,对以后进一步在更高学段学习打下坚实基础。3 年来,社团成员有 10 余名考入大学学习相关专业,10 余名升入示范性高中参与其学校的社团活动,如杨子木同学以科技特长生被北师大二附中录取,为高中阶段学校输送了优秀人才;在社团获奖方面,近 3 年,我校各项新项目在北京市成绩非常喜人,在市区竞赛中有很大的突破,参与的项目获得多项一等奖,青少年创新大赛中人工智能获得创新成果二等奖。

(三)课程成果及影响

对本系列校本课程已完成的优质课例进行深入分析,形成基于移动学习的人工智能教学策略,并荣获北京市基础教育课程建设优秀成果二等奖,多篇论文、案例和课例获奖或发表。《挖掘学习最近发展区 认识智能语音技术》在知网下载频次 95 次,课程在北京市和丰台区多次进行展示交流,校本课程也在集群内进行了推广。通过交流展示,充分发挥了学校课题组的示范、辐射作用。主要成果如下:

① "人工智能传感器应用入门基础课程" "Alpha Ebot 人形机器人创'艺'教学" "玩转机甲大师 S1" "无人机图形编程与人工智能" "无人机 Python 编程与人工智能" 5 门课的教学案例集。

② 两位教师承担义务教育地方教材:《人工智能》七年级上、七年级下、八年级上、八年级下 4 册教材编写及相关教参、配套资源撰写和录制。

③ 人工智能通识模块内容概述及教学实施建议在《中小学人工智能教育探索》一书中发表。

④ "超·有·趣的人工智能"选修课程介绍作为案例在首都师范大学附属出版社《云之育——首都师范大学附属云岗中学适合教育实践探索》一书中出版。

⑤ 课程资源《智能穿戴》《智能物流》在北京市中小学人工智能课程资源征集评选活动中获一等奖，并被中小学人工智能实验项目资源平台录用。

⑥ 论文《挖掘学习最近发展区 认识智能语音技术》发表在中小学信息技术教育2020年5月刊中。

⑦ 课例《逐梦航天——四轴飞行器编队飞行表演》在2020年北京市信息技术学科教学评优课活动中获一等奖。

⑧ 案例《认识智能语音技术》在北京出版社出版的《基于核心素养的中学课堂教学方式改进的研究案例》一书中发表。

⑨ 课例《认识智能语音技术》在北京市信息技术学科人工智能教学研讨活动中做公开展示。

⑩ 课例《四轴飞行器编队表演》在北京教育学院的2019年信息技术青蓝计划项目中作为研究课。

⑪ 课例《探索机器学习》在北京教委主办、中国教师研修网承办的"北京市中小学教师信息技术应用能力提升工程2.0"项目中作为示范课，在全国、市区竞赛中获得优异成绩。

⑫ 课例《数据视角看名著》在北京城市副中心首届同课异构教学与研讨中进行展示。

⑬ 《人工智能应用》在内蒙古扎赉特旗音德尔五中进行课程展示。

六、特色与创新

（一）课程设计实施创新

1. 体验贴近学生现实生活

通过体验活动，包含SIRI、百度翻译、快乐相似脸和扫描全能王等App，学生在平板电脑上能够很充分地体验人工智能给我们带来的便捷，课堂学习氛围浓厚，能够激发学生学习兴趣，引起共鸣。

2. 注重跨学科活动设计

在课程教学实践中，与其他学科进行融合开展跨项目活动，体现人工智能技术在学科中的价值，如智能音乐家、动植物识别、机器翻译等内容都与学科实际有比较紧密的联系。

3. 关注学生信息技术学科核心素养的提升

使用平板电脑及云课堂学习平台作为学习工具，学生通过平台可以与老师互动、资源微课浏览和测验，学习平板电脑的语音和文字等识别方法，这注重培养学生不同数字化学习工具的使用，是注重体现学科思想和技术元素的课程。

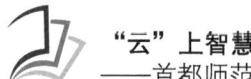

4. 综合运用多种评价手段

评价手段多元，能够及时对学生合作探究表现进行反馈，同时利用云课堂的测验功能实时测出学生在课堂学习中的收获和不足。

（二）学习工具选择创新

1. 移动学习工具

设计研究基于移动学习的初中人工智能教学的实施途径，突破人工智能技术的设备技术制约，提升学生智能素养和创新能力。

移动设备的内置传感器、摄像头及导航定位提供人工智能体验实践的硬件基础。

移动端的人工智能应用和编程平台不受环境限制。

移动设备便携小巧可以实现灵活多变的学习方式。

移动端云课堂系统可以让课堂互动性、延展性更强。

移动设备硬件投入和培训投入都相对较低。

2. 人工智能设备创新

人工智能设备与传统设备对比如表13所示。

表13　人工智能设备与传统设备对比

比较要素	传统的教育机器人	人工智能领域的机器人
形态	轮式、足立式、飞行式、水下机器人	
编程平台	图形化编程、代码化编程	
联网功能	不需要	需要
传感器配备	常规数字和模拟传感器，识别状态或数值大小，通常传输数据值进行判断	常规数字、模拟传感器和人工智能识别传感器，通常传输数据值进行判断，声音识别、视觉识别传感器，实现内容识别
算法	简单感知、控制、巡线和规划等传统算法	在传统算法的基础上，增加机器学习、视觉识别、声音识别等人工智能算法
应用	娱乐、简单的创意、完成巡线、舞蹈等任务	增加具体场景问题的解决，实现语音沟通、物体识别操作、智能拍摄及战略战术演练等
实现教学场景	技术编程、简单创意作品设计、解决简单的任务活动	人工智能通识、体验、技术原理学习、技术编程、创意作品设计、解决问题的任务活动

（三）研究创新价值

普通初中的学生虽然相较于优质初中学习能力相对较弱，但是在新技术的接受方面有很多可喜的亮点。如何基于移动学习在普通初中进行人工智能课程的设计与实施，对现阶段学校的特色建设有一定的价值，同时对众多普通初中也有一定推广意义（表14）。

表14 各年级学生对课程的需求度

选项	七年级	八年级	九年级	全体
人工智能通识和体验普及	90.16%	84.13%	89.47%	86.89%
人工智能相关前沿科学技术原理学习	63.93%	79.37%	64.91%	68.85%
人工智能技术编程	65.57%	76.19%	75.44%	72.13%
人工智能创意作品设计	59.02%	71.43%	71.93%	67.76%
机器人解决问题的任务活动	44.26%	50.79%	52.63%	49.18%

教育需要创新，创新才能发展，正是本着创新发展的思路，随着课题研究的不断深入，我们将顺应新课改的要求，将人工智能教学更加充实、完善、系统化，教学方法更加得当。我们会不断前行，为践行学校科技特色教育而努力，让我校的这一特色教育惠及所有首都师范大学附属云岗中学的学生身上，为学生科技素养的不断提升而奋斗，培养"乐学·和美"可持续发展的中学生。

逐梦航天

——四轴飞行器编队飞行表演项目式学习设计

杨琳玲

作为一所曾经的航天部子弟学校，学校有着优秀的航天科技教育传统，校长邀请同学们设计一个3～4分钟的无人机编队表演，在阶梯教室举行的建校庆祝活动中与学校的机器人社团一起为来宾、家长及全校师生呈现一场绚丽的科技展示。以此为背景，学校人工智能课程教师开展了逐梦航天——四轴飞行器编队飞行表演项目式学习设计。

一、学情分析

学习对象：七年级学生

学生知识基础：大部分同学拥有智能手机，会简单的智能终端操作。

课前将通过问卷调查，对学生进行有关四轴飞行器技术的了解和学习兴趣的调查，以确保课堂教学关注到全体学生。

学生现有认知水平：有一定的动手操作能力，能够在老师的引导下完成步骤较简单的学习任务，但还无法完全自主开展开放性的探究活动。

学生心理特点分析：对信息技术表现出浓厚的兴趣，思维比较活跃，但是学生的自控能力还不强；希望得到别人的鼓励和赞赏，希望得到获取成功的成就感。

二、课程标准及学习目标

（一）课程标准

课程倡导基于项目的学习方式，将知识建构、技能培养与思维发展融入运用数字化工具解决问题和完成任务的过程中；通过判断、分析与综合各种信息资源，运用合理的算法形成解决问题的方案。

（二）21世纪技能、核心素养

计算思维：个体运用计算机科学领域的思想方法，在形成问题解决方案的过程中产生的一系列思维活动。

数字化学习与创新：个体通过评估并选用常见的数字化资源与工具，有效地管理学习过程与学习资源，创造性地解决问题，从而完成学习任务，形成创新作品的能力。

创造和革新技能：能实施有创意的摄像，为发生革新的领域作出具体、有益的贡献。

信息技术素养：能将技术作为一种工具用于研究、组织、评估和沟通信息。

（三）学习目标

（1）了解四轴飞行器的概念及工作原理。
（2）熟练掌握四轴飞行器的图形化编程软件使用。
（3）学会图形化界面程序设计的基本方法。
（4）学会选择四轴飞行器表演的音乐，并明确音乐节奏与动作之间的关系。
（5）学会绘制多机编队动作脚本绘制与造型。
（6）体验根据计划书完成项目学习的过程与步骤，体验项目学习评价过程。
（7）完成有主题的四轴飞行器编组飞行表演。

三、框架问题

（一）核心问题

如何逐梦航天，展示前沿科技魅力？

（二）驱动问题

如何以小组为单位完成四轴飞行器编队飞行表演？
四轴飞行器编队表演应该有一些什么样的动作？
如何使用 Tello App 进行程序设计？
如何评价编程表演效果？

（三）内容问题

四轴飞行器的工作原理是什么？
选择一个什么音乐配合四轴飞行器编队表演？
四轴飞行器的图形化编程软件使用方法是怎么样的？
四轴飞行器编队飞行表演的动作如何设计？

四、活动流程

第一课时：任务感知及知识输入。创设任务情境、开展四轴飞行器编队表演头脑风暴，明确项目学习计划及评价方式，进行四轴飞行器编队表演基础技能的体验；主要活动形式：视频观看、小组讨论、网络资料查询；学科主体：信息技术。

第二课时：四轴飞行器表演的音乐选择与节奏把握；主要活动形式：移动终端支持学习、小组讨论、实践操作；学科主体：音乐。

第三、四课时：技能输入。飞行积木、逻辑积木、变量与运算逻辑及感应积木的学习与使用；主要活动形式：移动终端支持学习、小组讨论、实践操作；学科主体：信息技术。

第五课时：技能输入。学习简易版 python 多机编队软件，尝试设计动作；主要活动形式：小组协作、自主探究；学科主体：信息技术。

第六课时：多机编队动作脚本绘制与造型；主要活动形式：移动终端支持学习、小组讨论、实践操作；学科主体：美术。

第七课时：知识内化及知识输出。完成多机编队表演的动作设计，进一步完善动作；主要活动形式：小组协作、自主探究。

第八课时：知识输出。完善与提高作品，推广交流制作作品；主要活动形式：小组自评、小组展示、跨组评价。

五、评价方案

（一）评价时间线

项目学习前进行调查问卷前测，项目学习过程中通过闯关体验对学生的技能掌握程度进行评价，同时学生的探究和参与情况进行自评；项目学习最后对作品进行综合评价。

（二）评价计划

1. 制订计划

评价层次：学习者反应。

评价工具：调查问卷。

评价目标：调研学生对四轴飞行器的了解情况；了解学生的学习兴趣点。

2. 活动探究

评价层次：行为迁移。

评价工具：阶段性任务完成情况量化评价表。

评价目标：了解学生个人任务完成情况；了解小组探究活动完成情况。

3. 技能学习

评价层次：技能熟练掌握。

评价工具：闯关活动。

评价目标：学会学习飞行积木、逻辑积木、变量与运算逻辑、感应积木的基本使用方法和用途；学会简易版 python 多机编队软件的使用。

4.成果展示

评价层次：结果分析。

评价工具：项目学习终结性量规表。

评价目标：评价作品制作软件使用熟练程度；评价信息搜索与选择技术掌握情况；信息归纳能力呈现情况；作品制作的艺术性和创新性。

六、活动过程

课前准备：预习

教师提供四轴飞行器的相关概念及工作原理的资料给学生预习。

学习目标：了解四轴飞行器的概念及工作原理。

项目前期：

第一课时 15 分钟：教师提出问题，如何以小组为单位完成四轴飞行器编队飞行表演，展示本次项目学习的计划和评价方式；学生了解确定项目学习方案，包括主题、内容、目标、人员分工及时间表阅读项目学习评价方案。

学习目标：明确项目的主题任务、学习过程及评价方式。

第一课时 20 分钟：教师引导学生通过微课学习体验 TELLO EDU App，直观地展示四轴飞行器的编程和现场展示；学生体验 TELLO EDU App，展示学习成果，示范操作简单的单机飞行表演。

学习目标：初步掌握四轴飞行器的图形化编程软件使用。

第一课时 10 分钟：教师引导学生讨论音乐的选择、动作及图案的初步设计。学生头脑风暴，完成音乐的选择、动作及图案的初步设计，并简单地交流展示。

学习目标：初步完成四轴飞行器编队表演的主题及动作设计。

项目中期：

第二课时：教师引导学生探究四轴飞行器表演的音乐选择与节奏把握；学生通过视频的观看及音乐类型的相关知识的学习，学会选择四轴飞行器表演的音乐，并明确音乐节奏与动作之间的关系。

学习目标：学会选择四轴飞行器表演的音乐，并明确音乐节奏与动作之间的关系。

第三、四课时：教师引导学生探究飞行积木、逻辑积木、变量与运算逻辑、感应积木的学习与使用；学生通过简单任务体验学习飞行积木、逻辑积木、变量与运算逻辑、感应积木的学习与使用的基本使用方法和用途，进行初步试飞。

学习目标：初步学会飞行积木、逻辑积木、变量与运算逻辑、感应积木的学习与使用的基本使用方法和用途。

课后 2～3 学时：教师布置任务，引导学生利用课余时间熟练掌握飞行积木、逻辑积木、变量与运算逻辑、感应积木模块；学生使用 TELLO EDU App 的体验功能，熟练掌握飞行积木、逻辑积木、变量与运算逻辑、感应积木的使用方法。

学习目标：熟练掌握逻辑积木、变量与运算逻辑、感应积木的使用方法。

第五课时：教师组织简易版 python 多机编队软件的使用，并进行简要动作的示范；学生学习简易版 python 多机编队软件，尝试设计动作。

学习目标：学会简易版 python 多机编队软件。

项目后期：

第六课时：教师引导学习多机编队动作脚本绘制与造型；在老师的指导下，能够绘制出符合项目主题的动作脚本和造型。

学习目标：学会绘制多机编队动作脚本绘制与造型。

课后 2～3 学时：教师布置动作设计任务，引导学生完成多机编队动作程序设计；学生分组完成多机编队动作程序设计。

学习目标：熟练掌握多机编队动作程序设计。

第七课时：教师引导学生进一步完善多机编队表演的动作程序设计，提出修改完善意见；学生进一步完成多机编队表演的动作程序设计，分享阶段性成果，并完善动作。

学习目标：完成多机编队表演的动作程序设计。

课后 1～2 学时：教师布置学生舞台飞行表演测试，表演背景制作，视频录制，并布置学生根据展示要求制作项目学习成果展示演示文稿；学生录制飞行表演视频，表演背景制作，制作项目学习成果展示演示文稿。

学习目标：体验利用多媒体手段梳理项目学习的过程和成果。

第八课时：教师组织学生进行各组多机编队表演的分享展示，引导使用评价量规开展自评。

学习目标：学会对作品进行解说和展示。

七、成果

（一）阶段成果

- 各部分技能的四轴飞行器表演动作。
- 多机编队动作脚本绘制与造型。
- 四轴飞行器飞行表演视频。

（二）最终成果

- 有主题的四轴飞行器编组飞行表演。
- 四轴飞行器编组飞行表演项目演示文稿。

八、特点与反思

（一）项目的优点和特色

1. 选题贴近学科核心素养

通常项目学习中信息技术作为手段去辅助多学科更好地开展项目获活动，设计过程中会容易让人产生学科错觉，以程序设计作为主题，不仅从知识和意识层面有效提升学生信息技术核心素养中的计算思维，也从技能层面提升了网络条件下有效开展数字化学习的能力。

2. 选取驱动问题更贴近时代，同时具有地域特色

通过设计学校建校庆祝活动的节目，更加贴近学生现实生活，更能够激发学生学习兴趣，引起共鸣。

3. 提供案例和资源贴近学生生活

以微视频、学习资料、App游戏过关及日常使用的四叶草云课堂作为学习的支架，让学生更容易与自己现有的学习经验进行同化，极大地降低了学习程序设计的难度。

（二）困惑和问题

项目学习是一项跨学科的开放性的活动，这对信息技术教师的知识和技能要求相对较高，同时是对主题知识的融汇贯通，否则就容易变成为了项目而项目。在设计的过程中，我一直在寻求主题与其他学科的融合，并且体现信息技术学科的特点。

一个好的项目学习是以学生一段时间对某一现实问题的探究为主，需要较长的时间和周期，同时需要学生有一定的自觉性，但目前学生能力和精力都达不到这一高度。如何更好地吸引学生参与项目学习中，是信息技术教师需要思考的问题。

探秘机器学习

杨琳玲

探秘机器学习一课依托《普通高中信息技术课程标准（2017年版）》提出的培育以学习为中心的教与学关系，在问题解决过程中提升信息素养的基本理念，实现了解人工智能的新进展、新应用，并能适当运用在学习和生活中，增强利用智能技术服务人类发展的责任感的课程目标。课堂注重计算思维、数字化学习与创新两项核心素养的提升。本节课使用平板电脑支持下的智慧课堂平台开展教学，采用混合式教学模式；采用屏幕广播方式展示学习任务、示范任务操作，以及引导学生小组合作和自主探究；播放"机器学习"微视频，初步感知机器学习的一般过程；利用"畅言智AI"App的"机器学习"验证实验创设课堂学习情境、探究机器学习的一般过程；利用课堂互动功能展示学生课堂探究成果和课堂学习总结反馈。

一、教学背景分析

（一）学习内容分析

本次课为学校七年级校本必修《人工智能》第7次课的内容：机器学习。主要学习内容包括基于学习方式的机器学习组成、监督学习的一般过程、数据集的组成、模型训练的一般过程及数字识别的程序验证。

本次课是在前面人工智能知识、应用及简单编程体验后的深入学习，是深入认识人工智能技术原理的一次课，也是为后续利用人工智能技术进行创新探究打下知识基础。

（二）学习者特征分析

知识基础：学习人工智能基本知识、体验人工智能应用、尝试利用虚拟机器人平台进行机器视觉识别简单编程；多次使用平板电脑开展学习，能够基本熟练进行课堂互动。

现有认知水平：有一定的动手操作能力，能够在教师的引导下完成步骤较简单的学习任务，但还无法完全自主地开展开放性的探究活动。

心理特点分析：对信息技术表现出浓厚的兴趣，思维比较活跃，但是学生的自控能力还不强。

学生虽然前期学习了一系列人工智能知识，对其原理有了初步了解，但是学习还是停留在通识和应用层面，因机器学习等人工智能核心技术原理很复杂一直未能突破，学生也一直知其然不知其所以然。

二、教学目标

（1）通过九宫格游戏的体验、微视频及平台实验探究，了解机器学习的概念、理解机器学习的流程。

（2）通过添加数据集的平台体验，了解数据集的基本概念。

（3）通过特征提取原理实验，初步认识机器学习的特征提取。

（4）通过模型训练的探究实验，初步了解常见分类算法和性能评价指标，体验模型训练的基本过程。

（5）体会人类学习和机器学习的关系，提升人工智能应用意识。

学习重点：理解机器学习的流程。

学习难点：模型训练的基本过程。

三、教学过程

（一）课前准备

环节目标：开展基础互动，熟练使用教学环境。

教师活动：引导学生开展教学环境登录和基本使用。

学生活动：打开 Pad，登录账号，进入课堂。

媒体作用及分析：混合式学习环境的搭建。

（二）复习引入

环节目标：体会人类学习和机器学习的关系，增强人工智能应用意识。在之前的课堂中我们体验过哪些人工智能应用？

教师活动：提出问题，这些技术之所以越来越精准是因为模仿了人类的什么能力？学习能力，引出本节课主题"探秘机器学习"。

学生活动：回答老师提出的问题。

媒体作用及分析：利用幻灯片的触发器功能，起到课堂互动作用。

（三）体验探究

环节目标：通过九宫格游戏的体验，初步感受机器学习的流程。

教师活动：体验九宫格数字游戏。

找到"畅言智 AI"App，在第二页任务选项卡中选择机器学习验证实验，点击"机

器学习",在数字游戏一项中点击"开始实验"—点击"开始游戏",阅读右侧任务要求,完成九宫格数字游戏,思考问题:

(1)如何检查游戏答案正确?

(2)你要通过了哪些学习才能完成这个游戏和检查对方的答案?

通过手写的数字识别,引导学生总结人类学习的过程:人类学习的过程是不断积累经验、总结规律,从而不断改进的过程。

任务1:点击"提交检查",思考机器要判断你的答案是否正确,需要进行哪些学习呢?

展示两种均正确的游戏数值,但其中有一种现实错误,提出问题:为什么机器会判断这个明明你看着正确的答案错误呢?

识别准确度无法做到100%。

学生活动:体验九宫格数字游戏,思考并回答老师提出的问题,开展探究任务实践,总结原理知识。

媒体作用及分析:利用AI平台体验游戏,双人探究人类学习的方式。

(四)原理学习

环节目标:初步感知机器学习的一般过程,通过添加数据集的平台体验,了解数据集的基本概念;通过特征提取原理实验,初步认识机器学习的特征提取;通过模型训练的探究实验,初步了解常见分类算法和性能评价指标,体验模型训练的基本过程,了解机器学习的概念、理解机器学习的流程。

教师活动:分析监督学习的一般过程。

1.认识数据集

任务2:认识数据集。

任务说明:按左侧的提示数字手写录入数字,点击"添加"按钮,添加自己的数据集,每个数字至少录入2种写法以上。

思考:一个人录入的数据集能不能实现精准的识别效果?数据集应该有哪几种?

机器学习的数据集通常由训练集和测试集组成,训练集是用于训练的样本集合,测试集则是测试训练效果的样本集合。

展示MNIST数据集:来自美国国家标准与技术研究所。训练集由来自250个不同人手写的数字构成,其中50%是高中学生,50%来自人口普查局的工作人员。测试集也是同样比例的手写数字数据。

2.特征提取

特征提取是从复杂的信息中提取出更简单的小元素,而特征是指能够区别于其他事物的关键性特点。

任务3:提取特征。

在左侧的白色区域写下一个数字,点击"显示特征向量",点击"再写一个"后再书写一个同一数字的不同写法或不同大小,点击"显示特征向量",点击"对比上一个特征"按钮,查看效果。以此方法多试几遍。思考:什么是特征向量?在实验中是如何提取特征向量的?

3. 模型训练

在做好数据集添加和特征提取后,模型训练就进入了正式训练阶段,包括数据的分割、学习算法、参数调优等。

任务 4:模型训练。

体验分别调整训练集和测试集比例,选择不同的分类算法,调整 4 种分类算法的参数,点击"开始训练",点击"模型对比",查看准确率的差别,如何调整参数。思考:是不是参数值越大准确度越高?

引导学生总结:机器学习的一般过程,重点模型训练的过程,简单介绍机器学习的概念和基于学习方式的分类。

学生活动:思考并回答老师提出的问题,开展探究任务实践,总结原理知识。发现与解决问题,并展示交流。

媒体作用及分析:利用幻灯片展示学生回答的结果。利用 AI 平台实验验证理解机器学习的一般过程:数据集添加、提取特征、模型训练。

(五)程序验证

环节目标:体验 AI 图形编程的操作,学会编写程序验证手写数字识别机器学习。

教师活动:体验程序验证手写数字识别机器学习的应用效果。

任务说明:点击 AI 图形编程,利用"AI 技能"模块中的文字识别模块,设计一个让小飞在屏幕上方显示手写数字,并读出数字的 AI 程序。

用小飞机器人展示学生的程序效果。

学生活动:体验编程操作。

媒体作用及分析:利用 AI 图形编程体验图形化编程验证手写数字识别机器学习的应用效果。

(六)拓展提高

环节目标:体会人类学习和机器学习的关系,提升人工智能应用意识。

教师活动:总结交流机器学习与人类学习的关系。

学生活动:回答教师提出的问题。

媒体作用及分析:利用幻灯片提出问题,展示学生的结果。

(七)课堂小结与反馈

环节目标:巩固学习知识和技能。

教师活动：学生完成 5 道练习题，总结本节课的学习内容。教师展示学习答案。
学生活动：完成 5 道练习题，总结本节课的学习内容。
媒体作用及分析：通过平台练习反馈课堂学习成果。

四、学习效果评价设计

本节课课堂反馈评价由课中的过程性评价和课后的形成性评价组成。其中，课中的过程性评价以同伴互评为主，形成性评价则由平台实现。

五、教学设计反思

本节课以探究游戏和实验激发学生的学习兴趣和积极性。通过过程性的实验探究结果交流，绝大多数同学能够完成探究任务的体验，能够初步认识机器学习，为高中学习机器学习算法打下良好的基础；因为前面课程学习过虚拟机器人编程，学生对图形化编程比较熟练，70% 以上能够模仿完成测试程序，10% 以上能够有一定创新。

通过 5 道总结反馈练习题的检测，第 1、2、4 题学生通过原理反复验证和与人类学习的比较题掌握的比较好，在 2/3 以上，证明学生在学习过程中有一定的思考，对实验结果比较关注。总体上讲，本节课基本达成教学目标。

本节课是用科大讯飞的智慧课堂平台开展教学，教师能够在课堂教学过程中很融洽地与学生形成互动，互动大屏、教师终端和学生终端三者有机结合，实现了技术体验的即时性、原理总结的直观性和课堂秩序的规范化。

课堂过程中使用畅言智 AI，可以将游戏和实验探究用同一个相对简单有趣的问题情境连贯起来，系统封装后的简单原理实验体验，将复杂的程序过程以简单的修改实验参数的方式直观呈现出来，过程清晰，学生容易理解，循序渐进的操作极大降低学生掌握原理的难度。

AI 平台中集成带有机器人硬件支持的编程平台降低了学生操作上的难度，也使编程变得可检测和有趣。教师用小飞机器人做成果展示而非每组发放一台让学生去体验，则很好地控制了课堂节奏和抓住学生学习的重要关注点，对于快速完成任务的同学，展示编程效果也可以作为对其的一种奖励和鼓励，课堂效果达到预期。

通过 5 道总结反馈练习题的检测，第 3 题正确率只有 28%，全部学生都选择了 ABE，而错误则是漏选了 C 或 D 两个选项，这正是在模型训练实验中没有重点强调的问题，这证明学生对算法学习还不够理解，如何在模型训练中突破集中算法学习，可以在验证实验方面再增加过程性实验。另外，在学生探究过程中，教师智能使用摄像头投屏的方式呈现学生学习过程，但对学习结果进行动态展示和分享时具有局限性，因此，思考平台是否能够增加和编程平台效果一样的展示功能或者学生平板广播功能。

专家点评

动态打造人工智能课程，培育智能时代需要人才

人工智能的迅猛发展正在深刻改变人类社会生活、改变世界，作为未来世界建设者的中小学生，其人工智能教育显得尤为重要。2017年国务院印发了《新一代人工智能发展规划》，随后相关部门也陆续出台了诸多文件，对我国中小学人工智能教育提出要求，极大推动了我国中小学人工智能教育的发展，催生出许多中小学人工智能相关课程。本文所述基于移动学习的普通初中学校人工智能校本系列课程，顺应智能时代社会及我国战略发展方向，有很多值得学习及借鉴之处。

一、符合学校办学思想及区域特点

基于学校"科研引航、文化立校、特色兴校"的办学思路，结合所处地区与航天、农业等密切相关，开发并创建了初中人工智能特色课程体系，其中包含了逐梦航天、人形机器人创"艺"、"超·有·趣"的人工智能等学习主题。此课程不仅有助于学校特色发展，也更易得到学校及周边地区的支持，使课程实施所需场地、设备、资源及课时等更有保障。

二、制定明确课程目标及规划

为满足学生及学校创新发展需求，将课程目标突出体现在提升学生的人工智能意识、技术创新思维、应用实践能力和智慧社会责任等方面，有利于提高学生信息科技学科核心素养，落实勇于探究、信息意识、社会责任、问题解决和技术运用等学生发展核心素养。同时，对课程类型、开课年级及课时、课程实施途径、评价方法等进行了较细致的规划。作为一所资金相对有限的普通初中学校，对移动学习所需平板电脑，以及机器人、无人机、相关配套软件等教学资源进行细致测算，尽量降低课程实施成本，保证课程的顺利开展。

三、课程内容丰富且覆盖面较广

开设了校本必修课程、校本选修课程、社团课外活动课等系列化初中人工智能课程，内容涉及智能控制、机器人、无人机、程序设计及机器学习等，软件和硬件相结合，课程丰富且覆盖面较广，有利于学生更好学习人工智能相关知识，提升综合素养。文中提供了部分教学设计案例，方便大家直观了解课程。

四、重视人工智能教师队伍建设

教师是课程实施的重要因素，授课教师的能力直接决定教学效果。学校重视人工智能教师队伍建设，通过引导教师在人工智能教学实践中自学、开展专题培训、提供上升平台等途径，督促教师不断学习、逐步完善，在保证教学效果的同时，促进教师个人职业发展，实现自身价值。

五、打造动态发展的课程

为适应迅猛发展的人工智能技术，打造适合学情的人工智能课程，学校从2005年开展智能机器人教育以来，一直从课程内容、载体及形式等方面，对课程进行不断探索、调整，较好实现了课程的动态发展。

世上没有完美的事物，本课程在发展方向、规划、内容及实施等方面也存在一些需要完善之处。例如，怎样更好体现移动学习优势？如何提高评价的针对性和实效性？进一步厘清校本课程与国家课程的关系；初中人工智能课程与小学、高中学段的衔接问题；面对飞速发展的人工智能技术及应用（如AIGC等），课程如何及时迭代更新？这些都有待进一步思考及探索。

郑立新

高级教师　北京教育科学研究院基础教育研究中心信息技术学科教研员

第四部分 建立协同支持渠道

"双S"管理模式在人工智能支持中学英语听说教学管理中的探索与实践

——以首都师范大学附属云岗中学运用科大讯飞听说系统为例

胡京蕊　高丹丹

一、实践背景

（一）完成考试改革的内在要求

2018年8月，北京市教育委员会发布《北京市深化高等学校考试招生制度综合改革实施方案》，要求：从2021年起，英语增加口语考试，口语加听力考试共计50分，总成绩分值不变。英语听说教学与英语听说考试的改革成为英语教学改革的重中之重，加快了英语听说教学方式由内而外、由量变向质变追求变革的步伐。

（二）落实"双减"工作的紧迫诉求

2020年两会期间，习近平总书记在参加小组讨论时就"减负"问题给予重要指示。2021年5月，北京市委书记蔡奇、市委副书记、市长陈吉宁与中小学校长、校外培训机构代表座谈，要求学校：落实立德树人根本任务，把"双减"作为一项重要政治任务抓紧抓好，坚持素质教育，深化教育改革，多措并举提升校内教育教学质量。这些都成为新时期中学英语听说教学向更精准、更适切的方向发展的紧迫诉求。

（三）提高我校英语教学的必然追求

"以人为本、快乐成长、和谐发展、幸福人生"是我校一直以来的办学理念，我校教师在课堂中践行"适合学生终生发展"的学校教育方针，致力于培养"乐学·和美"可持续发展的中学生。然而，作为一所地处北京西南城乡结合部的学校，我校学生接触外国友人的机会相对较少，参加英语口语演讲、表演的机会也偏少。

基于此，学校作为北京市英语中高考考点校，建设了三间互联网支持的，装载科大讯飞英语听说智能教学系统、模拟考试系统、考试系统的英语机考标准化教室。同时，信息资源中心的干部、教师受聘承担学校听说教学管理工作。

二、概念界定

"双 S"管理模式是指以学习（study）和服务（service）两大类工作内容为主的管理工作模式。其中，学习包含听说管理岗教师的专业学习、一线英语教师的系统培训学习，以及学校初、高中学生使用听说系统的培训学习；服务包含三方沟通、根据听说教学或考试需求做好前期保障、学习或考试活动结束的后期反馈 3 个彼此衔接、形成闭环的工作环节。

三、听说教学管理中"双 S"模式的应用

（一）通过虚心求学、耐心培训，将学习工作做成精品

1. 与时俱进学习，管理岗教师不断更新认知与技能

通过参加市区级专业听说系统操作培训与考核、历年中高考机考岗位培训与考核，学校管理岗教师对待英语听说教学、考试的认知不断提升，平台系统操作技能不断熟练，为全校师生提供更适合的服务。

2. 借力国家级课题，英语教师提升人工智能融合教学能力

为切实提升英语教师运用人工智能支持的听说教学系统和模考系统开展教学的各项微技能，在保证每学期开学初的岗位技能培训基础上，充分把握北京市信息技术提升工程 2.0 实验校建设和国家级课题"互联网环境下的云岗教育集群差异化教学行动研究"的研究过程的契机，联合学校多部门组织全校英语教师开展岗位技能培训考核、骨干教师听说智能教学展示课、青年教师听说智能教学研讨课。

基于个性化技术指导和支持的岗位技能考核、展示课、研究课，能够切实助力教师人工智能融合听说教学能力的螺旋式上升，在学校形成真培训、真使用、真研究的教师人工智能实践工作作风。

3. 校内外高度融合，学生提升听说智能学习系统使用素养

作为一所完全中学，我校目前在校生约 932 名，来自区内不同的中小学校。学期伊始对学生开展针对性培训，包括专业教室使用的素养和安全要求、科大讯飞听说智能教学系统和模考系统学生端的使用流程与规范、E 听说 App 的使用流程和隐私保护事项等，切实满足不同学生人工智能听说学习能力、需求的差异。除此以外，通过"区教考平台 E 听说支持群""学校 E 听说支持群"等微信工作群组，及时为学生提供个性化技术支持和培训，"7×24"的工作模式有利保障学生居家听说学习的顺利进行。

（二）通过诚心沟通、细致保障，将服务工作作出特色

1. 换位思考做沟通，架起教师与第三方沟通桥梁

听说教学管理工作的前提是沟通顺畅，这既包括英语教师与信息技术教师之间的信

息沟通，也包括学校与科大讯飞之间的诉求沟通。管理教师须切实考虑学校教学要求、教师教学诉求、学生学习需求，运用沟通技巧架起三方沟通桥梁，实现信息畅通。

第一，专业教室协调。学期伊始管理教师配合课程管理部门协调好各学科课程的课时和专业教室占用情况，及时将汇总后的课表发布到各年级，随后根据各年级教学需求进行时间、场地协调，确保各学科的课堂教学顺利进行。

第二，技术支持保障。开学前，管理教师要提前对听说教学、模考平台和教师端、学生端进行系统测试和维护，及时发现问题并向科大讯飞公司提出维护要求。当出现突发技术问题时，管理教师要通过各种方式解决问题，必要时与科大讯飞技术人员联系，争取支持，保障课堂教学、考试活动顺利进行。

第三，系统更新维护。学期末，管理教师通过访谈、查阅数据等方式汇总学校对试题内容、教学平台资源的更新需求，并及时向科大讯飞反馈，力争在下个学期开学前完成系统升级、内容更新等项目。同时，做好与科大讯飞科研部门、技术部门的沟通协调工作，保证教师合理的教学要求得到满足，达成预设教学目标。

2. 责权清晰做保障，智能学考各级平台平稳运行

厘清工作职责，做好专业教室软硬件的保障工作，确保智能听说教学、模考、中高考等系统平稳运行，保证教学、考试活动顺利开展。

（1）硬件保障方面

鉴于专业教室同时兼具多种类学科的授课功能，教学活动之间存在教室交叉使用的情况，管理教师要变通使用"6S"工作模式，及时做好教室日常整理、整顿、清扫、清洁工作。同时，做好学科教学活动之间的教室和电脑桌面保洁、教师机和学生机启动、耳机或功放设备检测、希沃白板等多媒体终端维护等硬件保障工作。

（2）软件保障方面

人工智能支持听说教学包括3种存在形式，即智慧教学、听说模考、统一考试。无论哪种形式都需要管理教师做好软件保障工作，具体包含：各类系统的调试和环境测试、学生或考生信息的导入、学习或考试资料包的导入、学生考试数据的保存和导出等。在智慧教学模式下还包括教师教学课件、音视频资源等的导入导出及其他教学所需软件的安装、调试和维护工作。

3. 及时高效做反馈，大数据支持听说教学出特色

人工智能教学平台及时生成的学生学习评价"大数据"，能满足授课教师课堂教学活动中根据学生表现及时调整教学策略和进度，切实落实教学目标达成的需求；人工智能模拟考试系统不仅能迅速生成学生个性化评定和班级、校级情况分析，而且能提供市区其他兄弟学校使用试题的次数和得分率等重要教学参考信息。管理教师需要及时（$\leqslant 12$小时）将本校数据发布，提醒教师在备课时充分利用"大数据"做好学情分析，制订科学合理的教学计划。

大数据支持的英语学情分析和教学设计、教师工作反思等初步实现了学校培育"乐学·和美"可持续发展中学生的培养目标，助力了学校特色的形成。

四、效果分析

在"双S"管理模式的助推下,学校师生对待人工智能支持英语听说教学、学习的观念发生了转变:从最初畏难、抵触的消极情绪逐步转变成如今积极、向上的乐观心态,从原有的"闭口英语"逐步走向了"开口英语"的教与学,从对听说管理工作的不理解到听说教学管理流程的烂熟于心,教师的转变引发了学生的转变,促进了学校人工智能支持听说教学工作的跨越式发展。

(一)教师教学观念发生转变,人工智能听说教学水平普遍提高

北京市中高考改革实施之初,访谈中教师们曾表示"这种考试形式长不了""这不是难为我们孩子吗?""就在班里教(听说)"。随着学校听说智能教学管理工作的逐步推进和深入,教师们的观念得到了转变,并体现在教学行动中。利用人工智能听说模拟考试平台进行考前练习的频次大幅提高(图1)。

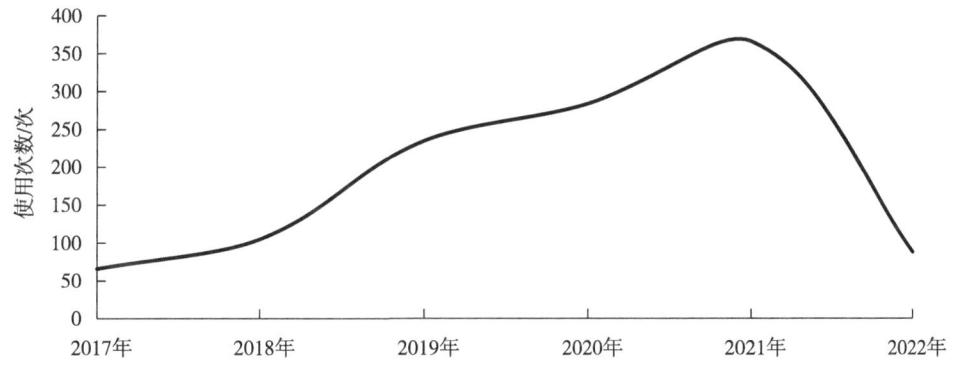

图1 首都师范大学附属云岗中学2017—2022学年度听说专业教室使用次数统计

(注:2022年特殊原因,只有1月初和3、4月学生到校上课,因此数据骤减)

除此之外,60%的教师能够持续走进专业教室,在人工智能教学平台的支持下开展系列听说教学活动,且收到良好效果。2021年,教师在听说教学设计实施方面的国家、市、区级获奖达12人次。

为进一步提升教师听说教学设计和实施能力、学生的语言综合素养,初中英语教研组于2021年在管理部门的支持下申报丰台区教育科研规划课题"人工智能支持初中英语听说混合式教学实践研究",并获批重点课题,他们在听说教学研究方面与管理部门的配合进一步加强。

（二）学生学习习惯良性发展，人工智能听说学习素养得到提升

在教师的引领下，学生在校内外积极使用人工智能支持的听说练习平台，努力提高自身听说能力。访谈教师和学生了解到，目前我校初一、初二、高一、高二年级学生均在使用E听说进行技能练习，包括：教材或话题配套练习、趣配音、专项试题模拟演练、套题测评等活动形式，班级练习完成率由以前的70%左右提升到90%以上。

快乐地学习、努力地付出，自然换来听说素养的整体提升。近3年的中考听说考试中，我校整体成绩不断向好，及格率、优秀率、满分率均呈上升发展趋势（图2）。

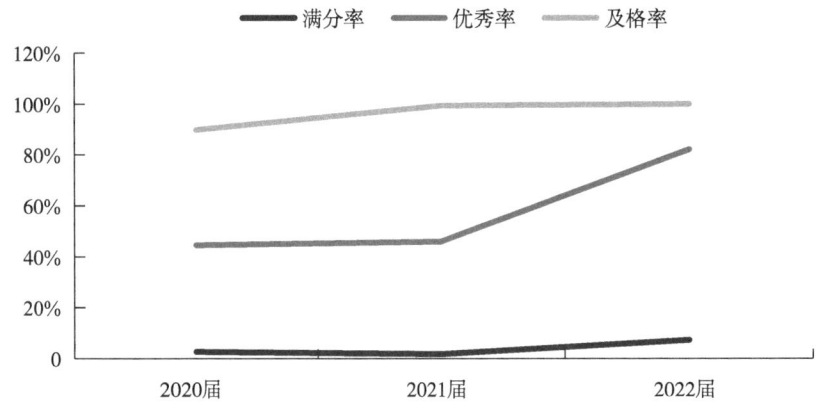

图2 首都师范大学附属云岗中学2020—2022届听说中考三率统计

"双S"管理模式是学校听说管理教师在人工智能支持中学英语听说教学管理中不断探索实践出的适合我校校情、学情的特色管理模式，一定程度上助力了学校听说教学改革、考试改革的发展。然而，在管理制度完善、人员架构清晰方面还存在一定问题，这是今后探索实践中需要关注的重点。

参考文献

［1］ 北京市教育考试院.北京市深化考试招生制度改革的实施方案［M］.北京：北京市教育考试院，2017.

［2］ 卫欣.6S管理模式在实用英语教学中的探索与实践［J］.计算机产品与流通，2019（6）：236.

［3］ 中华人民共和国教育部.义务教育阶段英语课程标准（2022年版）［M］.北京：北京师范大学出版社，2022.

"班级优化大师"优化班级评价

程 赫

《"十四五"国家信息化规划》中提到：要深化基于教育大数据分析应用的各级教育服务，积极探索智能化教学工具应用，推进教学创新，提高教学质量。简要阐述教育数字化转型创新探索的动因。在新版义务教育课程标准中也提到：综合运用多种评价方式，促进知行合一。围绕着发展学生的核心素养，发挥评价的引导作用，改进结果评价，强化过程评价，探索增值评价。

初中学段的学生，正处于从少年儿童到青年的过渡期，迫切希望在新的班级中树立自己的良好形象，保持在老师面前的"人设"，但随着时间的推移，学生难以"掩藏"自己的习惯，逐渐开始暴露自己的缺点和问题。初中的学业压力增大，学生一旦失去对课堂的兴趣点和新鲜感，就会逐渐脱离班级主体的学业水平。部分优秀学生由于缺乏强大的内驱力和意志力，在一段时间后也逐渐趋于平庸。在班级管理中运用积分、兑换奖品等已经是非常成熟的激励方式，但在现如今的网络大数据时代，就显得有些脱节。

班级优化大师正是在这样的需求中应运而生。该软件包含了电脑端、网页端和手机端3种使用模式。在一次偶然的机会中笔者接触到了班级优化大师，认为在日常学习生活中，能够将激励表扬和批评教育量化、可视化，有助于学生过程性评价，并能够与家长实现家校共育，家长在了解学生的表现后能够及时地表扬孩子或对其进行有效指导，给家长一个打开青春期孩子话匣子的钥匙。

一、实践过程

（一）整合资源，共同加入

在以"班主任"身份注册建立班级之后，每个班级都有一个专属的身份识别号——希希号。除班主任外，其余的任课教师均可以教师身份加入班级，能够实现在一个平台中的多角度、多学科综合评价，避免过于单一的评价角度。正如班级优化大师的宣传口号一样，抓住孩子的每一个闪光点。除了"管理员"，对于学生评价的内容也可进行自定义。教师可以结合学科的特点、预期的培养目标等对表扬/待改进的标签进行设定，如最近主抓课前准备这项习惯可以在该项目中增大分值，通过分值权重达到预期的培养目标。

（二）家校融合，沟通共育

除了教师，家长也同样可以通过班级希希号加入班级中。家长可以通过班级优化大师的家长端了解学生的在校表现，如某节课因为某原因加分/减分了，通过数据的堆叠了解孩子的优势与不足。班级优化大师中还有成绩发布功能，家长可以通过客户端浏览学生成绩，既可以了解学生自身情况，还会结合成绩进行智能分析，给予一些私人定制建议，从而使家长能够及时与教师进行沟通交流。

（三）情境应用，助力成长

1. 课堂教学情境

班级优化大师的主战场是课堂教学。任课教师设置"举手发言""积极思考""未能说出答案"等，引导鼓励学生积极参与课堂，调动学生的学习积极性。结合学生的实际表现，可以设置如"倒背如流""迎刃而解""播音腔""实验达人""活字典""运动健将"等标签，对学生的课堂学习表现进行评价。结合学生的作业情况、测验情况亦可进行评价。加减分的提示音能够烘托课堂气氛，也是对学生的又一次褒奖或警示。

在授课过程中还可以使用"随机抽选"和"接龙抽选"模式，不仅可以增强课堂的互动性和趣味性，还可以通过这样的随机方式提醒学生专注到课堂上，比起之前使用的实物抽签方式，电子虚拟抽签方式更加直观、便携。

2. 小组合作情境

小组合作模式在日常的教学中已经开展多年，班级优化大师中也专门设置了小组模式，教师可以根据实际情况进行多种分组方式，如6~7人的大组、4人小组、2人互助组等，软件允许多种分组模式同时存在，适用于多种教育情境。

对于小组合作的过程、结果均可采用小组加分模式，让学生能够有小组归属感和荣誉感。小组合作也支持随机抽选模式，可以让小组展示变得更加公平，提升小组合作效率；还可以设置小组积分目标等，助力小组提升蜕变。

3. 班级管理情境

除基于学科的表扬/待改进外，我们还可以设立班级管理德育标签，如设置早读认真的"祖逖奖"、认真完成值日保洁的"劳模奖"、帮助他人的"雷锋奖"、仪表端庄的"优雅女孩""绅士男孩"、体育锻炼认真的"大力水手"等。让学生能够全方位、多领域地受到表彰和激励，对正确的行为习惯加以强化。

（四）正面强化，表彰先进

学生表现优秀或待改进都会转换成直观的分数，学生能够通过总分对比反思自己的不足，向优秀的班级榜样学习。除了总分，在班级报表中可以选择其中一项如"体育表现优秀""作业完成卓越"等进行单项表彰，在班级中营造"得分很光荣，扣分需努力"的价值观念。通过表彰、颁奖等方式强化，避免学生出现不在乎分数的情况，削弱班级优化大师的班级管理能力。

学生兑换奖励的方式除了奖品还可以是某些"特权",如班级座位选择权、作业豁免权、自由午休权等,精神上的鼓励——某某称号等。

二、实施成效

(一)多元互动,提升课堂专注

在课堂教学中,学生积极参与课程内容,在点名与随机抽取相结合的情况下,让每个学生都有机会在课堂上发言。这不仅可以给"内秀"的同学展示的平台,还可以督促容易走神的同学及时关注上课的内容。虽然已经是中学生了,但是加分这种方式对他们来说并不幼稚,有的同学还会分分必争,这也跟班级你追我赶的氛围有关。本年级的全部班级均已使用班级优化大师,尽管各班级采取不同的计分标准,但是都能够贴合本班学生情况,有效促进了课堂教学和学生习惯的培养。

(二)比帮赶超,助力小组合作

将个人与小组的评分进行整合统筹,奖励、福利、表彰也扩大到小组。如此实施之后,遇到学习方面,如问题讲解、作业收缴、体育锻炼等都会有相应的"强者"去帮扶"弱者",进而达到整体提升的效果,学生能够抱团前进,对于班风建设也能起到积极作用。

(三)家校共育,促进学情同步

家长能够通过家长端及时、同步了解学生在校情况,家长也会基于此与教师主动沟通,良好的家校互动氛围有助于共同营造出有助于学生成长的环境。由于学生日常表现的累积,家长能够直观地感受到孩子产生变化的"量的积累"带来的"质的飞跃"。

(四)立体评价,发现学生亮点

班级优化大师的表彰内容不单单是基于学习成绩,在合理的标签设置下,可以形成一个全方位的体系。对学习成绩较差的学生来说,也能够通过诸如志愿劳动、美化教室、体育锻炼等维度肯定他们的优点,树立学生自信心,让每个学生都能找到并扩大自己的优点。在评价的过程中也能够让家长、同学、老师发现学生的独特亮点,感受每个人在班级中都有存在的价值!努力提升自身水平,共同建设"优化班级"。

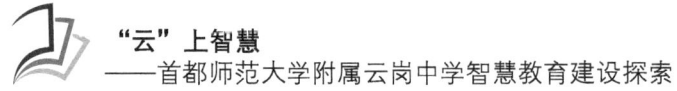
"云"上智慧
——首都师范大学附属云岗中学智慧教育建设探索

三、反思总结

（一）人员选择

在课堂使用时，给学生加分需要找到对应的名字，由于班级人数较多，有时不容易在第一时间找到相应的名字。在课堂中多次寻找名字累积起来的时间是一种无形浪费，但目前还没有合适的解决办法。

（二）统筹规划

在班级标签设置中要进行统筹规划，虽然主张任课教师根据学科学情进行自主设置，但是班主任应在全班分析会中进行统筹。例如，作业未完成，分数设置的差别过大，高至 5 分，低至 1 分；有的学科作业优秀加 5 分，但认真完成值日只加 1 分，不利于对学生值日习惯的培养；或者由于单科目优秀，在总分上表现出来了高分，但实际可能在其他分值低的方面表现仍有不足。因此，还是应当在项目设置中进行统筹规划。

（三）标签开发

除了常规的"积极回答问题""认真完成作业"等，还应当积极开发一些吸引学生的新标签内容，让学生能够有集卡般的幸福感。同时，定期更新标签也可以将班级建设优化目标进行调整。

（四）评价总结

班级优化大师除了班级报表还会定期生成 AI 评语，虽然有的时候不够准确，但是也可以作为我们过程性评价学生的重要参考。我们要按周或按月对班级优化大师的成绩进行表彰，另外及时地"重新计分"，以此来给想要改变的学生机会，避免打消学生积极性；对优秀的同学也是一次新的挑战，思考自己如何能够再登顶峰。

班级优化大师是助力班级管理的优选软件，我们在使用软件的同时要结合班级的学生情况，制订全面的发展计划、目标，设置合适的评价内容，及时评价，能够记录学生成长，营造良好班级氛围。

参考文献

[1] 连华美. 借助"班级优化大师"，提升学生习惯管理[J]. 华夏教师，2022（19）：24–26.

[2] 杨梅娟. 巧借"班级优化大师"，推进课堂立体评价[J]. 新教师，2021（6）：37–38.

[3] 赵华. 巧用"班级优化大师"，构建高效、有序、欢乐的课堂[J]. 中华活页文选（教师版），2021（5）：118–119.

让新媒体技术成为家校沟通之新桥

郭 钰

身为一位班主任,我深深地明白:面对孩子在成长过成中的种种问题,唯有家校齐心、直面问题,才能真正起到对孩子的教育作用,家校之间唯有及时、积极地取得沟通,才能达成"共情化雨、如沐春风"之效。在大数据时代,教师的教育教学模式也应顺时而变,积极探索。面对新时代下的学情新困难,如:在生活中常常找不到人的、在作业上应付差事的、家校生活表现天差地别的,教师与家长在反馈这些问题时,很多时候不但没有起到良好的效果,反而将问题进一步恶化。如果能够借助信息手段建立与家长的直接沟通,可以帮助教师第一时间抓住教育契机、打破空间桎梏,从而取得良好的教育效果。于是,我尝试将当下非常活跃的"新媒体"运用到了家校沟通之中,明确职责、以情共育。

一、用视讯媒体帮助深入了解、分析问题

这是顺应全球互联互通趋势的,大数据时代下"线上教学"已经成为教师教学的一种重要方式。在如今社会,学生个性心理问题越来越突出,往日性格乖顺的孩子,在网络上却表现出了截然不同的一面:不懂尊重、敏感易怒。而身为班主任,我也接到了很多家长着急、焦虑的电话。基于此,我对全班同学、全体家长展开了线上家访并建立了个人档案追踪记录。在家访方式上,考虑到青春期孩子和部分家庭的特殊性,我选择了"一对一"的方式展开;在通信媒介上,我以"视频—电话—语音信息—文字信息"的优先级进行交流,并尽可能使用"视频"的方式拉近师生、家校之间的距离,从而保证交流时效。这样的沟通非常便捷高效,可以发现问题即时展开,避免了线下家访通勤距离远或时间难约等现实问题。在视频沟通中,我常常以屏幕共享的方式和家长沟通,以数据成果说话,直观呈现问题,让沟通内容更具有信服力,同时,这样的方式也让家长更明确感受到教师工作的科学性和严谨性,无形中对家校合作的稳定和谐增加助力。通过家访,我对每一位同学的个体动态、家庭动态,都有了一定的了解,在此基础上,我将它们分为以下两类。

(一)家庭生活中家长角色的缺失

因父母工作繁重而无暇顾及,所以造成一些学生在重要的价值观养成阶段出现教育缺"失",他们不仅是与"贪玩"天性对抗,更有面对"孤独""恐惧"的心理问题。

一些孩子和我表示，一周内很少有和父母说几句话的机会，因此内心觉得被父母忽视了，希望爸爸妈妈能多关注自己，所以就想做点"出格"行为引起父母的重视；还有孩子表示，有时自己在网站上或者校园生活里看到的和遇到的问题，自己却不会处理，因此内心慌张，这种情绪上的"慌张"让他无法控制自己专心在学业上，但又不知如何跟父母开口交流，渐渐丧失了和父母交流的欲望；网络作为一个发泄渠道，在网络世界大家都戴着"面具"，互相之间的"陌生"反而让他更有安全感并误以为可以不负责任，因此倾向于在网络上把内心潜藏的晦暗面释放出来，就呈现出了言语行为上的"不羁"。

（二）家庭沟通上的"弄巧成拙"

我接到过很多这样的家长电话："我和孩子说不了两句，孩子就要跟我吵，我都不理解这个孩子在想什么？"在和学生的视频中，孩子们也和我"吐槽"："老师，我妈妈是不是'更年期'了，为什么她不会好好说话呢？"实际上，这样的问题所折射出的是最为普遍的家庭问题"沟通困难"与"亲子矛盾"，这一点在班级中"晚育"家庭和"三世同堂"家庭中最为普遍：前者是年龄代沟太大；后者是老人"越位"、父母管不了也不敢管，而现在孩子又普遍生活条件优越、个性较强、大胆前卫，在青春期的年龄又不够理性，容易与家庭观念产生差异，进而演化成为家庭冲突。

二、用新媒体作品疏导情绪、调和关系

面对班级内频出的"家庭矛盾"，首先作为班主任，我无法介入具体的家庭生活中，能做到的也只有站在"旁观"的角度，以理性的思维帮助家长明确：我们和孩子的每次沟通究竟目的是什么？我们抱着解决问题的方式去沟通，而不是为了批评。在与孩子聊天时，以和蔼的态度尽可能地打破空间与距离差异：不愿意聊学习，我们就分享生活小视频、班级小趣事；不愿意聊父母，我们就聊同学关系，不给予任何压力，用温和的方式，激发孩子的表达欲望。任何问题，只有说出来，才有解决的可能。往往反映到我这里来的，都是家庭矛盾爆发后的结果，家长、学生或多或少出于"面子""抹不开脸"而最后不了了之，一个问题常常在这样的处理下高高举起、轻轻放过了。所以，我最主要的工作，就是为家长与学生创造一个对话的机会。我曾举行过一个小活动："给我一个拥抱"，每位同学和家庭成员进行拥抱，并拍照记录。除此之外，并没有再要求其他，不给予任何其他"必做项"。一周后，我接到了很多家长的反馈：拥抱过后，争吵之下"抹不开脸"的，有了说话的机会，结束了"冷战"；许久不和儿女沟通的，也趁此机会坐下来好好沟通了生活琐碎日常，一家人在繁忙的生活下，有了片刻的家庭温馨时光……活动过后，我将孩子们递交的图片编辑成了小视频，发布在了我们班级自己的新媒体账号上，受到了家长和孩子们的一致好评。通过新媒体技术记录下学生成长的生动时刻，这种具象的、可以反复回看的教育材料，凝心聚力和谐家校关系的同时，也是对学生价值观的一种持久引领。

三、以线上交流的方式对每个学生进行持续跟踪

在教育教学依托信息技术支撑的时代，更加便利了老师对每一个孩子学习数据的跟踪调查。通过信息平台数据（如智学网练习中心、班级小管家、口袋课堂等），对试卷的分析更加精准，对班级学情能更精准地把握，每一位孩子的作业提交次数、作业评价质量、考试具体科目的进退、历次考试的数据追踪乃至网课阶段上课在线时长等内容都非常直观呈现。我在班级管理中会根据学生进行个人整理，再结合学生的阶段特点来进行线上回访。这样一来，有数据支撑的家访，更加直观地让家长了解孩子的阶段表现，也杜绝了很多"线上"造成的沟通不便。时至今日，很多家长也会主动来询问，孩子最近的学习数据怎样。通过数字媒体的使用，我与家长沟通的效率大大地提高，客观性更强，与家长之间的互信度更深。可见，只要巧用信息媒体，无论是教学工作，还是家校沟通工作，都是大有裨益。

教师之职，非为自身安身立命，更是为国家做表率、为社会做栋梁。教育的发展应与社会与时俱进，我们作为教育工作者，更应站在信息时代的前端，学有所思，巧用智慧，不断精深自己的业务水平。

校园新闻多元报道　微信平台精彩纷呈

李知红

学校文化是学校在发展过程中创建的精神财富和物质财富的总和，学校文化潜移默化地影响着学生的人生观、价值观。如何有效地传播学校文化呢？网络时代之前，学校通过一些传统的方式传播文化，有了互联网之后，学校主要利用校园网站传播文化。随着人们通过移动设备上网的时间显著增加，人们更多的是通过手机和平板电脑来随时随地地接入互联网。微信公众平台在这样的背景下应运而生了。

微信公众平台作为微信的扩展功能模块，在信息传播中具有及时性、互动性、受众多、传播高效的特点。教育行业必须顺势而为，利用趋势把握住先机，把握住趋势者才能成为胜者。因此，我校决定建立自己的微信公众平台用于传播学校文化。

一、打造一个平台，建立信息渠道

由于微信本身的技术特点，受众者与传播者的双重身份提高了接受者的主体地位，形成了信息的二级乃至多级传播。作为学校虚拟环境中的一部分，如何根据微信自身的技术特点，挖掘微信平台的真正价值，传播学校文化、为学校发展服务，是学校微信建设中必然遇到的问题。正如被称为微信之父的张小龙所说："你如何用微信，决定了微信对你而言是什么。"

我校在规划数字化校园建设的整个方案系统中，将学校微信公众平台的建设纳入学校数字化校园建设中，在2015年2月正式申请了学校的微信公众号，经过认证之后，于2015年3月1日通过微信的订阅号发布了第一条信息，从而打造了一个平台，为学校文化传播建立了新渠道。

二、建设两支队伍，保障渠道畅通

传播的根本目的是传递信息，是人与人之间、人与社会之间，通过有意义的符号进行信息传递、信息接收或信息反馈活动的总称。如何保证信息传播渠道的畅通呢？在新媒体时代，人人都可以成为传播者。为了保证信息传播质量，打通信息传播渠道，我们必须培养一支强大的信息宣传队伍和一支忠实的信息接收队伍。

（一）培养强大的宣传队伍

微信公众号是学校宣传的窗口，一方面，学校要大力宣传学校文化，鼓励广大教师积极撰稿，充分利用学校微信公众号宣传学校；另一方面，由于微信传播迅速，辐射面广，为避免产生负面影响，学校也要规范管理。因此，建设一支高效而有责任心的宣传队伍十分重要。

学校领导班子非常重视宣传队伍建设，经校务会决定，由学校党总支书记担任学校新闻发言人和宣传总负责人，各部门领导主要负责本部门的宣传工作，各部门设立专门的通讯员，及时撰写新闻稿件，将各部门的工作动态和重要活动及时发布，同时，学校聘用了专门的微信编辑，负责图文编辑和后台的技术。由此，学校形成了一支由"党总支书记、部门负责人、部门通讯员、技术人员"组成的四级微信宣传队伍。

为了保证微信信息的真实、及时和准确，我校形成了"策、采、编、审、发、评"的工作流程。一条微信信息的发布，先由负责人策划，再由通讯员采集文字和图片，交由技术人员进行编辑，然后由负责人进行审核，之后推送给用户。

我校的宣传队伍责任心强，事事处处留心，发现素材，马上挖掘，选好角度，及时报送，而且他们的主动性强，对于重要的学校活动，能主动与上级部门及媒体增加联系，并主动将我校的微信内容推送给相关部门。为了激励宣传队伍，学校建立了微信宣传队伍考核政策。每个学期末，学校会对每个部门发布的微信内容进行统计，对积极撰稿的教师和部门进行表彰。学校制定了专门的微信平台宣传工作奖励制度。学校对每个部门一学期的宣传稿件有数量规定，每学期进行统计，既考核团体，也奖励个体。

（二）培养忠实的信息受众

学校文化传播的受众主要由学生、家长、教师、校友、教育同人、上级部门或相关的社会人员组成。为了有效地将学校文化传播给这些群体，构建起教师、学生、家长和社会的沟通桥梁，获得各方面力量对学校工作的理解和支持，树立学校形象、提升学校品牌，我们进行一些微信公众号的推广活动。

微信的扫一扫功能已经深入人心。一枚带有学校标志的微信公众号的二维码就是学校的名片。我校将其制作成标签，放在学校宣传展板、电子屏或宣传册上，让每一个进入校园的客人都能看到，让每一个离开校园的客人都能带走。在新生入学之初，我校通过入学通知书和家长会通知书告知学生家长，我校已开通微信公众号并提供学校微信公众平台二维码，吸引学生和家长知晓我们的微信公众平台，关注我们的公众号。当然，要想让这些关注者持续成为学校微信公众平台的忠实粉丝，我们还应该站在用户的角度，提供更多有价值的信息，有效传播文化。

三、落实三项举措，有效传播文化

利用微信公众平台有效传播学校文化需要初期的精心规划、长期的专心维护和定期的用心评估。

（一）初期规划，精心设置栏目

我校综合学校文化建设发展方向，在微信建设方案中呈现了初步的建设指导思想和栏目设置方案。初期的重点栏目有3个：一是校园名片，主要介绍学校基本理念。二是适合教育，主要展示基本理念下的教育教学活动。三是校园动态，主要展示学校重大活动和常规活动。在重点栏目下面，分别设有子栏目。

在微信平台建设过程中，我校还根据需要开设了一些新的子栏目或调整了一些栏目。在2019年校庆60周年之际，我们开设了"喜迎校庆"。例如，2017年10月开始，我校推出了一周大事微播报。

（二）长期维护，专心丰富内容

及时提供有价值的内容是微信公众平台运行的核心工作，我校注重长期维护平台，专心于丰富微信内容。我校微信公众平台的内容分为三大类，一是特色栏目的持续发布；二是学校重大活动的及时报道；三是一周新闻微播报。这三大类信息的长期稳定发布保障了微信内容的丰富性。

特色栏目的持续发布由年级主任和各处室主任根据年度工作计划提前规划，定期发布。例如，我们持续进行"温度班级"报道，介绍班主任带班理念、班级文化、班级特色和学生们的成长历程，这有利于提高班级团队的自我认同感和集体凝聚力。

学校重大活动的及时报道由活动举办部门指定专门的通讯员撰写稿件，整理照片，活动举办部门的负责人审核稿件和图片，保证微信内容准确无误之后才能发布。通过重大活动的及时报道，我校展示了学生实践、教师培训、校本教研、课程建设、社团建设、科技创新、对外交流等方面教育教学活动的内容和成果，彰显学校办学水平，让社会、学生、家长了解学校水平，增加对学校办学的认可度，促进学校办学质量的提升。

一周大事微播报是将每周发生的新闻集中进行播报。微播报制作和发布的流程分为5个步骤：一是各个部门通讯员将部门工作大事拟定新闻标题、撰写文字和精选图片；二是学校宣传负责人对各个部门新闻材料集中进行整理并初步校对和修改；三是微信编辑负责人将所有新闻按时间顺序进行编排，编好之后将临时链接发给学校宣传负责人；四是学校宣传负责人将临时链接发给校务会工作群，各个部门的领导进行审核，审核通过后在每周一正式发布。五是教师、学生和家长阅读微播报并进行转发。微播报制作和发布的流程有助于梳理工作、相互沟通和宣传学校工作。

（三）定期评估，用心分析数据

研究后台提供的数据对于学校微信公众号传播学校文化的有效性是大有裨益的。借助于技术人员提供的首师大附属云岗中学微信平台调查报告，我们用心分析后台数据，逐步建立起微信公众平台的评估机制。例如，每年年终，我校会根据阅读量盘点年度最受关注的十大新闻，从而对一年的工作进行回顾，我们将一年一度的排行榜TOP10进行集中展示并链接，折射了校园生活的精彩。我们还通过增粉情况、图文阅读量、留言点赞等数据了解微信公众平台的影响力。在微信平台运行数据显示：从2015年3月1日学校正式更名为首都师范大学附属云岗中学至今，我校的微信公众平台年点击量和年粉丝数量呈增长态势。

四、取得四大成效，助推学校发展

我校微信公众平台的影响力初显并呈逐步加大趋势，已经成为学校宣传的新媒体、学生成长的新摇篮、教师发展的新空间和家校沟通的新桥梁。

（一）学校宣传的新阵地

受众通过微信公众平台了解学校概况、发展历程、办学理念、学校特色、学校规模、办学水平、机构设置、领导分工、校园风光、学校荣誉、学校愿景等方面的信息，微信公众平台成为受众了解学校文化的重要渠道。例如，校园名片栏目下的《幸福学校彰显魅力　办学理念深入人心》详细介绍了学校"以人为本、快乐成长、和谐发展、幸福人生"的办学理念。受众还通过微信了解学校开展的许多教育教学活动，如开学典礼、德育活动、科技活动、体育比赛、文艺汇演、读书征文、演讲比赛、师生获奖等。

（二）学生成长的新乐园

学校利用微信，根据不同的时间节点，对学生进行安全教育、法制教育、心理健康教育、文明礼仪教育等，为学生健康成长导航。学校还可以在微信公众平台展示班级风采、班主任寄语、班级相册和班级活动等，如《崇德乐学，儒雅和美——60周年校庆年"云志"课程之建设温度班级》系列报道利于增强班级凝聚力。绽放花蕾栏目中的《"舞之翼"舞蹈社团：舞动奇迹，为青春喝彩》等社团栏目将学校30多个社团的活动一一呈现，让学生的才华有了尽情施展的舞台。《高考加油站｜青春有梦　金榜题名——留下你的祝福　一起为云中学子加油吧！》等栏目让学生感受到来自教师、家长、学弟学妹的祝福，让高三学子充满自信地迎战高考。

（三）教师发展的新空间

学校利用微信公众平台，在教师节前后大力宣传那些师德高尚、业务精湛、爱岗敬业、学生喜爱和家长信赖的优秀教师，树立行业榜样，激励广大教师争先创优，在全社会营造尊师重教的良好氛围。例如，教师风采栏目中，《学生喜爱的班主任网上评选》一文让学生深入了解自己的班主任，拉近了师生之间的距离；《罗超老师摄影作品诗配画欣赏》展示了教师们的才艺，让大家了解教师们在教学之外另一面的风采。在教师成长栏目中，《首师大附属云岗中学微课培训》等篇目成为青年教师成长的沃土。

（四）家校沟通的新桥梁

学校通过各种渠道向家长推广学校的微信公众号，微信公众平台让学校与家庭、教师与家长之间的交流变得快捷、便利。例如，《云桥家校》子栏目已经成为家校沟通的新桥梁，家长可以通过微信公众平台了解学校的情况，学校也可以通过微信公众平台发布一些信息，要求家长配合学校做好学生教育、假期安全管理等。

五、改进五点性能，扩大平台影响

微信公众平台在多年的建设过程中，得到了全校师生和社会各界的大力支持，微信公众平台由简单走向完备。为了让微信公众平台更好地助力校园文化传播和学校发展，扩大平台影响力，我校的微信公众平台还需要不断加以改进。

（一）简练性

新闻中的图片过多、文字过长，导致每篇微信显得繁复，影响阅读体验。碎片化时代，受众更喜欢短小精悍、简洁明了的图文阅读。照片质量很重要，师生在准备微信材料时，要尽量挑选质量高、能反映主题的照片。文字应该简炼，标题尽量简短。版面设计要简洁明了，活泼创新，可读性强，增强受众阅读体验。

（二）时效性

新闻发布及时才能赢得受众的关注，新闻稿要力求做到准确，才能减少后期的工作量，从而加快制作及审核速度。版面制作过程需要提速，推送给老师后，也应尽量加快审核步骤和时间。

（三）互动性

多和受众互动，把大家的积极性调动起来，可以增加一些投票、征集优秀作品、评选优秀学生等活动，树立良好的榜样，并鼓励大家在平台留言、评论、转发、点赞。

（四）持续性

我们推出的几个栏目，如校园名片、教师风采、绽放花蕾等，受众点击率相对较高。栏目需要一直延续下去，应给学生提供更多的展示平台，展现社团文化，记录丰富多彩的校园生活。

（五）创新性

我校秉持"以人为本、快乐成长、和谐发展、幸福人生"的办学理念，构建以"云文化"为核心的"云课程"体系，形成"云志"德育课程、"云知"学科课程、"云创"科技特色课程及"云和"国际理解课程四维课程体系。在后期的微信平台上，我校将重点展示"云志·云和"品质提升与"云知·云创"能力发展两翼课程体系。

学校微信公众平台快速、便捷、准确、及时传播了学校文化，将学校、教师、学生、家长和相关社会力量有机结合在一起，拓宽了交流沟通的渠道，实现了互动零距离，提升了学校管理水平，增强了学校品牌竞争力。

专家点评

智慧教育背景下学校如何构建协同支持体系以提升教育效能

在当今智慧教育的时代背景下,学校如何构建协同支持体系以提升教育效能,已经成为一个亟待解决的重要课题。智慧教育借助现代信息技术手段,通过数字化、智能化的教学管理,实现了教育教学过程的全面升级与优化,引领着教育领域的一场深刻变革。

大数据时代随着信息技术的迅猛发展,教育资源的整合与共享、师生之间的互动与协作、教学效果的提升,以及学生创新能力和实践能力的培养等问题,已经成为学校面临的重大挑战。构建协同支持体系,实现学校内部各个教育组成部分之间的相互协作、相互支持,对提升教育效能至关重要。

首先,学校应借助信息技术和互联网工具,积极打造数字化校园和智慧教育平台。数字化校园的建设,为教育教学资源的集中管理和共享提供了可能。通过信息化技术手段,学校可以实现对教学、管理、服务等各个环节的数字化、智能化改造,为师生提供更加便捷、高效的服务。智慧教育平台的建设,则进一步推动了教育教学的创新。通过在线化、个性化和智能化的教学资源管理,教师可以灵活组织教学内容,学生可以自主选择学习方式,真正实现教育教学的个性化和精准化。

其次,建设协同支持体系需要重视人才队伍建设和信息技术培训。教师队伍的信息化素养和教育专业能力的提升,是构建协同支持体系的关键。学校应定期组织教师参加信息技术培训,使其掌握新技术、新方法和新理念,更好地服务于教育教学工作。同时,学校还应积极引进和培养具备专业技术的支持人员,为学校的信息化建设提供技术保障。在此过程中,要注重总结经验,固化成果,激励教师们持续进步。

再次,构建协同支持体系需要建立有效的管理机制和数据评估体系。学校应借鉴现代企业管理的经验,建立科学、高效的管理机制,确保教育资源的合理配置和高效利用。同时,通过数据收集和分析,学校可以全面了解教育教学活动的实际情况和效果,及时调整教学策略,提升教育质量。这种数据驱动的管理方式,有助于学校更加精准地把握教育教学的脉搏,推动教育事业的持续发展。

最后,构建协同支持体系需要促进师生家三方之间的密切合作和互动。学校应充分利用信息技术手段,建立起师生家三方之间的有效沟通渠道和协作机制。通过家校联络平台的各种信息化工具,学校可以实时发布教育教学信息,解答家长和学生的疑问,收集他们的意见和建议。学校还可以通过线上家长会、线上家访等形式,利用信息技术搭建起师生家之间的虚拟沟通平台。通过视频会议等工具，学校可以定期举行线上家长会，邀请家长们参与讨论学校的教育教学工作、学生的学习情况等问题。此外，学校还可以利用信息技术开展线上家访活动。通过视频通话等方式，老师可以与家长进行实时沟通，了解学生在家庭环境下的学习情况、生活状态等，及时发现和解决问题。这种形式的家访不受地域限制，可以覆盖更广泛的家庭，为学校提供更全面的家庭信息，有助于个性化教育的实施。除此之外，学校还可以利用微信公众平台等社交媒体工具，建立起师生家之间的即时互动平台。通过微信群、微信公众号等平台，学校可以发布各种教育教学信息、学校动态等，家长和学生可以及时获取相关信息，方便快捷地了解学校的最新情况。同时，家长和学生也可以通过微信平台向学校提出问题和建议，与学校进行及时的互动和沟通。在师生家三方的共同努力下，学校可以形成一个良好的教育生态，为学生提供更加优质的教育资源和更加丰富的学习体验。

综上所述，构建协同支持体系不仅是学校实现教育效能提升的重要途径，更是适应智慧教育时代的必然选择。通过打造数字化校园和智慧教育平台、加强人才队伍建设和信息技术培训、建立有效的管理机制和数据评估体系，以及促进师生家三方之间的密切合作和互动，学校可以不断提升教育教学的质量和效率，更好地适应社会变革，更有效地实现教育目标，为学生的成长和发展提供更加全面的支持和保障。

郭君红

博士　副教授　北京教育学院信息科技教育学院信息教育系主任

后　记

"十四五"期间，首都师范大学附属云岗中学坚持"适合教育"办学思想，深化"云文化"内涵，不断整合区校优质资源，在不断丰富的教育云平台的引领下，通过课题的研究和实施，与知名企业合作进行智慧校园建设和课堂实施，探索了教育大数据和人工智能等技术手段在改进教学、优化管理、提升绩效方面的创新应用，建立以学校全方位数据为基础、以智能技术为支撑、以数据驱动管理决策和个性化服务为主要目标的大数据学校治理新模式。2023年以来，学校在参评北京市智慧校园示范校的过程中，进一步利用先进的信息化教育方式方法，推进云课程、云资源、云课堂及云管理，挖掘互联网环境下混合式教学在教育教学中的价值，提高工作效率和办学效益，提升教育管理水平，发挥学校现有优势，创设和谐的智慧校园，彰显学校办学特色，为学生提供适合终身发展的教育，促进师生幸福成长。

本书主要就虚拟现实、人工智能课程、精准教学、智慧体育、智慧听说等智慧教育在中学教学中的策略方法和组织管理，结合具体的课例进行介绍分析，力争展现学校智慧教育课堂教学的全貌，为兄弟学校和教师开展智慧教育课堂教学提供一手参考。此项目为北京市信息化专项课题"基于学校云文化的智慧教育建设与实施"（立项编号：BENIC2021060025）的研究成果。

本书编写历时一年，编写组成员覆盖全校所有干部团队和教研组，可以说是聚全校力量成书，在专家的指导下，精选并不断打磨，形成了40多篇优质案例，以期能向读者充分展示研究的实践成果。因此，本书也是课题研究成果的再转化。相信本书将对广大的中学教师具有很强的实践参考价值。

本书编写过程中，王秀菊副校长、杨琳玲主任组织了不同形式、多层次的研讨，争论、思考和修改等成书过程虽辛苦却充实了教师宝贵的体验，成为全校教师共同学习、分享经验、整体反思的独特研究经历。杨琳玲主任、胡京蕊老师负责本书的统稿，各学科教研组长、骨干教师和优秀青年教师都提供了丰富翔实的案例。首都师范大学教师教务处处长王海燕教授、硕士生导师黄燕宁副教授，北京教育学院丰台分院韩冰副院长、马涛副院长进行了深入细致的指导，就框架、内容和规范等提出了非常宝贵的意见。北京教育学院信息科技教育学院信息教育系郭君红主任，北京教育科学研究院基础教育研究中心王振强、郑立新、王飞等教研员，北京教育学院丰台分院支梅院长、石群雄副书记及李小春、李雪萍、刘玉梅、韩佳等教研员，对学校智慧教育进行了多次深入指导。在此，表示真诚的感谢！

后 记

本书是首都师范大学附属云岗中学"适合教育"的生动实践，是学校"云课程"体系中的国家课程校本化实施的生动体现，是学校浓厚科研氛围迸发出的教育智慧。谨以此书表达学校的诚挚谢意，党的二十届三中全会以来，关于教育、科技和人才的统筹发展对智慧校园提出了新的要求，希望未来能够继续得到各方的支持，让学校"适合教育"再上新台阶！

编辑过程中，由于水平和时间有限，书中难免有不当之处，敬请各位专家和同人不吝赐教！

首都师范大学附属云岗中学
张进兵
2024 年 8 月 31 日